Dieter Mindt und Gudrun Wagner

Innovativer Englischunterricht für die Klassen 1 und 2

westermann

Druck A[1] Jahr 2009

Redaktion: Christine Pfeiffer
Illustrationen: Klaus Müller
Umschlaggestaltung: PER Medien+Marketing GmbH, Braunschweig
Satz und technische Umsetzung: PER Medien+Marketing GmbH, Braunschweig
Druck und Bindung: westermann druck GmbH, Braunschweig

ISBN 978-3-14-**162117**-4

Inhalt

Vorwort

Dieses Werk ist ein innovativer Entwurf für das frühe Fremdsprachenlernen. Der heutige Unterricht in den Klassen 1 und 2 kann in zentralen Punkten grundlegend verbessert werden:

1. Die Voraussetzungen des Unterrichts sind vielfach nicht hinreichend beachtet worden. Dabei handelt es sich vor allem um die Bereiche Sprache, Kinder, Lehrkräfte, Lehrwerke, Lehrpläne sowie Arten des Sprachenlernens. In diesem Buch werden die Voraussetzungen präzise untersucht. Die Schlussfolgerungen daraus bilden das Fundament der Neuorientierung.
2. Die bisherigen Inhalte und Verfahren des Unterrichts sind in vielen Aspekten nicht auf die veränderten Voraussetzungen bezogen. Dieses Buch nimmt eine systematische Neubestimmung der Inhalte und Verfahren des Unterrichts vor.
3. Alle neu beschriebenen Bereiche stützen sich auf gesicherte fachdidaktische, sprachwissenschaftliche und grundschulpädagogische Erkenntnisse. Sie fügen sich widerspruchsfrei zu einem zusammenhängenden Ganzen.
4. Die so erarbeiteten Grundlagen bilden einen verlässlichen Rahmen für die Planung, Durchführung, Analyse und Bewertung des Unterrichts.

Das Werk ist eine strukturierte Basis für Fortbildung, Studium und Referendariat und bietet systematische Hilfen für alle Lehrkräfte, die ihren Unterricht nach innovativen Prinzipien gestalten möchten.

Die Kinder

Eine zentrale Voraussetzung ist die Berücksichtigung der Fähigkeiten der Kinder dieses Alters. Dazu haben wir uns intensiv mit Forschungsergebnissen der Entwicklungspsychologie, der Spracherwerbsforschung und der Kognitionspsychologie auseinandergesetzt. Die Ergebnisse dieser Disziplinen haben wir der Didaktik des frühen Fremdsprachenlernens gegenübergestellt, beides mit unseren eigenen Unterrichtserfahrungen in Beziehung gesetzt und daraus neue Schlussfolgerungen für das Lehren und Lernen des Englischen in den Klassen 1 und 2 gezogen.

Sprachliche Inhalte

Die sprachlichen Inhalte wurden bisher überwiegend nach gefühlsmäßigen Entscheidungen für den Unterricht ausgewählt und werden meist unbegründet dargeboten. An die Stelle von subjektiven Entscheidungen treten neue Überlegungen zu den sprachlichen Grundlagen aus der Sicht des Erst- und Zweitsprachenerwerbs in Verbindung mit empirischen Analysen der Sprache englischer und deutscher Kinder und Erwachsener. Durch diese Neubestimmung werden die bisherigen Lücken des *Gemeinsamen europäischen Referenzrahmes für Sprachen* und der Lehrpläne der meisten Bundesländer erstmals ausgefüllt.

Methoden anderer Lernbereiche der Grundschule

Der bisherige Fremdsprachenunterricht in der Grundschule war methodisch weitgehend eine Insellösung. Unser Konzept beruht in wichtigen Bereichen auf der Berücksichtigung bewährter Verfahren anderer Lernbereiche der Klassen 1 und 2.

So können bewährte Methoden der Grundschulpädagogik ohne zusätzlichen Lernaufwand gewinnbringend auch für das Fremdsprachenlernen genutzt werden. Der Fremdsprachenunterricht in der Grundschule wird auf diese Weise aus der bisherigen Isolation herausgeführt.

Ein neues fachdidaktisches Konzept

Die Zusammenfügung dieser Erkenntnisse führte zu einem neuen fachdidaktischen Konzept. Es unternimmt keinen Versuch der Nachahmung oder Wiederholung des Erwerbs der Muttersprache. Spracherwerbsforschung und Entwicklungspsychologie haben den Nachweis erbracht, dass dieser Weg nicht wiederholbar ist. Stattdessen wird der Entwicklungsstand der Kinder angemessen berücksichtigt.

Das neue Konzept gründet sich auf präzise Unterscheidungen der Arten des Lernens verknüpft mit Bausteinen der Sprache, die diesen Arten des Lernens zugeordnet sind. Zusätzlich stützt es sich auf ein Stufenmodell des Lernens, das auf der Analyse der allgemeinen Wissensaneignung von Kindern beruht.

Auf dieser Grundlage können die Arten des Lernens exakt auf die dafür geeigneten Bausteine der Sprache angewandt werden. Dadurch ist es erstmals möglich, bewusstmachende Verfahren zu verwenden und in kindgemäßer Form immer dort einzusetzen, wo diese eine Lernhilfe darstellen und zu einer produktiven und kreativen Sprachverwendung beitragen können. Dies führt zu einer neuen Effizienz des Unterrichts und ist eine wirksame Hilfe besonders für lernschwächere Kinder.

Neue Einzelbereiche

Vor diesem neuen Hintergrund werden u. a. die folgenden Einzelbereiche völlig anders behandelt, als dies bisher im Englischunterricht der Primarstufe der Fall war:

- Die Auswahl des Wortschatzes wird nach neuen Kriterien vorgenommen. Damit ist eine erhebliche Erleichterung des Lernens verbunden. Gleichzeitig sind die Kinder wesentlich früher als bisher in der Lage, über eine Vielzahl von Inhalten besser und effektiver zu kommunizieren.
- Die Auswahl des Wortschatzes führt zu einer neuen Bestimmung der Inhalte und Themen des Unterrichts. Wortschatz sowie Inhalte und Themen sind erstmals direkt aufeinander bezogen.
- Das Schriftbild wird nicht ausgeklammert, sondern stufenweise eingeführt und allmählich erweitert. Grundlagen sind eine Analyse des Verhältnisses von Laut und Schrift im Deutschen und Englischen sowie Verfahren beim Schriftspracherwerb des Lernbereiches Deutsch in der Grundschule.
- Den einzelnen Bausteinen der Sprache werden spezielle Lernweisen zugeordnet.
- Das Lernen wird nach einem neuen vierstufigen Modell gegliedert.
- Die Bandbreite bewusstmachender Verfahren und ihre Anwendungsbereiche werden erheblich erweitert. Auf diese Weise wird das Sprachbewusstsein der Kinder entwickelt, und es werden Grundlagen für die Entwicklung des Sprachlernbewusstseins gelegt.

Unterrichtsbeispiele

Das Buch beschränkt sich nicht auf sprachliche, inhaltliche und fachdidaktische Grundlagen des Englischen in den Klassen 1 und 2, sondern führt bis zum konkreten Unterricht. Die hier präsentierten Unterrichtsentwürfe sind keine abstrakten Planungen. Sie wurden in den Jahren 2007 und 2008 in Grundschulklassen durchgeführt.

Zusammenwirken von Schule und Universität

Das Werk entstand in Zusammenarbeit von Schule (Gudrun Wagner) und Universität (Dieter Mindt). Das Erfahrungspotential der Universität umfasst zehn Jahre in Lehre und Forschung zum frühen Fremdsprachenlernen. Von schulischer Seite werden mehr als fünfjährige Erfahrungen im Englischunterricht der Klassen 1 und 2 eingebracht.

Danksagungen

Unser Dank gilt der Grundschule im Moselviertel in Berlin-Pankow. Die Schulleiterin Frau Dr. Christine Grell und ihr Stellvertreter Herr Peter Voigt haben dieses Vorhaben mehr als zwei Jahre bis hin zur Stundenplangestaltung unterstützt.

Wichtige Einblicke in den Unterricht anderer Lernbereiche sind uns ermöglicht worden durch die Klassenlehrerinnen der Klassen 1a und 2b des Schuljahres 2007/2008 Frau Simone Hannemann und Frau Elvira Schoppa.

Die Kinder der Klassen 1a und 2b der Grundschule im Moselviertel haben uns in jeder Schulstunde die Möglichkeiten und Grenzen des Unterrichts deutlich werden lassen. Dabei haben sie uns immer wieder gezeigt, welche Freude Sprachenlernen bereitet, das auch die lernschwächeren Kinder berücksichtigt und zu welchen kreativen Ergebnissen einsichtsvoller Sprachgebrauch führen kann.

Christiane Kley und Katharina Straube (beide Berlin) sowie Uta Kröger (Hamburg) haben große Teile des Manuskriptes sorgfältig gelesen. Wir verdanken Ihnen wertvolle Hinweise zu vielen Einzelpunkten des Textes.

Allen Genannten sind wir zu großem Dank verpflichtet. Für die verbleibenden Fehler und Irrtümer sind die Autoren allein verantwortlich.

Kann man eine Fremdsprache wie die Muttersprache lernen?

1

Wir würden eine Fremdsprache gern so mühelos lernen, wie es nach unserer Erinnerung bei der Muttersprache der Fall war. Dieser verlockende Weg wird häufig erwogen und besonders für die Grundschule empfohlen. Ist diese Vorstellung realistisch?

Der Erwerb der Muttersprache

Obwohl wir die Muttersprache fast mühelos verwenden, erinnern wir uns nicht daran, wie wir in den Besitz dieser Fähigkeit gelangt sind. Fast ohne Probleme beherrschen wir ein Sprachsystem, das sehr komplexen Regeln folgt. Diese Regeln wenden wir an, ohne sie im Einzelnen zu durchschauen oder gar formulieren zu können. Die Beherrschung des Regelsystems der Muttersprache ist uns anscheinend unbewusst zugewachsen, ohne dass es der geringsten Anstrengung bedurfte.

Erkenntnisdefizite und Irrtümer

Diese ideale Vorstellung des selbstverständlichen und anscheinend mühelosen Erwerbs einer fremden Sprache wird oft durch Werbeversprechen aufgenommen und verstärkt (z. B. „Englisch in 30 Tagen"). Leider ist dieses Versprechen nicht erfüllbar. Denn es beruht auf einer Reihe von Erkenntnisdefiziten, aus denen sich die folgenden Irrtümer ergeben:

- der Irrtum des mühelosen Erwerbs der Muttersprache
- der Irrtum der Begegnung mit unstrukturierten Sprachdaten beim Erwerb der Muttersprache
- der Irrtum des unsystematisch ablaufenden Muttersprachenerwerbs
- der Irrtum der Abwesenheit von Lerntechniken beim Erwerb der Muttersprache

- der Irrtum, Kinder im Alter von sechs Jahren würden auf dieselbe Weise lernen wie ein- bis dreijährige Kinder
- der Irrtum, es stehe in der Schule ein mit dem Muttersprachenerwerb vergleichbarer Zeitrahmen zur Verfügung
- der Irrtum, die institutionellen Bedingungen des Unterrichts könnten beim frühen Fremdsprachenlernen außer Kraft gesetzt werden.

Der Irrtum des mühelosen Erwerbs der Muttersprache

Im Sprachsystem hängen alle Elemente miteinander zusammen: die Laute fügen sich zu Wörtern, die Wörter treten in unterschiedlichen Formen auf, die Wortformen verbinden sich zu festen Ausdrücken (*chunks*), durch deren Verbindung Sätze entstehen. Jedes dieser Teilsysteme der Sprache folgt bestimmten Regeln. Die Regeln für jede Sprache können im Einzelfall sehr unterschiedlich sein.

Für die Beherrschung einer Sprache ist die bewusste Kenntnis dieser Regeln nicht erforderlich. Die Beherrschung einer Sprache beruht dennoch auf diesem Regelapparat. Wenn die Sprache als Muttersprache erlernt wurde, wird dieser Regelapparat unbewusst verwendet.

Der Erwerb dieses Regelsystems erfolgte zu einem sehr frühen Zeitpunkt und ist in grundlegenden Teilen mit dem dritten, spätestens mit dem vierten Lebensjahr abgeschlossen (Tracy 2007:95, Szagun 2007:70). Kein Mensch verfügt über eigene Erinnerungen, die dem dritten Lebensjahr vorausgehen. Diese Unfähigkeit, frühe Erlebnisse ins Gedächtnis zurückzurufen, wird von der Entwicklungspsychologie als frühkindliche Amnesie bezeichnet. Weil Erinnerungen fehlen, wird die Zeit des frühen Spracherwerbs als unbeschwert und mühelos empfunden.

Niemand kann sich an die erheblichen Verständnisprobleme, an die zeitraubende und beschwerliche Wiederholung und Übung von Wörtern und Sätzen erinnern. Niemand denkt mehr an die unzähligen Fehler, Missverständnisse und Irrwege des frühen muttersprachlichen Lernens, die die Spracherwerbsforschung zu Tage gebracht hat.

Diese von allen Menschen geteilte Erinnerungslücke hat zu dem weit verbreiteten Irrtum geführt, dass das Erlernen einer Fremdsprache genauso mühelos erfolgen könne, wie es nach der eigenen trügerischen Wahrnehmung bei der Muttersprache der Fall war.

Der Irrtum der Begegnung mit unstrukturierten Sprachdaten beim Erwerb der Muttersprache

Weil wir vergessen haben, wie wir die Muttersprache gelernt haben, fehlt uns jede Erinnerung daran, welche Maßnahmen die uns nahestehenden Personen ergriffen haben, um uns die Sprache leichter zugänglich zu machen und uns an sie heranzuführen.

Die Spracherwerbsforschung hat sich u. a. mit dem Verhalten der Personen in der Umgebung von Kleinkindern befasst. Es handelt sich vornehmlich um die Sprache der Eltern, die in diesem Zusammenhang im Deutschen als „an das Kind gerichtete Sprache" (KGS), im Englischen als *motherese* bezeichnet wird. Eltern und nahestehende Personen sprechen zu Kleinkindern anders als zu ihrer erwachsenen Umgebung (Grimm/Weinert 2002:547, Szagun 2007:151 ff.).

Die Äußerungen gegenüber Kindern haben eine geringere Sprechgeschwindigkeit, die Trennung der Wörter ist deutlicher erkennbar. Die Äußerungen sind kürzer als gegenüber Erwachsenen, sie weisen ein geringeres Maß an Nebensätzen auf (Szagun 1996:209). Die Äußerungen haben ein höheres Maß an Korrektheit und enthalten weniger unvollständige Sätze. Auf kindliche Äußerungen wie *Mama Tasse* erfolgen regelmäßig korrigierende Erweiterungen wie *Mama hat eine Tasse* (Klann-Delius 1999:174).

Der Sprachstil der Eltern gegenüber den Kindern wandelt sich im Verlauf des Erwerbsprozesses. Äußerungen gegenüber zweijährigen Kindern sind klarer und einfacher als gegenüber fünfjährigen (Szagun 1996:209). Insgesamt erhält das Kind einen auf seinen Lernstand und seine Lernbedürfnisse abgestimmten strukturierten *input*. Dieses weitgehend unbewusste sprachliche Verhalten der Eltern ist vergleichbar mit der geplanten Abstufung von Schwierigkeiten im Fremdsprachenunterricht.

Der Irrtum des unsystematisch ablaufenden Muttersprachenerwerbs

Die Spracherwerbsforschung hat überzeugende Nachweise dafür erbracht, dass der Erwerb der Muttersprache nicht ungeordnet erfolgt. Bereits das erste Grundlagenwerk dieser Forschungsdisziplin (Jakobson 1941) geht von der Beobachtung aus, dass der Erwerb des Lautsystems exakten Gesetzmäßigkeiten folgt, die in allen Sprachen der

Welt gleich sind. In allen Sprachen werden Verschlusslaute (z. B. [p], [t], [k], [b], [d], [g]) vor Reibelauten (z. B. [s] und [f] oder [θ] und [ð]) gelernt.

Der Aufbau des Formensystems der Sprache folgt gleichfalls genauen Gesetzmäßigkeiten (vgl. u. a. Ingram 1989). Dies gilt auch für die Zusammenfügung von Wörtern und den Aufbau von Sätzen (Brown 1973). Dasselbe lässt sich für den Zweitsprachenerwerb nachweisen (Wode 1981, Felix 1978).

Die Ablehnung einer Systematik für das Sprachenlernen in der Schule lässt sich weder mit den Forschungsergebnissen des Muttersprachenerwerbs noch mit denen des Zweitsprachenerwerbs begründen.

Der Irrtum der Abwesenheit von Lerntechniken beim Erwerb der Muttersprache

Dass Kinder eigene Lerntechniken zum Spracherwerb verwenden, ist seit langem bekannt. Hörmann 1970:312 zitiert Sprachäußerungen eines zweieinhalbjährigen Jungen, der vor dem Einschlafen systematisch das verwendet, was im Fremdsprachenunterricht mit *substitution table* bezeichnet wird.

Das Kind beginnt mit der unvollständigen Äußerung eines Fragesatzes: *What color*. Diese Formulierung entspricht dem Lernstand im Alter von zwei Jahren, denn diesem vorläufigen Fragesatz fehlt die Verbform *is*, die erst in einem späteren Lernstadium auftritt.

Diesem Satzrahmen fügt das Kind an der richtigen Stelle nacheinander die Nomen *blanket*, *mop* und *glass* hinzu. Die Nomen werden in diesem Stadium ohne den Artikel *the* verwendet, der gleichfalls erst später auftritt. So ergibt sich der aus dem Fremdsprachenunterricht bestens bekannte Übungstyp, bei dem in einen strukturellen Satzrahmen bestimmte Wörter an der richtigen Stelle eingefügt werden:

What color
What color blanket
What color mop
What color glass

Der Irrtum, Kinder im Alter von sechs Jahren würden auf dieselbe Weise lernen wie ein- bis dreijährige Kinder

Dieser Irrtum setzt alle Erkenntnisse der Entwicklungspsychologie außer Kraft. Er steht auch im Widerspruch zu Beobachtungen, die wir täglich mit Kindern unterschiedlichen Alters machen können.

Es ist unbestritten, dass es erhebliche entwicklungsbedingte Unterschiede gibt, die sich in Phasen einteilen lassen. Der Vater dieser Forschungsdisziplin, Piaget, teilt die Entwicklung in unterschiedliche Phasen ein (z. B. Piaget 1972:135 ff.). Auf dieser Grundlage haben moderne Entwicklungspsychologen ein noch differenzierteres Stufensystem entwickelt (vgl. Oerter/Montada 2002). Die Ergebnisse der Entwicklungspsychologie sind die Grundlage für das Lehren und Lernen in bestimmten Alters- und Entwicklungsstufen.

Was für die allgemeine geistige Entwicklung gilt, trifft ebenso auf das Sprachenlernen zu. Kinder im Grundschulalter unterscheiden sich erheblich von Kleinkindern, die ihre Muttersprache erwerben. Kleinkinder benötigen sehr lange für den Erwerb des Lautsystems, das zunächst in Einzelwörtern Ausdruck findet. An das Stadium der Einzelwörter schließen sich Zweiwortsätze an, die später immer mehr erweitert werden.

Wer von Kindern des ersten Schuljahrs als produktive Leistung lange nur Einzelwörter erwartet und danach Zweiwortsätze wie *Paul baby* (Felix 1978:49) oder *Pillow dirty* (Brown 1973:125), unterschätzt ihren Entwicklungsstand. Durch diese Lehr- und Lernweise fühlen sich die Kinder nicht ernst genommen. Ihre Motivation wird stark beeinträchtigt.

Diese frühkindlichen Stadien des Spracherwerbs haben Grundschulkinder schon lange durchlaufen. Sie verfügen bereits über ein stabiles Lautsystem der Muttersprache sowie über einen breiten muttersprachlichen Wortschatz. Sie beherrschen große Teile des Formensystems der Muttersprache und seiner Syntax. Die Redemittel für viele wichtige Sprachfunktionen sind ihnen vertraut. Dieser Schatz an Sprachkönnen ist eine wichtige Grundlage des Fremdsprachenunterrichts, die nicht außer acht gelassen werden darf. Wenn man eine Fremdsprache wie die Muttersprache lernen lassen will, werden alle Einsichten der Entwicklungspsychologie und der Entwicklung des Spracherwerbs außer Kraft gesetzt.

Der Irrtum, es stehe in der Schule ein mit dem Muttersprachenerwerb vergleichbarer Zeitrahmen zur Verfügung

Dieser Irrtum setzt voraus, dass das Zeitbudget des Fremdsprachenunterrichts in der Schule annähernd dem Zeitrahmen entspricht, der für den Erwerb der Muttersprache zur Verfügung steht. Bei einem Sprachkontakt von zwei Jahren ergibt sich für Kinder mit nur acht Stunden täglichem Sprachkontakt mit der Muttersprache ein Zeitumfang von 5.840 Stunden.

Geht man im Unterricht von der realistischen Zahl von 35 Schulwochen pro Jahr aus und setzt zwei Wochenstunden zu je 45 Minuten ohne jeden Ausfall an, so kommt man in zwei Jahren Englischunterricht auf höchstens 105 Zeitstunden. Diese 105 Stunden machen weniger als 2 % des Zeitumfangs aus, der für den Erwerb der Muttersprache zur Verfügung steht.

Es ist deutlich, dass unter diesen Bedingungen von einem Vergleich mit dem Erwerb der Muttersprache keine Rede sein kann. Bei diesen zeitlichen Beschränkungen des Unterrichts ist es für die Kinder nicht möglich, die Sprache auch nur annähernd auf dieselbe Weise zu lernen, wie es in der Muttersprache geschieht.

Der Irrtum, die institutionellen Bedingungen des Unterrichts könnten beim frühen Fremdsprachenlernen außer Kraft gesetzt werden

Ein früher Klassiker der allgemeinen Unterrichtsforschung (Schulz 1972:18) hat bereits vor Jahrzehnten folgende Merkmale als unveränderbare Grundeigenschaften von Unterricht bezeichnet:

- Schule und Unterricht stehen außerhalb des Lebenszusammenhangs. Durch die Institution Schule entsteht eine unvermeidliche Trennung von Unterricht und Lebensrealität.
- Dem Unterricht liegen bestimmte Lehrnotwendigkeiten zugrunde, in unserem Fall das Lehren einer fremden Sprache. Der angemessene Lebenszusammenhang wäre das natürliche Erlernen im Land der Sprache. Weil dies nicht möglich ist, findet der Unterricht in der Schule statt und muss den Lebenszusammenhang simulieren.
- Der Unterricht erfolgt planmäßig (anders als die Vorgänge im natürlichen Lebenszusammenhang) z. B. von Montag um 8 Uhr bis Freitag um 14 Uhr mit Aufteilung in einzelne Unterrichtsstunden für jeden Wochentag.

- Die Lehrgehalte sind mehrgliedrig. Sie können wegen der Planmäßigkeit nicht gleichzeitig vermittelt werden.
- Der Unterricht findet in voneinander getrennten Zeitabschnitten statt (z.B. Englischunterricht zweimal wöchentlich am Mittwoch und am Freitag).

Man kann beklagen, dass Unterricht außerhalb des Lebenszusammenhangs stattfindet, dass Aspekte der Unnatürlichkeit unvermeidlich sind und dass Lerninhalte durch die notwendige Planmäßigkeit voneinander getrennt werden müssen. Da wir diese Merkmale von Unterricht aber nicht außer Kraft setzen können, ist es sinnvoll, sie bei der Planung und Durchführung von Unterricht angemessen zu berücksichtigen (vgl. auch Böttger 2005:45f.). Diese Erkenntnis ist gleichzeitig zwingender Anlass, Unnatürlichkeiten soweit wie möglich zu mildern und die notwendigen Brücken zum natürlichen Lebenszusammenhang bei jeder sich bietenden Gelegenheit herzustellen.

Fazit

- Die Unfähigkeit, sich an Erlebnisse vor dem dritten Lebensjahr zu erinnern, führt zu der trügerischen Annahme des mühelosen Erwerbs der Muttersprache. Jeder spätere Lernprozess ist von klaren Erinnerungen begleitet, so dass die scheinbare Mühelosigkeit des Spracherwerbs nach dem Alter von drei Jahren nie wieder gegeben ist.
- Erwachsene, besonders Eltern, strukturieren die Sprachäußerungen gegenüber Kindern in sehr differenzierter Weise. Dadurch wird die Annahme nachhaltig in Frage gestellt, Kinder seien nur unstrukturierten Sprachdaten ausgesetzt und lernten ausschließlich auf dieser Grundlage.
- Forschungsergebnisse des Muttersprachenerwerbs und des Zweitsprachenerwerbs belegen, dass der Erwerb von Sprachstrukturen in einer systematischen Reihenfolge (Progression) stattfindet.
- Beobachtungen von Kleinkindern liefern den Nachweis, dass Kinder intensiven Gebrauch von Lerntechniken beim Spracherwerb machen. Techniken dieser Art eignen sich ebenfalls für das schulische Fremdsprachenlernen.
- Die Entwicklungspsychologie stellt systematische Unterschiede bei der Entwicklung von Kindern fest. In jeder der Phasen der Entwicklung treten neue Lernmöglichkeiten hinzu. Ein Verharren auf den Techniken des Spracherwerbs im Kleinkindalter würde die Lernmöglichkeiten von sechsjährigen Kindern fundamental unterschätzen.

- Sechsjährige Kinder, die große Teile des Sprachsystems der Muttersprache beherrschen, wären mit Einwortsätzen oder Zweiwortsätzen erheblich unterfordert. Ein solches Lehr- und Lernverfahren würde ihre Motivation entscheidend beeinträchtigen.
- Das Zeitbudget des Fremdsprachenlernens in der Schule beträgt weniger als 2 % des Umfangs, der beim natürlichen Sprachenlernen zur Verfügung steht. Aus diesem Grund muss der Unterricht sich auf eine sorgfältige Auswahl und Abstufung des Sprachmaterials stützen.
- Die Schule ist eine Kultureinrichtung. Das Lernen in der Schule erfolgt unter Bedingungen, die sich von der Lebenswirklichkeit deutlich unterscheiden. Dieser Unterschied kann und darf auch beim Fremdsprachenlernen nicht ignoriert werden. Dies bedeutet gleichzeitig, dass Brücken zum natürlichen Lebenszusammenhang bei jeder sich bietenden Gelegenheit herzustellen sind.

Sprache – Fertigkeiten – Unterricht

2

Die Planung von Englischunterricht erfordert Informationen zu den folgenden Fragen:
- Aus welchen Bestandteilen besteht eine Sprache?
- Welche Beziehungen haben diese Bestandteile zueinander?

Bestandteile einer Sprache

Die Beherrschung einer Sprache ist dann gegeben, wenn die Lernenden zwei Fähigkeiten nachweisen: (1) sprachliche Bedeutungsinhalte zu verstehen und (2) Bedeutungsinhalte in sprachlich korrekter Form auszudrücken (Mindt/Wagner 2007:16). Das Verstehen und die Mitteilung sprachlicher Inhalte vollziehen sich durch die Verknüpfung von zwei unterschiedlichen Bereichen:
- den Bausteinen der Sprache
- den Fertigkeiten, mit deren Hilfe die Bausteine der Sprache übermittelt werden (Mindt/Wagner 2007:16).

Bausteine der Sprache

Wir unterscheiden fünf Bausteine der Sprache (vgl. Mindt/Wagner 2007:16ff.): (1) Wortschatz, (2) Grammatik, (3) Redemittel für Sprachfunktionen, (4) Aussprache und Intonation und (5) Schriftbild.

Wortschatz

Die Summe aller Wörter macht den Wortschatz einer Sprache aus (Mindt/Wagner 2007:16f.). Der gesamte Wortschatz einer Sprache ist so umfangreich, dass kein Mensch ihn in seiner Gesamtheit beherrscht. Dies gilt schon für die Muttersprache, erst recht aber für eine Fremdsprache. Deshalb ist eine sehr sorgfältige Auswahl des neu zu erlernenden Wortschatzes unerlässlich. Das trifft ganz besonders auf die Klassen 1 und 2 zu.

Der Wortschatz lässt sich in Inhaltswörter (z. B. *house, play, yellow*) und Funktionswörter (z. B. *the, of, to*) untergliedern. Inhaltswörter sind stark abhängig von Themen und Situationen. Der Inhaltswortschatz umfasst drei Wortarten: Nomen (z. B. *mouth, nose, day, week*), Verben (z. B. *run, say, see*) und Adjektive (z. B. *long, cold, warm*) (Mindt/Wagner 2007:17).

Funktionswörter sind weitgehend unabhängig von Themen und Situationen. Funktionswörter drücken oft Beziehungen aus und umfassen eine größere Zahl von Wortarten, u. a.: Adverbien (z. B. *here, then, often*), Pronomen (z. B. *you, your, when*), Präpositionen (z. B. *for, from, in*) und Determinatoren (z. B. *the, a/an, this, that*).

Aus der Sicht der Sprachbeherrschung unterscheiden wir zwischen Wörtern, die man aktiv und produktiv verwenden kann, wenn sie für die Kommunikation erforderlich sind. Sehe ich ein bestimmtes Tier und kann es mit dem Wort *hamster* benennen, dann gehört das Wort *hamster* zu meinem aktiven Wortschatz.

Dagegen gibt es Wörter, die ich zwar nicht aktiv und produktiv gebrauche, deren Bedeutung mir aber klar ist, wenn ich ihnen begegne. Ein Kind, das die Bedeutung von *happy* kennt, kann das Gegenteil vielleicht mit den Wörtern *not happy* bezeichnen. Gleichzeitig kann es eventuell die Bedeutung von *unhappy* erkennen, auch wenn dieses Wort nicht zu seinem aktiven Wortschatz gehört.

Wir unterscheiden also zwischen aktivem (produktivem) Wortschatz und passivem (rezeptivem) Wortschatz. Der Umfang des passiven Wortschatzes ist bei allen Menschen und in allen Lernstadien wesentlich größer als der Umfang des aktiven Wortschatzes.

Grammatik

Die Grammatik umfasst die beiden Bereiche Morphologie und Syntax (Mindt/Wagner 2007:17). Bei der Morphologie geht es um die regelhafte Veränderung von Wörtern (z. B. die Endung *-s* im Plural der Nomen: *cat* vs. *cat<u>s</u>*). Bei der Syntax geht es um die Anordnung von Wörtern in Sätzen (z. B. *She is here.* vs. *Is she here?*).

Redemittel für Sprachfunktionen

Sprachfunktionen sind in jeder Sprache vorhanden (Mindt/Wagner 2007:17). Sie drücken Mitteilungsabsichten aus wie „Jemanden um etwas bitten“, „Sich für etwas bedanken“. Sie bestehen oft aus festen Wendungen, werden in häufig wiederkehrenden Situationen verwendet und spielen eine wichtige Rolle für den reibungslosen Ablauf der Kommunikation.

Obwohl in jeder Sprache die gleichen Sprachfunktionen vorhanden sind, verwenden die einzelnen Sprachen unterschiedliche Redemittel für den Ausdruck einzelner Sprachfunktionen (z. B. Ausdruck der Sprachfunktion „Sich verabschieden“ mit den englischen Redemitteln *bye, bye-bye* oder *goodbye*, Ausdruck der Sprachfunktion „Nach dem Befinden fragen“ mit dem englischen Redemittel *How are you?*).

Aussprache und Intonation

Wörter, Wortfolgen und Sätze haben im Englischen eine besondere Aussprache und Intonation (Mindt/Wagner 2007:18). Das Englische enthält einige bedeutungsunterscheidende Laute, die im Deutschen nicht vorhanden sind (z. B. die Reibelaute [ð] in *this, father* und [θ] in *three, think*).

Schriftbild

Im Schriftbild des Englischen gibt es große Unterschiede bei den Konsonanten und den Vokalen. Die Wiedergabe der Konsonanten im Schriftbild ist einfacher und regelmäßiger als die Wiedergabe der Vokale.

Bei den Konsonanten gibt es weitreichende Übereinstimmungen zwischen Aussprache und Schrift. So wird das gesprochene [n] fast immer durch den Buchstaben *n* wiedergegeben (z. B. in *<u>n</u>ose*). Dasselbe gilt für das gesprochene [d] (z. B. in *<u>d</u>oor, win<u>d</u>*) und für andere Konsonanten wie *b* (*<u>b</u>utter*), *p* (*<u>p</u>a<u>p</u>er*), *h* (*<u>h</u>ouse*), *m* (*<u>m</u>orning*) etc.

Bei den Vokalen gibt es dagegen sehr starke Abweichungen von Aussprache und Schrift. Dieselbe Aussprache, z. B. [eɪ] kann sehr unterschiedliche Schreibungen haben wie z. B. in *name, day, grey, break*. Dieselbe Schreibung (z. B. *a*) kann sehr unterschiedliche Aussprachen haben: [eɪ] in *name*, [ɑː] in *father*, [ɔː] in *water*, [æ] in *cat*.

Bei der Einführung des Schriftbildes muss im Englischunterricht daher sorgfältig zwischen der Schreibung von Konsonanten und der Schreibung von Vokalen unterschieden werden. Hier sind gezielte Unterscheidungen und Abstufungen erforderlich, die sich aus den Besonderheiten der Beziehungen zwischen Aussprache und Schrift im Englischen ergeben.

Fertigkeiten

Die Bausteine der Sprache werden durch vier unterschiedliche Fertigkeiten übermittelt (1) Hören und Verstehen[1], (2) Sprechen, (3) Lesen und Verstehen, (4) Schreiben. Bausteine und Fertigkeiten zusammen bilden die Bestandteile einer Sprache (Mindt/Wagner 2007:18ff.).

Hören und Verstehen

Das Hören und Verstehen (Mindt/Wagner 2007:18f.) ist mit sehr hohen Ansprüchen verbunden. Die Lernenden müssen allein aufgrund der Aussprache und ohne Hilfe durch das Schriftbild

- einzelne Wörter anhand bedeutungsunterscheidender Laute erkennen und verstehen (z. B. *dog* von *dock* unterscheiden)
- korrekte Wortabgrenzungen vornehmen (z. B. entscheiden, ob die Lautfolge [ɪts] aus einem oder aus zwei Wörtern besteht, dem Possessivpronomen *its* (z. B. *the frog with <u>its</u> head*) vs. *it's* (Kurzform von *it is*)
- feststellen, wie eine Lautfolge grammatisch zu verstehen ist (z. B. für die Lautfolge [bɔɪz] anhand des Kontextes entscheiden, ob es sich um den Plural *boys* oder den Genitiv *boy's* handelt)
- Tonhöhen und ihre Veränderungen erkennen und verstehen (z. B. die Äußerung *she is in the house* als Frage verstehen, wenn sie mit steigender Intonation gesprochen wird)
- bestimmte Redemittel für Sprachfunktionen als bedeutungsmäßige Einheiten verstehen, ohne zu versuchen, ihre Gesamtbedeutung aus den Bedeutungen der einzelnen Wörter zu erschließen (z. B. *you are*

[1] In jüngster Zeit wird bei dieser Fertigkeit auch das Sehverstehen aufgeführt (vgl. Hallet/Müller-Hartmann 2006:3). Sehverstehen ist jedoch keine fremdsprachenspezifische Fertigkeit. Darüber hinaus ist es nicht nachvollziehbar, das Sehverstehen ausschließlich mit dem Hörverstehen zu verbinden, denn auch beim Sprechen besteht sehr oft ein Bezug zu einem Geschehen, das visuell wahrgenommen wird. Noch stärker erforderlich wäre die Verbindung des Sehverstehens mit den Fertigkeiten des Lesens und Schreibens, wo es ebenfalls nicht genannt wird. Wegen dieser Unklarheiten und Widersprüche ist es aus fremdsprachendidaktischer Sicht nicht sinnvoll, das Sehverstehen als eigene Fertigkeit zu nennen.

welcome als Reaktion auf einen Dank verstehen, ohne von einer Übersetzung der Einzelwörter auszugehen: *you* = ,du', *are* = ,bist', *welcome* = ,willkommen').

Sprechen

Das Sprechen setzt die Beherrschung der korrekten Aussprache und Intonation voraus. Außerdem müssen die Lernenden über einen zutreffenden Wortschatz verfügen, die Fähigkeit der grammatischen Abwandlung und Anordnung der einzelnen Wörter besitzen und Redemittel für Sprachfunktionen angemessen verwenden können (Mindt/Wagner 2007:19).

Lesen und Verstehen

Das Lesen und Verstehen erfordert die Kenntnis des Schriftbildes des Englischen. Ebenso ist die Kenntnis des Wortschatzes unerlässlich. Hinzu tritt die Fähigkeit, mehrdeutigen Wörtern die zutreffende Bedeutung zuzuordnen. Dies kann durch grammatische Kenntnisse geschehen (z. B. Erkennen des Unterschieds von Verb und Nomen beim Wort *water*). Das Wort *water* ist ein Nomen in *a glass of water* und ein Verb in *they water the plants*. Oft ist auch allein das Erkennen des Sinnzusammenhangs für die Entschlüsselung der Bedeutung erforderlich (z. B. Bedeutung ,lassen' für das Verb *let* in *Let me do it* vs. Bedeutung ,vermieten' in *Rooms to let*) (Mindt/Wagner 2007:19).

Schreiben

Das Schreiben (Mindt/Wagner 2007:19) erfordert die beim Sprechen genannten Fähigkeiten mit Ausnahme der korrekten Aussprache und Intonation. An deren Stelle tritt die Beherrschung des Schriftbildes der englischen Sprache (wie unter Lesen und Verstehen beschrieben).

Formen und Inhalte der Sprache

Bedeutungsinhalte einer Sprache beziehen sich auf thematische Felder (z. B. *Clothes*, *Food and drink*, *Animals*). Sie treten in unterschiedlichen Formen auf (z. B. in Dialogen, Gesprächen, Erzählungen, Sachtexten, Reimen, *Chants*, Liedern). Jede dieser Formen ist durch unterschiedliche Handlungsweisen charakterisiert (Mindt/Wagner 2007:20).

Beziehungen der Bestandteile der Sprache

Um Bedeutungsinhalte zu übermitteln oder erschließbar zu machen, treten die Bausteine der Sprache und die Fertigkeiten in der Kommunikation nie isoliert voneinander auf.

Bausteine der Sprache

Sprachliche Äußerungen bestehen in den meisten Fällen aus kurzen oder längeren Sätzen. Fast jeder Satz besteht aus mehreren Wörtern. Die Bedeutung eines Satzes ergibt sich meist aus der Summe der einzelnen Wörter, es sei denn, es handelt sich um feste Wendungen, deren Bedeutung nicht aus der Summe der Einzelbedeutungen seiner Wörter erschließbar ist (z. B. *I see* ‚(ich) verstehe' oder *hang on* ‚ich bitte um einen Moment Geduld').

In jedem Satz verbinden sich Wörter oder Wendungen, die in ihrer Form und ihrer Reihenfolge den grammatischen Regeln des Englischen entsprechen. Sie folgen den Besonderheiten der englischen Aussprache und Intonation oder den Gepflogenheiten der englischen Schriftsprache (Mindt/Wagner 2007:20).

Fertigkeiten

Fertigkeiten treten beim natürlichen Sprachenlernen in einer bestimmten Reihenfolge auf: 1. Hören und Verstehen, 2. Sprechen, 3. Lesen und Verstehen, 4. Schreiben. Dies bedeutet, dass Fertigkeiten auch isoliert voneinander auftreten können (Mindt/Wagner 2007:20). In den Klassen 1 und 2 sollte zunächst auf diese Reihenfolge des natürlichen Sprachenlernens geachtet werden. Das bedeutet jedoch nicht, dass das Schriftbild längere Zeit völlig unberücksichtigt bleibt. Denn die Kinder lernen gleichzeitig in ihrer Muttersprache das Schriftbild kennen und möchten in der Fremdsprache nicht auf diese Hilfe verzichten.

Inhalte der Sprache

Inhalte der Sprache entstehen durch die Verbindung von Bausteinen der Sprache mit Fertigkeiten. Die Fertigkeiten unterscheiden sich nach zwei Ebenen (Mindt/Wagner 2007:21):
1. ob es sich um gesprochene oder geschriebene Sprache handelt und
2. ob es sich um Sprachrezeption (Hören und Verstehen, Lesen und Verstehen) oder um Sprachproduktion (Sprechen, Schreiben) handelt (vgl. Darstellung 2.1).

	rezeptiv	**produktiv**
mündlich	Hören und Verstehen	Sprechen
schriftlich	Lesen und Verstehen	Schreiben

Darstellung 2.1: Fertigkeiten

Das Gesamtbild der Beziehungen

Ein vereinfachtes Abbild der Beziehungen findet sich in Darstellung 2.2. Betrachtet man die Bausteine, Inhalte und Fertigkeiten mit der Gesamtzahl aller ihrer Bestandteile, so ergibt sich das Abbild in Darstellung 2.3.

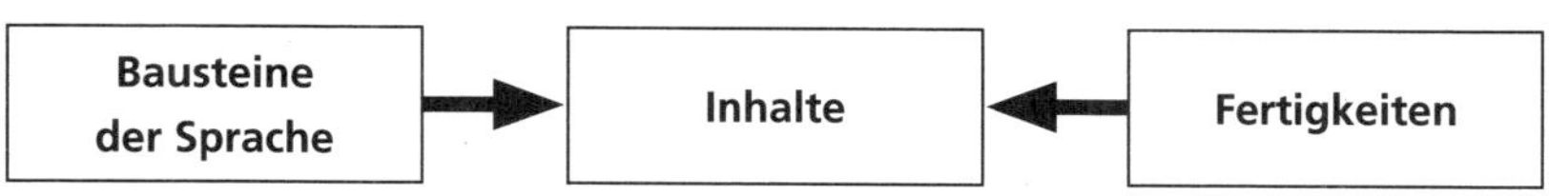

Darstellung 2.2: Bausteine der Sprache, Inhalte und Fertigkeiten: summarisch

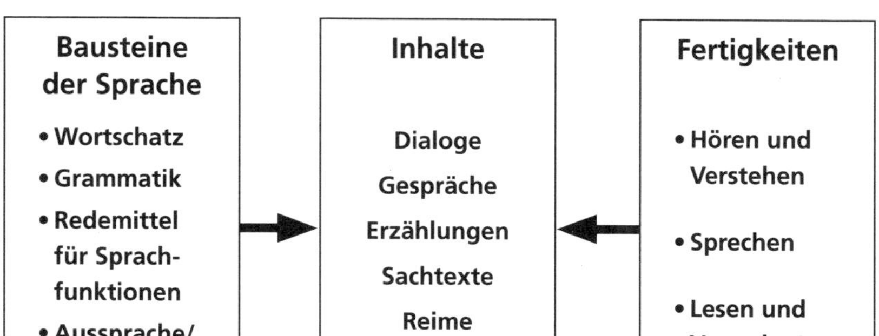

Darstellung 2.3: Bausteine der Sprache, Inhalte und Fertigkeiten: detailliert (Mindt/Wagner 2007:21)

Folgen für den Unterricht

Aus Darstellung 2.3 ergeben sich besondere Folgen für den Beginn des Englischunterrichts. Die Sprachinhalte des Unterrichts entstehen durch die Verbindung von mindestens einer Fertigkeit mit mehreren Bausteinen der Sprache. Daraus ergibt sich das Grundproblem der unvermeidlichen Häufung von Schwierigkeiten besonders am Anfang des Unterrichts, wo alle Bausteine der Sprache noch unbekannt sind und neu erlernt werden müssen.

Um Schwierigkeiten zu entzerren, können und sollten Fertigkeiten anfangs einzeln und zunächst in der Reihenfolge des natürlichen Spracherwerbs behandelt werden (1. Hören und Verstehen, 2. Sprechen, 3. Lesen und Verstehen, 4. Schreiben).

Auch die Schwierigkeiten der Aussprache und Intonation sollten möglichst nicht gehäuft auftreten, wenngleich dieses Ziel nur schwer zu erreichen ist. Denn die Äußerungen im Unterricht dienen der Kommunikation in der englischen Sprache. Um eine echte Kommunikation zu führen, ist es meist nicht möglich, auf bestimmte schwierige Laute (z. B. [ð] in *the*) für längere Zeit zu verzichten.

Für deutsche Sprecher ist ein Satz wie *This is right* mit zahlreichen Schwierigkeiten der Aussprache verbunden. Zunächst bereitet der Wechsel zwischen den Lauten [ð] in *this* und [z] in *is* erhebliche Probleme. Wenn unmittelbar danach noch das [r] in *right* mit seiner vom Deutschen stark abweichenden Aussprache folgt, sind viele Kinder durch die Häufung von Schwierigkeiten überfordert.

Ein Vorschlag zur Isolierung der Schwierigkeiten könnte in den folgenden fünf Schritten bestehen, wobei der Zeitraum zwischen den Schritten der Leistungsfähigkeit der Kinder anzupassen ist:

(1) *Okay.*	(anstelle von *right* mit dem Problem des [r])
(2) *Right.*	(Konzentration auf das [r])
(3) *It is okay.*	(Konzentration auf das [z] in *is*)
(4) *This is okay.*	(Verbindung von [ð] in *this* mit [z] in *is*)
(5) *This is right.*	(Verbindung von [ð] in *this* mit [z] in *is* und [r] in *right*)

Die Schwierigkeiten der Grammatik lassen sich am Anfang des Unterrichts ohne Probleme entzerren, da die Elementargrammatik des Englischen weniger komplex ist als die des Deutschen. Dies geschieht leider nicht immer in den vorhandenen Lehrwerken.

Die Häufung von Schwierigkeiten kann besonders durch eine gezielte Auswahl des Wortschatzes vermindert werden. Diese Auswahl muss die bisherigen sprachlichen Kenntnisse der Kinder berücksichtigen. Dieser Gesichtspunkt ist weder in den bisherigen Lehrwerken noch in der Literatur angemessen berücksichtigt worden. In diesem Buch wird ein völlig neuer Weg beschritten, der die Lernschwierigkeiten sehr wirksam begrenzt (s. Kapitel 7 „Der Wortschatz“).

3 Die Kinder

Durch Reifung und vorheriges Lernen treffen wir bei Kindern der Klasse 1 auf eine andere Ausgangsbasis des Sprachenlernens als zu Beginn des Erwerbs der Muttersprache.

Entwicklungspsychologie

Prozesse der Reifung sind Gegenstand der Entwicklungspsychologie. Wir beginnen mit der klassischen Entwicklungspsychologie und schreiten zu modernen Erkenntnissen fort.

Klassische Entwicklungspsychologie

Piaget, ein bedeutender Vertreter dieser Disziplin, unterscheidet vier wesentliche Phasen der Entwicklung, die in Darstellung 3.1 wiedergegeben sind (Piaget 1972:139ff.).

Symbolisches und vorbegriffliches Denken	Alter: 1 bis 4 Jahre
Anschauliches Denken	Alter: 3 bis 6 Jahre
Konkrete Operationen	Alter: 6 bis 11 Jahre
Formale Operationen	Alter: 11 Jahre und mehr

Darstellung 3.1: Entwicklungsphasen nach Piaget

Nach Piaget (1972:157ff.) befinden sich Kinder im Alter von 6 bis 11 Jahren (das entspricht den Klassen 1 bis 5 oder 6) in der Phase der „konkreten Operationen". Dieser Begriff wird in der deutschsprachigen Literatur nicht selten als frei von der Fähigkeit zu verallgemeinernden Erkenntnissen gesehen.

Das trifft nicht zu, denn innerhalb der Phase der „konkreten Operationen" treten verschiedene Arten von Erkenntnissen auf: Gruppierungen von Objekten nach Klassen aufgrund von Gemeinsamkeiten und Unterschieden (Piaget 1972:161f.), Weiterentwicklung des Zahlensystems (Piaget 1972:162), Aneinanderreihung von Serien nach Gemeinsamkeiten und Unterschieden (Piaget 1972:63). Hinzu treten die Ausbildung der Begriffe des Raumes und der Zeit (Piaget 1972:163f.).

Klassische Entwicklungspsychologie und Sprachenlernen

Einige der von der klassischen Entwicklungspsychologie beschriebenen Operationsarten (Bildung von Mengenbegriffen, Klassenbildung, Bildung von Oberbegriffen) sind Grundlagen zweier wichtiger sprachwissenschaftlicher Verfahren: der Segmentierung und der Klassifizierung. Segmentierung (Gliederung durch Zerlegung) betrifft beispielsweise die Ermittlung von Wortgrenzen im Lautstrom der gesprochenen Sprache. Klassifizierung bedeutet die Zuordnung von so ermittelten Wörtern zu Wortklassen, wie z. B. *Blume, Haus, Auto* zur Klasse der Nomen oder *schlafen, gehen, warten* zur Klasse der Verben.

Die beiden Operationen Segmentierung und Klassifizierung bilden seit Saussure (1916) den Grundstock der Analyseverfahren der modernen Sprachwissenschaft. Kinder im Alter von sechs Jahren verfügen demnach über differenzierte Fähigkeiten, strukturelle Einzelheiten der Sprache gegliedert zu erfassen, sie als regelhaft zu erkennen und systematisch zu verarbeiten.

Moderne Entwicklungspsychologie

Moderne Entwicklungspsychologen haben viele Leistungen, die Piaget dem Alter von sechs Jahren zuordnet, schon deutlich vor diesem Alter erkannt. „Mit vier Jahren, zu einem Zeitpunkt also, zu dem die Kinder nach der Theorie Piagets noch vollkommen zum anschaulichen Denken neigen, sind sie bereits in der Lage, Objekte nach einfachen Merkmalen zu klassifizieren." (Oeveste 1987:135).

Hinzu kommt: „Kinder erwerben das komplexe, abstrakte Regelsystem ihrer Muttersprache in einem Alter, in dem ihre abstrakten Problemlösefähigkeiten noch extrem eingeschränkt sind." (Grimm/Weinert 2002:542). Dies bedeutet, dass Kinder sehr früh zu Abstraktionen über Sprache in der Lage sind und zwar deutlich, bevor sie zu vergleichbaren Abstraktionsleistungen auf anderen Gebieten fähig sind.

Moderne Entwicklungspsychologie und Sprachenlernen

Die allgemeinen Fähigkeiten der Kinder zur Ermittlung von Klassen und zur Bildung von Oberbegriffen können im Fremdsprachenunterricht der Klassen 1 und 2 mit Gewinn eingesetzt werden. Darüber hinaus kann von den frühen sprachlichen Abstraktionsfähigkeiten der

Kinder Gebrauch gemacht werden, die schon bestehen, bevor andere allgemeine Problemlösefähigkeiten vollständig ausgebildet sind.

Diese Möglichkeiten werden oft verkannt und bleiben für das Sprachenlernen ungenutzt. Kindern dieses Alters werden Einsichten in das Funktionieren der Sprache oft nicht zugetraut. Beobachtungen von Kindern zeigen das Gegenteil. Eine Fünfjährige mit Frühfranzösisch im Kindergarten hat festgestellt, dass Adjektive im Französischen dem Nomen folgen, im Deutschen aber vor dem Nomen stehen. Das Kind drückt diese Einsicht so aus: „Ist das nicht komisch: wir sagen ‚die schwarze Katze' und ihr sagt ‚die Katze schwarz'." (Sarter 1997:174).

Vorheriges Sprachenlernen

Das Kleinkind erwirbt seine Muttersprache in einer klar gegliederten Abfolge von Stufen der Sprachbeherrschung. Schon sehr früh wurde erkannt, dass der Erwerb der Sprachlaute regelhaft und systematisch ist (Jakobson 1941/1969:59). Die neuere Spracherwerbsforschung hat festgestellt, dass auch grammatische Strukturen in einer systematischen Reihenfolge (Progression) gelernt werden.

Zu den ersten Strukturen, die englische Kinder erlernen, gehört der Plural der Nomen. Es folgen u. a. die Artikel (*a* und *the*) und die regelmäßige Bildung der dritten Person Singular von Verben durch Anhängen von *-s* (Brown 1973:271). Auch deutsche Kinder haben ihre Sprache in einer klar gegliederten Abfolge von Schritten gelernt. Der Erwerb des Kernbereichs des sprachlichen Systems der Muttersprache ist im Alter von drei bis vier Jahren abgeschlossen (Tracy 2007:95, Szagun 2007:70).

Regelbildung bei Kindern

An Fehlern, die muttersprachliche Kinder machen, können wir ablesen, ob der Erwerb sprachlicher Strukturen nur durch Wiederholung erfolgt oder ob dahinter eine Regelbildung des Kindes steht, die auf Abstraktionsleistungen der Kinder beruht. Die folgenden Äußerungen stammen aus Daten deutscher Kinder im Alter zwischen zwei und vier Jahren: *Ich habe geschlaft* und *Ich will nicht ausgezieht werden.*

Die Formen *geschlaft* und *ausgezieht* haben die Kinder nicht von ihren erwachsenen Kommunikationspartnern gehört. Sie entstammen einer eigenen Regelbildung, die ein hohes Maß an Abstraktionsfähigkeit der Kinder deutlich werden lässt. Die Kinder haben durch eigene Leistungen der Segmentierung und Klassifizierung erkannt,

- dass die Wörter *schlafen* und *ausziehen* der Klasse der Verben angehören
- dass auf das Hilfsverb *haben* bei der Perfektbildung ein Perfektpartizip folgen muss (*geschlaft*)
- dass auf das Hilfsverb *werden* bei der Passivbildung ein Perfektpartizip folgen muss (*ausgezieht*)
- dass die Bildung des Perfektpartizips die Vorsilbe (Präfix) *ge-* erfordert
- dass das Perfektpartizip deutscher Verben oft, nämlich bei regelmäßigen Verben, durch die Endung *-t* gekennzeichnet ist (*gespielt, gelacht*)
- dass bei Verben wie *ausziehen* die Partikel *aus*, die bei bestimmten Formen weit hinter das Verb tritt (*ich ziehe mich aus*) im Perfektpartizip vor dem Präfix *ge-* steht (*ausgezieht*).

Allerdings haben die Kinder in den genannten Fällen eine zu weit gehende Verallgemeinerung vorgenommen, denn die Regel trifft nur auf regelmäßige Verben zu (*suchen > gesucht, kaufen > gekauft*). Bei unregelmäßigen Verben, die zahlenmäßig seltener sind als die regelmäßigen, gelten dagegen besondere Formen (*schlafen > geschlafen, ausziehen > ausgezogen*).

Englische Kinder produzieren vergleichbare Sprachformen, z. B. *we rided* oder *they shooted*, die sie nicht von ihrer erwachsenen Umgebung gehört haben, sondern die auf einer eigenen Regelbildung beruhen. Auch hier werden die häufigeren Formen der regelmäßigen Formenbildung in systematischer Weise auf unregelmäßige Verben übertragen (Mindt/Schlüter 2007:30).

Regelbildung und Fremdsprachenunterricht

Über solche Abstraktionsfähigkeiten verfügen Kinder bereits im Alter von unter vier Jahren. Ein Fremdsprachenunterricht, der diese Fähigkeiten unberücksichtigt ließe, würde die Schulkinder wie Kleinkinder behandeln. Er würde darauf verzichten, auf die in diesem Alter vorhandene Leistungsfähigkeit der Kinder zurückzugreifen und sie weiterzuentwickeln. Die Folge wäre eine ständige Unterforderung der Kinder, eine Verringerung der Effizienz des Unterrichts und eine kontinuierliche Demotivation der Lernenden, die sich unterhalb des Niveaus ihrer verstandesmäßigen Entwicklung angesprochen fühlen.

Stand der Beherrschung der Muttersprache

Die Beherrschung der Muttersprache am Schulbeginn ist eine wesentliche Voraussetzung des Lernens der Fremdsprache. Generell gilt, dass im Fremdsprachenunterricht keine sprachlichen Strukturen gelernt werden sollten, die noch nicht in der Muttersprache in ähnlicher Form vorhanden sind. Ein Unterricht, der vom Stand der Beherrschung der Muttersprache ausgeht, befindet sich im Einklang mit den natürlichen Spracherwerbsprozessen. Durch die Berücksichtigung des Lernstandes der Muttersprache können Überforderungen vermieden und Lernergebnisse schneller erreicht werden.

Beherrschung der Bausteine der Sprache

Wir unterscheiden fünf Bausteine der Sprache: (1) Wortschatz, (2) Grammatik, (3) Redemittel für Sprachfunktionen, (4) Aussprache und Intonation und (5) Schriftbild.

Aussprache und Intonation und Schriftbild
Von diesen fünf Bausteinen beherrschen die Kinder am Beginn der Schulzeit einen einzigen weitgehend vollständig, die Aussprache und Intonation (Baustein 4). Das Schriftbild der Muttersprache (Baustein 5) ist den meisten Kindern bei Schulbeginn dagegen noch weitgehend unbekannt.

Redemittel für Sprachfunktionen
Die Kinder verfügen mit sechs Jahren über einen großen Umfang an Redemitteln für Sprachfunktionen (Baustein 3), die für eine elementare Kommunikation erforderlich sind, wie: Begrüßungen, Verabschiedungen, sich und andere vorstellen, sich bedanken und auf Dank reagieren, sich für etwas entschuldigen, nach dem Befinden fragen, über das Befinden Auskunft geben, jemanden um etwas bitten, etwas vorschlagen, Zustimmung äußern, Ablehnung äußern, Gefallen oder Vorlieben ausdrücken, Missfallen oder Abneigung bekunden, Wünsche und Glückwünsche äußern. Für solche bekannten Sprachfunktionen sind lediglich die englischen Redemittel neu einzuführen (vgl. auch Schulz 2007:76f).

Wortschatz
Die Art der Beherrschung des Wortschatzes (Baustein 1) kann nach aktivem (produktivem) Wortschatz und passivem (rezeptivem) Wortschatz unterschieden werden. Der aktive Wortschatz, den Kinder in

ihrer Muttersprache produktiv verwenden, liegt zwischen 3.000 und 5.000 Wörtern. Der passive Wortschatz, den Kinder nicht produktiv verwenden, sondern nur erkennen, wenn er ihnen begegnet, liegt zwischen 9.000 und 14.000 Wörtern (Schulz 2007:71). Dabei sind die Inhaltswörter (z. B. *Haus, Auto, spielen, schlafen*) wesentlich zahlreicher als die Funktionswörter (z. B. *der, die, das, in, an, und*).

Grammatik

Die Grammatik (Baustein 2) liegt in wesentlichen Grundstrukturen bei sechsjährigen Kindern vor. Bei den meisten Kindern finden wir schon im Alter von drei Jahren die folgenden Strukturen:

- überwiegend korrekter Gebrauch des bestimmten Artikels, z. B. *der Mann, die Frau, das Haus* (Schulz 2007:72)
- überwiegend korrekter Gebrauch des unbestimmten Artikels, z. B. *NOCHma eine maus mami* (Tracy 1991:199)
- Plural der Nomen (Schulz 2007:72), z. B. *das sind alle Legos* (Tracy 2007:79)
- Genitiv *-s* der Nomen (Szagun 1996:36, Schulz 2007:72), z. B. *Mamas Kleid*
- Verbformen von *sein* im Präsens (Szagun 1996:39), z. B. *bin, bist, ist*
- Verbformen von *haben* im Präsens (Szagun 1996:39), z. B. *habe, hast, hat*
- Endungen von Verben im Präsens, z. B. zum Infinitiv *liegen* die 3. Person Singular *liegt* (Schulz 2007:72)
- Perfektformen (Szagun 1996:39), z. B. *ich habe gesehen, ich bin gekommen*
- Imperfektformen (Szagun 1996:39), z. B. *ich sah, ich kam, sie lachte*
- Modalverben (Schulz 2007:72), z. B. *Valle will dann weiter malen* (Tracy 2007:89)
- Futur mit *werden* (Szagun 1996:39), z. B. *sie wird kommen*
- Ergänzungen des Verbs *sein* durch Adjektive, Nomen oder Adverbiale, z. B. *jetzt bin ich fertig* (Tracy 1991:236), *da IS das bauernhof* (Tracy 1991:245), *der MANN is da* (Tracy 1991:348)
- Verneinungen, z. B. *Mama fährt nicht Bus.* (Tracy 2007:86)
- Entscheidungsfragen (Antwort: *ja* oder *nein*), z. B. *Ist die Flöte da?* (Schulz 2007:73)
- Bestimmungsfragen mit Fragepronomen, z. B. *wo, was, wer, wie, warum, wann* (Antwort: ein Wort oder ein Satz) (Schulz 2007:73): *Wo ist die Flöte?*
- Ergänzungen von transitiven Verben durch Objekte, z. B. *ich bau ein Turm* (Tracy 2007:79)
- Passivkonstruktionen, z. B. *ich will getragen werden* (Schulz 2007:72)

- Nebensätze mit den Konjunktionen *weil, wenn, dass* (Schulz 2007:72), z. B. *es ist nass, weil es geregnet hat*
- Infinitivkonstruktionen, z. B. *die hat vergessen, Wasser reinzulassen* (Schulz 2007:72).

Sprachbausteine des Englischen und des Deutschen

Die Strukturen des Englischen, die in Kapitel 8 „Die Grammatik" angegeben werden, gehen über den oben genannten Umfang nicht hinaus. Sie bleiben vielmehr deutlich darunter. Die nach unserem Konzept unterrichteten Kinder können sich daher beim Erlernen des Englischen auf einen Umfang von grammatischen Strukturen stützen, den muttersprachliche Sprecher im Alter von ca. drei bis vier Jahren beherrschen. Diese Auswahl verhindert Überforderungen.

Beim Unterricht müssen wir unser Augenmerk allerdings auf alle Punkte richten, in denen das Englische vom Deutschen abweicht. Dies ist bei den Wörtern (lexikalisch) häufig der Fall. Wenn ich im Deutschen nach einem Ort frage, verwende ich das Fragepronomen *wo*, im Englischen dagegen das Fragepronomen *where*.

Grammatisch kann ich die gleiche oder eine andere Struktur antreffen. Bei der Frage mit einer Form des Verbs *sein* besteht kein Unterschied zwischen dem Deutschen *Wo ist er?* und dem Englischen *Where is he?* Bei der Frage mit anderen Verben haben wir es mit einem Unterschied zu tun: Die deutsche Frage *Wo wohnt er?* ist anders strukturiert als die englische Frage *Where does he live?*

Schlussfolgerungen

Die Schlussfolgerungen gliedern sich nach dem Entwicklungsstand und den damit verbundenen Fähigkeiten, nach den Schritten des Lernens der Muttersprache und der Fremdsprache sowie dem Sprachkönnen in der Muttersprache.

Entwicklungsstand

Kinder der 1. Klasse verfügen auf Grund ihres Entwicklungsstandes über weitreichende Fähigkeiten zur Ermittlung von Klassen und zur Bildung von Oberbegriffen. Diese Fähigkeiten sind bei der Wahrnehmung und Verarbeitung von Sprache in besonderem Umfang ausgebildet. Schon Vorschulkinder verfügen über Einsichten in sprachliche Gesetzmäßigkeiten. Diese Fähigkeiten macht sich der bisherige Fremdsprachenunterricht in den Klassen 1 und 2 nicht einmal ansatzweise zunutze.

Das Lehrwerk *Playway* spricht zwar von der „Förderung des unbewussten Entdeckens sprachlicher Gesetzmäßigkeiten" (Gerngroß/Puchta 1997:24). Dazu finden sich jedoch keine konkreten Umsetzungen im Lehrwerk. So erhalten weder Lehrende noch Lernende den geringsten Hinweis dazu, wie man die Entdeckung der Gesetzmäßigkeit der Pluralbildung der Nomen unbewusst anbahnen und bewusst entfalten könnte (Gerngroß/Puchta 1997:61f., ähnlich Frey et al. 2007:27ff.). Dies gilt in gleicher Weise für andere sprachliche Gesetzmäßigkeiten.

Auf der anderen Seite gibt es im Lehrwerk *Playway* eine große Zahl von gezielten Übungen zur Entwicklung der mathematisch-logischen Intelligenz durch logische Reihen und Ordnungsübungen (vgl. Gerngroß/Puchta 1997:24). Die Einsichtsfähigkeit in den nicht-sprachlichen Bereich wird im Lehrwerk kontinuierlich gepflegt und ausgebaut. Einsichten in sprachliche Gesetzmäßigkeiten werden dagegen vollständig aus dem Englischunterricht ausgeschlossen.

Schritte des Lernens der Muttersprache und der Fremdsprache

Das vorherige Lernen der Muttersprache erfolgt in einer klaren Abfolge von Schritten (Progression). Eine Progression des Lernens in der Fremdsprache wird in den Klassen 1 und 2 nur ansatzweise verfolgt. Stattdessen stellen Lehrwerke die Reihenfolge der zu lernenden Sprachbestände nicht selten zur freien Disposition.

In Band 1 des Lehrwerks *Bumblebee*, in dem die einzelnen Einheiten nach Themen unterschieden sind, heißt es: „Eine freie Themenauswahl ist jederzeit möglich." (Michailow-Drews/Schultz-Steinbach 2001a:5). Dasselbe gilt für Band 2 für die 2. Klasse (Michailow-Drews/Schultz-Steinbach 2001b:5).

Das Lehrwerk *Ikuru* ist in Module gegliedert, deren Auswahl und Reihenfolge in der Klasse 1 freigestellt ist, abgesehen von den Modulen 1–5, die für die ersten sechs Wochen bestimmt sind (Fröhlich-Ward et al. 2001:6f.). Dasselbe Vorgehen erfolgt in der Klasse 2, wo nur ein Kernmodul am Schuljahresbeginn behandelt werden soll, alle anderen Module aber in beliebiger Reihenfolge behandelt werden können (Lehnert-Adler et al. 2002:10).

Diese Beliebigkeit verhindert ein Fortschreiten vom Elementaren zum Komplexen. Ein systematisches Lernen findet nicht statt. Je nach den Vorlieben der Lehrkräfte gibt es für unterschiedliche Gruppen von Kindern unterschiedliche Lernergebnisse. Erfolge und Fortschritte des Lernens sind für Lehrende und Lernende schwer erfassbar. Ein gemeinsames Weiterlernen nach der Klasse 2 ist auf diese Weise weitgehend ausgeschlossen.

Sprachkönnen in der Muttersprache

Das vorhandene Sprachkönnen in der Muttersprache bietet Ansatzpunkte für den Fremdsprachenunterricht. Mit dem Wissen darüber kann man zunächst auf Wörter und Strukturen zurückgreifen, die in ähnlicher Form auch in der Muttersprache vorhanden sind oder auf den gleichen Konzepten beruhen (z. B. Singular, Plural, Gegenwart, Vergangenheit). Durch solche Anknüpfungen wird das Lernen erleichtert. Auf diese Weise kann mehr in kürzerer Zeit gelernt werden. Diese Vorgehensweise findet keine Erwähnung in der Literatur zum Englischunterricht der Klassen 1 und 2. In den Lehrwerken finden sich gelegentlich solche Anknüpfungen. Ihr Vorkommen scheint aber eher auf Zufälligkeiten zu beruhen als auf geplanter Absicht.

Die Lehrkräfte

4

Die wichtigste Aufgabe der Lehrkräfte besteht darin, die Kinder mit einem tragfähigen Sprachfundament des Englischen auszustatten. Angesichts der Bedeutung des Englischen als internationales Kommunikationsmittel und im Hinblick auf ihren künftigen Lebensweg verdienen unsere Schulkinder den bestmöglichen Unterricht. Ebenso haben die Eltern einen Anspruch auf professionellen Unterricht, denn es sind die von ihnen erbrachten Steuergelder, die das Schulsystem mitfinanzieren.

Der Englischunterricht in den Klassen 1 und 2 erfordert eine Reihe von besonderen Fähigkeiten und Qualifikationen der Lehrkräfte. Wegen des geringen Alters der Kinder und der Begrenzung der zu vermittelnden Sprachbestände war man bisher allzu oft bereit, Kompromisse bei der Sprachbeherrschung und anderen Qualifikationen der Lehrkräfte in Kauf zu nehmen und als unproblematisch zu betrachten.

Die Fremdsprache und das Alter der Kinder

Es ist ein Trugschluss zu glauben, der Fremdsprachenunterricht in den Klassen 1 und 2 erfordere nur geringe Sprachkenntnisse und sei didaktisch anspruchsloser als der Unterricht mit älteren Lernenden. Die englische Sprache wird nicht dadurch einfacher, dass sie an sechsjährige Kinder vermittelt wird statt an acht- oder zehnjährige. Gerade weil die Sprachbestände in den Klassen 1 und 2 stark zu reduzieren sind, muss ihre Auswahl und Abstufung unter besonderer Sorgfalt und Sachkunde erfolgen. Die Struktur der ausgewählten Sprachbestände muss wesentlich genauer analysiert werden als in Lehrgängen für ältere Lernende.

Die Tatsache, dass die Kinder jetzt jünger sind als jemals zuvor im schulischen Fremdsprachenunterricht macht auch die Vermittlung der Sprache nicht einfacher. Ältere Lernende können an umfangreiche Erfahrungen anknüpfen und Unbekanntes durch ihr Vorwissen oft selbständig erschließen. Sie sind auf einen vergleichsweise geringen Umfang an Hilfen angewiesen.

Der Unterricht mit Sechs- und Siebenjährigen verlangt dagegen ein Mehr an Wissen über die Kinder, über die Sprache und das Sprachenlernen und muss sich auf eine spezielle Methodik des Unterrichts stützen. Wegen des geringen Zeitumfangs, der für das Fach Englisch zur Verfügung steht, muss der Unterricht alle Möglichkeiten der Erleichterung des Lernens und der Vermeidung von Schwierigkeiten nutzen.

Risiken des Unterrichts

Der Unterricht richtet sich an Kinder, deren kognitive Entwicklung deutlich unterhalb der von Acht- bis Zehnjährigen liegt. Die Gefahr der Überforderung ist größer als zu späteren Zeitpunkten. Damit wächst auch das Risiko, durch Fehler und Mängel des Unterrichts Misserfolge zu verursachen, welche die Motivation der Kinder nicht nur zeitweilig beeinträchtigen, sondern für lange Zeiträume untergraben können. Weil sechsjährige Kinder langsamer lernen und mehr Zeit zum Erfassen und zum Produzieren sprachlicher Strukturen benötigen, muss der Unterricht in den Klassen 1 und 2 noch kenntnisreicher und sorgfältiger geplant werden als zu späteren Zeitpunkten.

Qualifikationen der Lehrkräfte

Dies erfordert ein deutlich höheres Maß an sprachlicher, fachwissenschaftlicher und didaktischer Qualifikation der Lehrkräfte, als oft angenommen wird. Wer sich als Tourist relativ problemlos in einem englischsprachigen Land bewegen kann, besitzt damit noch nicht die nötigen sprachlichen Voraussetzungen für einen erfolgreichen Englischunterricht in den Klassen 1 und 2. Schon gar nicht verfügt er über die erforderliche fachliche und didaktische Kompetenz. Selbst englische Muttersprachler sind als Lehrkräfte für den Englischunterricht der Klassen 1 und 2 nicht geeignet, wenn ihnen die notwendigen sprachwissenschaftlichen und fachdidaktischen Voraussetzungen fehlen.

Im Folgenden werden die notwendigen Qualifikationen der Lehrkräfte genannt. Sie können gleichzeitig als Basis für die Entwicklung von Studienmodulen für die Ausbildung von Lehrkräften für den Englischunterricht der Klassen 1 und 2 sowie für Fort- und Weiterbildungskurse dienen.

Die Anforderungen gliedern sich in Sprachkompetenz, die fachwissenschaftlichen Mindesterfordernisse, die erziehungswissenschaftlichen und grundschulpädagogischen Voraussetzungen sowie die fachdidaktischen Kenntnisse und Fähigkeiten. Diese Anforderungen müssen ergänzt werden durch die Freude am Umgang mit Kindern dieses Alters und die Bereitschaft, sich durch Schwierigkeiten nicht entmutigen zu lassen.

Sprachkompetenz

Unerlässliche Voraussetzung auf Seiten der Lehrkräfte ist die sichere Beherrschung der englischen Sprache in Wort und Schrift mit einer Aussprache und Intonation, die dem Standard eines großen englischsprachigen Landes entspricht (z. B. Großbritannien, USA, Australien, Kanada).

Das Ausmaß der Sprachbeherrschung sollte sich in der Regel an der Niveaustufe C1 des *Gemeinsamen europäischen Referenzrahmens für Sprachen* (GER) orientieren. Dies bedeutet u. a. für das Verstehen und Sprechen: „Kann ein breites Spektrum anspruchsvoller, längerer Texte verstehen und auch implizite Bedeutungen erfassen. Kann sich spontan und fließend ausdrücken, ohne öfter deutlich erkennbar nach Worten suchen zu müssen." (Europarat 2001:35). Von besonderer Bedeutung ist die vollständige und fehlerfreie Beherrschung der Unterrichtssprache in den Klassen 1 und 2.

Fachwissenschaft

Aus der Fachwissenschaft gehören die folgenden Bereiche zu den Basisvoraussetzungen:
- Grundkenntnisse der Phonetik und Phonologie sowie des Schriftsystems (Graphemik) des Englischen
- Kenntnisse der Grundlagen des Formensystems der englischen Sprache (Morphologie)
- Grundkenntnisse der Struktur des englischen Wortschatzes einschließlich der Bedeutungslehre (Semantik)
- Sichere Kenntnisse der elementaren Gesetzmäßigkeiten des englischen Satzbaus (Syntax)
- Kenntnisse der fundamentalen Unterschiede zwischen den wichtigsten Varianten des Englischen in der Welt
- Fähigkeit, sprachwissenschaftliche Einsichten auf mündliche Äußerungen und schriftliche Texte der englischen Sprache anzuwenden

- Fähigkeit zur inhaltlichen Analyse und Interpretation von Äußerungen und Texten
- Grundkenntnisse der Landeskunde und Kultur wichtiger englischsprachiger Länder (z. B. USA, Großbritannien, Australien).

Erziehungswissenschaft und Grundschulpädagogik

Die folgenden Bereiche der Erziehungswissenschaft und Grundschulpädagogik gelten auch für den Fremdsprachenunterricht und sind hierfür gegebenenfalls zu präzisieren:
- Kenntnisse der Grundlagen der Entwicklungspsychologie
- Kenntnisse der Grundlagen des menschlichen Spracherwerbs
- Kenntnisse im Bereich der Schülermotivation
- Sicherheit im Umgang mit lernschwächeren Kindern, überdurchschnittlich begabten Kindern und Kindern mit abweichendem Verhalten
- Kenntnis des Sprachunterrichts der Muttersprache (einschließlich Schriftspracherwerb und Sprachbetrachtung).

Fachdidaktik

Für die Fachdidaktik gelten die folgenden Kenntnisse und Fähigkeiten:
- Kenntnis der Ziele und Inhalte des Unterrichts sowie der Lehrpläne
- Fähigkeit zur Planung und Analyse von Englischunterricht
  - Methodenkompetenz
  - Medienkompetenz
- Fähigkeit zur Ermittlung und Bewertung des Lernstandes
- Fähigkeit zur Differenzierung und Förderung
- Fähigkeit zur Bewertung von Lehrwerken und anderen Unterrichtsmaterialien
- Fähigkeit zur sprachlich angemessenen und situationsgerechten Abwandlung und Veränderung von Lehrwerken und anderen Unterrichtsmaterialien
- Grundkenntnisse der historischen Entwicklung des Englischunterrichts in der Primarstufe (zur Abschätzung des heutigen Standes der Didaktik und zur Vermeidung künftiger Fehlentwicklungen).

Die heutige Situation

Der Englischunterricht in den Klassen 1 und 2 steht vor einem Neubeginn. Es ist überzeugend dargelegt worden, dass der Erfolg des Unterrichts in erster Linie von gut qualifizierten Lehrkräften abhängig ist (Sauer 2006b:18). Die Schulen verfügen zur Zeit noch nicht über eine ausreichende Zahl an Lehrkräften, die den Anforderungen des Englischunterrichts in den Klassen 1 und 2 in vollem Umfang entsprechen. Unter diesen Umständen ist es dennoch beeindruckend, welche Leistungen schon heute von den Lehrkräften erbracht werden.

Für die langfristige Sicherstellung der Qualität des Englischunterrichts in den Klassen 1 und 2 ist die gezielte Ausbildung von künftigen Lehrkräften unabdingbar. Dafür ist ein neuer Teilstudiengang innerhalb des Lehramtsstudiums zu schaffen. Es sind Studienmodule zu entwerfen, die die werdenden Lehrkräfte gezielt und strukturiert in den oben genannten Kompetenzbereichen ausbilden.

Die Ausbildung qualifizierter Lehrkräfte erfordert einen Zeitraum von mindestens sechs Jahren (vier Jahre Studium + zwei Jahre Referendariat). Bis diese Lehrkräfte in ausreichender Zahl zur Verfügung stehen, sind strukturierte und aufeinander aufbauende Fort- und Weiterbildungsprogramme für die heute in den Klassen 1 und 2 tätigen Lehrkräfte unabdingbar. Sie sollten von Experten aus Wissenschaft und Praxis konzipiert sein und sich an dem oben genannten Katalog von Anforderungen orientieren.

5 Die Lehrwerke

Lehrwerke spielen eine herausragende Rolle für die Qualität des Englischunterrichts in den Klassen 1 und 2. Dies hat zwei Gründe:

1. Die Lehrkräfte verfügen derzeit nicht in allen Fällen über sämtliche Voraussetzungen für die Planung und Durchführung des Unterrichts. Die Ursache liegt darin, dass die Einführung des Englischunterrichts in den Klassen 1 und 2 erfolgt ist, ohne dass ausgebildete Lehrkräfte im erforderlichen Umfang zur Verfügung standen (vgl. Kapitel 4 „Die Lehrkräfte"). Dieser Zustand wird noch länger andauern. Nur qualitativ hochwertige Lehrwerke mit genauen Unterrichtshinweisen können hier den notwendigen Ausgleich schaffen.
2. Ein Lehrwerk von hoher professioneller Qualität als Leitmedium des Unterrichts ist auch dann unverzichtbar, wenn gut ausgebildete Lehrkräfte mit erstklassiger Sprachkompetenz und umfangreichem fachdidaktischen Wissen und Können in ausreichender Zahl zur Verfügung stehen (vgl. Sauer 2000:34). Die Erstellung qualitativ herausragender Unterrichtsmaterialien überschreitet die fachlichen Möglichkeiten auch gut ausgebildeter Lehrkräfte erheblich. Darüber hinaus ist der zeitliche Aufwand dafür so hoch, dass er nicht neben einer hauptberuflichen Lehrtätigkeit zu leisten ist.

Anforderungen an Autoren eines Lehrwerks

Die Autoren eines Lehrwerks müssen insgesamt über die folgenden Qualifikationen verfügen:

- umfangreiche eigene Unterrichtserfahrungen in allen Lernbereichen der Klassen 1 und 2
- Kenntnisse und Erfahrungen im Unterricht der nachfolgenden Klassen
- vollständige fachwissenschaftliche Übersicht über alle sprachlichen Grundlagen (Wortschatz, Grammatik, Redemittel für Sprachfunktionen, Aussprache und Intonation, Schriftbild) und ihres Zusammenhanges untereinander
- Einblick in die kulturellen Gegebenheiten der englischsprachigen Welt
- herausragende Sprachkompetenz des heutigen Englisch
- Kenntnis der notwendigen Auswahl- und Abstufungsentscheidungen aller in Frage kommenden Sprachmittel
- Beherrschung aller Methoden des Englischunterrichts der Primarstufe.

Diese Qualifikationen müssen ergänzt werden durch:
- kompetente muttersprachliche Sprecher der englischen Sprache
- Personen mit detaillierten Kenntnissen der entwicklungspsychologischen Grundlagen der Kinder
- Personen mit Kenntnissen der Entwicklung von Lernprozessen des Erstsprach- und Zweitsprachenerwerbs
- Personen mit der Fähigkeit zur professionellen Erstellung von Medien (Illustrationen, Tonträgern mit der Originalsprache muttersprachlicher Sprecher, Videos und anderen Materialien), die die englischsprachige Welt in den Klassenraum importieren.

Alle diese Voraussetzungen sind bei keiner Einzelperson in vollem Umfang anzutreffen. Ein Lehrwerkteam muss sich daher auf den Sachverstand von erfahrenen Lehrkräften, Fremdsprachendidaktikern, Linguisten, auf die Sprachkompetenz und die kulturellen Erfahrungen muttersprachlicher Sprecher und die Einbeziehung von Erkenntnissen der Entwicklungspsychologie und der Spracherwerbsforschung stützen. Die Erstellung von visuellen Materialien sollte in den Händen ausgebildeter Graphiker liegen. Für das Lehrwerk sind Ton- und Bilddokumente zu erstellen ebenso wie Videosequenzen, die professionellen Standards entsprechen.

Die weit verbreitete Annahme, am Beginn des Englischunterrichts zähle in erster Linie der gute Wille aller Beteiligten, ist ein schwer wiegender Irrtum. Seine Folgen treten erst viel später in Erscheinung, sind dann aber kaum noch auszugleichen. Am Beginn des Englischunterrichts gelten besondere Qualitätsansprüche, die weit über ein farbenfrohes und gefälliges Layout hinausgehen.

Die heutigen Lehrwerke

Die folgenden Fragen können einer Einschätzung darüber dienen, ob die heute verfügbaren Lehrwerke den Anforderungen entsprechen, die an den Englischunterricht der Klassen 1 und 2 zu stellen sind (weitere Informationen zu Lehrwerken s. Kapitel 14 „Der Unterricht“):
- Sind die Sprachbestände richtig ausgewählt und angeordnet?
- Ist das Zusammenspiel der Sprachbestände beachtet worden?
- Werden die Sprachbestände richtig dargeboten?
- Berücksichtigen die Lehrwerke alle Bausteine der Sprache?
- Wird zwischen unterschiedlichen Arten des Sprachenlernens unterschieden?

Sind die Sprachbestände richtig ausgewählt und angeordnet?

Einführung der Zahlen: In einem der ersten Module des Lehrwerks *Ikuru* (etwa in der 5. Unterrichtsstunde) erfolgt die Einführung der Zahlen 1 bis 5 in einem einzigen Schritt (Fröhlich-Ward et al. 2001: 30f.). Dieselbe Vorgehensweise findet sich im Lehrwerk *Bumblebee* (Michailow-Drews/Schultz-Steinbach 2001a:15f.). Im Lehrwerk *Sunshine* werden in Unit 2 sogar die Zahlen 1 bis 10 in einer einzigen Stunde eingeführt (Norman/L'Estrange 2007:77).

Die Lehrwerkautoren unterlassen ganz offensichtlich eine vorherige Analyse der Ausspracheschwierigkeiten. Diese Sachanalyse hätte ergeben, dass die Zahlen *one* und *two* keine besonderen Ausspracheschwierigkeiten aufweisen.

Anders dagegen *three* [θriː]. Hier tritt nicht nur das im Deutschen überhaupt nicht vorhandene [θ] zum ersten Mal auf (die Kinder sollen es zunächst hören und verstehen und dann auch sprechen), sondern [θ] tritt gleichzeitig mit dem im Englischen völlig anders gesprochenen [r] auf. Das Wort *three* ist daher mit zwei erheblichen Ausspracheproblemen belastet, die sowohl für das Hören und Verstehen als auch für das Sprechen einen besonderen Zeit- und Übungsaufwand erfordern.

Das Wort *four* (im britischen Englisch [fɔː]) weist ebenfalls ein Problem auf, da zumindest norddeutsche Kinder dazu neigen, die muttersprachliche Aussprache [foɐ] zu verwenden. Bei der amerikanischen Aussprache von *four* [fɔːr] entsteht die Schwierigkeit der Aussprache des auslautenden [r].

Das Wort *five* [faɪv] schließt mit einem stimmhaften Konsonanten im Auslaut [v]. Deutsche Sprecher ersetzen stimmhafte Konsonanten am Wortende durch die stimmlose Variante [f]. Der Unterricht muss dieser deutschen Aussprachegewohnheit (Stimmverlust im Auslaut) entgegenwirken.

Keines dieser Probleme ist in den Handbüchern für den Unterricht erwähnt. Keine der genannten Ausspracheschwierigkeiten hat Eingang in die Unterrichtsplanung gefunden.

Im Unterricht wäre es sinnvoll gewesen, zunächst die Zahlen *one* und *two* einzuführen und zu festigen. Danach die Zahl *three*. In einem dritten Schritt könnten *four* und *five* behandelt werden.

Die Lehrwerke erkennen die Ausspracheschwierigkeiten nicht, sie können deshalb nicht die notwendigen Schlussfolgerungen für die Unterrichtsplanung ziehen und unterlassen jeden Hinweis für die Lehrkräfte.

Ist das Zusammenspiel der Sprachbestände beachtet worden?

Die Problematik der Einführung der Zahlen 1 bis 5 wird in denselben Lehrwerken durch ein gleichzeitiges grammatisches Problem gesteigert. Gleichzeitig mit den fünf Zahlen wird in *Ikuru* der Singular und der Plural von Nomen eingeführt. Im Lehrwerk *Bumblebee* (Michailow-Drews/Schultz-Steinbach 2001a:16f.) wird der Zahlenraum noch über 5 erweitert. Es werden die Zahlen 1–12 in Verbindung mit dem Plural der Nomen behandelt.

Einer der Impulse in *Ikuru* lautet: *One, two, three, four, five fingers on your hand. One finger, two fingers, three fingers, four fingers, five fingers.* Im ersten Satz wird das Zahlwort *one* mit der Pluralform *fingers* ebenso verbunden wie mit den Zahlwörtern *two, three, four, five* (Fröhlich-Ward et al. 2001:30). Bei den Kindern muss durch diesen Satz der Eindruck entstehen, dass ein vorausgehendes Zahlwort immer mit der Pluralform des Nomens verbunden ist. Der zweite Satz steht im Widerspruch dazu. Hier stehen der Singularform *one finger* die entsprechenden Pluralformen *two fingers, three fingers* etc. gegenüber. Diese widersprüchliche Anordnung bei der ersten Einführung von Singular und Plural ist verwirrend und stellt keine Strukturierungshilfe für die Kinder dar.

Im Lehrwerk *Magicland* wird nach den Zahlen 1 bis 5 der Plural von *teddy bear* behandelt. Die Singularform *one bear* wird der Pluralform *two bears* gegenübergestellt. Ein Minimum an Bewusstmachung soll durch die Anweisung erreicht werden: „[…] sagen Sie jetzt ***two bears***, wobei Sie das Plural -s betonen“ (Ellis et al. 2003:47f.). Die Übertragbarkeit auf andere Nomen wird für die Kinder allerdings nicht erkennbar, da lediglich die Formen *bear* und *bears* behandelt werden.

Insgesamt kommt es zu einer erheblichen Häufung von Schwierigkeiten. Im Bereich der Aussprache erfolgt keine Abstufung der Schwierigkeiten. Die Lernprobleme werden durch die gleichzeitige Einführung des Plurals von Nomen gesteigert, wobei die Singular- und Pluralformen den Kindern in widersprüchlicher Form und überwiegend ohne strukturierte Hilfen begegnen. Angesichts dieser Häufung von Schwierigkeiten entstehen Zweifel daran, ob dieser Unterricht mit Kindern ausprobiert wurde. Aus der Analyse der Lernergebnisse hätten Schlussfolgerungen für eine differenziert abgestufte Unterrichtsplanung unter Vermeidung der Häufung von Lernschwierigkeiten gezogen werden müssen.

Werden die Sprachbestände richtig dargeboten?

Das Lehrwerk *Playway* beginnt über einen längeren Zeitraum mit der Einführung von Nomen, die ohne bestimmten oder unbestimmten Artikel vorgegeben und so von den Kindern wiederholt werden sollen. Beispiel: „Zeigen Sie die Bildkarte mit dem Apfel und sagen Sie *apple*." (Gerngross/Puchta 1997:55).

Wie alle modernen westeuropäischen Sprachen verwendet das Englische in solchen Kontexten den Artikel vor dem Nomen (*an apple*). Durch die unnatürliche und unkorrekte Weglassung des Artikels wird das Englische wie das Lateinische oder Russische vermittelt. Die mangelnde Korrektheit dieses Vorgehens wird sogar von den Autoren erkannt (Gerngross/Puchta 1997:57), ohne dass diese Erkenntnis Eingang in den Unterricht findet. Erfahrungsgemäß verwenden Kinder, die die englischen Nomen in Klasse 1 so gelernt haben, die Nomen noch im zweiten Lernjahr ohne Artikel. Diese späteren Korrekturen sind mit einem erheblichen Lern- und Zeitaufwand verbunden.

Nur kurze Zeit nach der artikellosen Einführung der Nomen *banana, apple, plum, pear* erfolgt im Lehrwerk *Playway die* Einführung des unbestimmten Artikels im Rahmen der Struktur *Give me* + unbestimmter Artikel + Nomen. Der Unterschied zwischen *<u>a</u> banana, <u>a</u> plum, <u>a</u> pear* einerseits und *<u>an</u> apple* andererseits findet nicht die geringste Erwähnung im Lehrerhandbuch. Die Kinder und die Lehrkräfte werden mit diesem grammatischen Lernproblem allein gelassen.

Was ist hier geschehen? Die Lehrwerkautoren haben die Nomen *banana, apple, plum, pear* ausgewählt, ohne ihre unterschiedliche Verbindung mit dem unbestimmten Artikel zu beachten. Diese Auswahl ist ohne Berücksichtigung des grammatischen Verhaltens dieser Wörter erfolgt. Eine didaktisch fundierte Planung hätte

1. den unbestimmten Artikel von Anfang an berücksichtigt, um der Sprachstruktur des Englischen Rechnung zu tragen und nicht mit unnatürlichen Äußerungen im Unterricht zu arbeiten

2. zunächst nur Nomen eingeführt, die dem unbestimmten Artikel in der Form *a* folgen, z. B. *banana, plum, pear*
3. den Zeitpunkt abgewartet, an dem die Kinder Strukturen wie *a banana, a plum, a pear* sicher beherrschen, und dann Nomen wie *apple* und *orange* in Verbindung mit dem unbestimmten Artikel in der Form *an* (*an apple, an orange*) eingeführt und
4. die Verwendung der Artikelform *an* durch Gesten begleitet (z. B. durch eine Armbewegung, die die Verbindung zwischen *an* und *apple* verdeutlicht), durch Gegenüberstellungen veranschaulicht oder durch Erklärungen erläutert.

Berücksichtigen die Lehrwerke alle Bausteine der Sprache?

In Kapitel 2 „Sprache – Fertigkeiten – Unterricht" haben wir fünf Bausteine der Sprache genannt: (1) Wortschatz, (2) Grammatik, (3) Redemittel für Sprachfunktionen, (4) Aussprache und Intonation und (5) Schriftbild. Diese fünf Bausteine sind in den Lehrwerken höchst unvollständig berücksichtigt.

Die Lehrwerke behandeln den **Wortschatz** und die **Redemittel für Sprachfunktionen** sehr ausführlich. Die Vermittlung der **Aussprache und Intonation** ist unvermeidlich. Wie oben dargelegt, werden aber Schwierigkeiten der Aussprache oft nicht hinreichend bei der Unterrichtsplanung berücksichtigt.

Die **Grammatik** bleibt nahezu völlig unberücksichtigt. Dieser wichtige Baustein der Sprache lässt sich im Unterricht nicht vermeiden, denn Grammatik ist ein notwendiger und unverzichtbarer Baustein der Sprache und in nahezu allen Sprachäußerungen vorhanden (vgl. Kuhn 2006a). Die Grammatik wird jedoch von den Lehrwerkautoren nahezu völlig ausgeklammert. Die Lernenden sind auf eigene Mutmaßungen angewiesen, die sie aus unsystematischen Daten der Sprache, die ihnen in sehr geringem Umfang präsentiert werden, auf sich allein gestellt ableiten sollen. Die Nichtberücksichtigung der Grammatik führt zu erheblichen Problemen der produktiven Beherrschung dieser Strukturen. Die Ausklammerung der Grammatik verkennt die Sprachstruktur. Das Ausbleiben von Hilfen für das Lernen grammatischer Strukturen schränkt die sprachliche Kreativität ein und benachteiligt vor allem die lernschwächeren Schüler.

Das **Schriftbild** bleibt in allen Lehrwerken völlig unberücksichtigt. In Kapitel 11 „Das Schriftbild" wird dargelegt, was das Schriftbild der

Muttersprache für die Kinder bedeutet und dass die Ausklammerung des Schriftbildes im Englischunterricht lebensfremd ist. Das Kapitel zeigt ferner, welche enormen Hilfen das Schriftbild für das Lernen der neuen Sprache bietet und welcher methodische Gewinn für den Unterricht durch das Schriftbild entsteht. Die Ausklammerung des Schriftbildes in den Lehrwerken führt zur Häufung von Lernschwierigkeiten und zum Abbau von Motivation und Lernfreude.

Wird zwischen unterschiedlichen Arten des Sprachenlernens unterschieden?

In Kapitel 16 „Spezielle Arten des Sprachenlernens“ wird dargelegt, dass es zwei verschiedene Arten des Sprachenlernens gibt: (1) ein Lernen, das sich auf nachahmende Wiederholung stützt (arbiträres Lernen) und (2) ein Lernen, das sich auf Einsicht stützt (regelgeleitetes Lernen).

Diese beiden Arten des Lernens beziehen sich auf unterschiedliche Bausteine der Sprache. Das arbiträre Lernen gilt für Bausteine der Sprache, deren Form oder Bedeutung sich nicht logisch erschließen lässt: die Aussprache und Intonation sowie große Teile des Wortschatzes. Arbiträres Lernen erfordert eine hohe Gedächtnisleistung.

Das regelgeleitete Lernen gilt für Bausteine der Sprache, die sich logisch erschließen lassen und durch eine Regel erklärbar sind. Regelgeleitetes Lernen betrifft die Grammatik, die Wortbildung und die Einordnung von Wörtern in Bedeutungsfelder. Regelgeleites Lernen erfordert eine wesentlich geringere Gedächtnisleistung als das arbiträre Lernen.

Die Lehrwerke machen nahezu ausschließlich Gebrauch vom arbiträren Lernen. Sie verkennen den Wert und die Funktion des regelgeleiteten Lernens. Grammatik und Wortbildung werden durch zeitraubende imitative Verfahren erlernt, ohne dass die Übertragbarkeit des Gelernten auf andere Sprachelemente und Situationen erfolgen kann. Die Einordnung von Wörtern in Bedeutungsfelder bleibt ein Randgebiet des Unterrichts.

Die Lehrwerke führen zu einem Unterricht, der eine hohe Gedächtnisleistung erfordert, die Übertragbarkeit des Gelernten auf andere Sprachelemente und Situationen verhindert und die für den Sprachgebrauch notwendige Produktivität und Kreativität einschränkt.

Die Wahrnehmung der Lehrwerke

Die heute vorhandenen Lehrwerke weisen fundamentale Schwächen und Mängel auf. Wie erklärt sich die weitreichende Akzeptanz, welche die Lehrwerke dennoch finden?

Vorzüge der Lehrwerke

Die meisten Lehrwerke haben eine gefällige Erscheinungsform. Wir finden eine klare äußere Strukturierung verbunden mit einem ansprechenden Layout und kombiniert mit überzeugender Farbigkeit. Die Lehrwerke für die Grundschule entsprechen in diesem äußeren Punkt den Standards der Lehrwerke der Sekundarstufe I, die eine lange Entwicklung hinter sich haben.

Wir finden ferner einen Reichtum an Medien: Bildkarten, Wortkarten, Karten für Bildgeschichten (*storytelling*), Handpuppen, CDs mit Texten, die meist von muttersprachlichen Sprechern gesprochen sind, Videos mit z. T. sehr gelungenen Handlungssequenzen.

Die meisten Lehrwerke wirken vollständig überzeugend, wenn man lediglich von der äußeren Gestaltung ausgeht. Dies beruht auch darauf, dass viel Phantasie und großes Geschick in die methodische Gestaltung des Unterrichts eingeflossen sind (ansprechende Medien, Handlungsorientierung des Unterrichts, Wechsel der Arbeits- und Sozialformen). Manche Medien sind geradezu genial gestaltet, z. B. das Video *Eddie, the earthworm* im Lehrwerk *Playway* (Gerngross/Puchta 2005:295).

Nicht erkennbare Probleme der Lehrwerke

Die Tatsache, dass viele sprachliche und fachdidaktische Fragen in den meisten Lehrwerken nicht angemessen berücksichtigt und wenig überzeugend gelöst sind, fällt den Betrachtern normalerweise gar nicht auf. Die Didaktik des Frühbeginns befindet sich erst am Anfang. Selbst im Hochschulbereich gibt es nur wenige ausgewiesene Experten, die die Lehrwerke für den Englischunterricht der Klassen 1 und 2 angemessen bewerten können.

Die bisherigen Lehrwerke und Unterrichtsmaterialien sind überwiegend von Personen mit großem Interesse für das Fremdsprachenlernen in der Grundschule erstellt worden. Die sprachwissenschaftliche und fachdidaktische Kompetenz der meisten Lehrwerkautoren war aber nicht in gleichem Maße entwickelt wie ihre Zuneigung zu den Kindern.

Entwicklungspsychologie und Spracherwerbsforschung wurden vielfach als fernliegende akademische Disziplinen ohne Relevanz für den Unterricht angesehen. Das scheinbar anstrengungslose Lernen der Muttersprache wurde als Vorbild für das frühe Fremdsprachenlernen betrachtet (vgl. Kapitel 1 „Kann man eine Fremdsprache wie die Muttersprache lernen?“). Kognitionspsychologisch begründete Stufenmodelle der Aneignung von Können und Wissen wurden als Fremdkörper in einem auf gefühlsmäßige Ganzheitlichkeit gerichteten Unterricht empfunden (vgl. Kapitel 17 „Stufen des Sprachenlernens“).

Lehrkräfte, die mit diesen Lehrwerken arbeiten, haben oft keine Vergleichsmöglichkeiten mit fremdsprachendidaktischen Standards und Materialien aus anderen Bereichen des Fremdsprachenunterrichts. Die äußerlich sehr ansprechend gestalteten Materialien verursachen oft erhebliche Lernprobleme und führen nicht immer zu dem angestrebten Unterrichtserfolg. Eine Lehrkraft, die sich mitten im Prozess der Aneignung der notwendigen sprachwissenschaftlichen und fachdidaktischen Kenntnisse befindet, neigt allzu leicht dazu, Probleme des Unterrichts eher bei sich selbst zu suchen als bei den Lehrwerken.

Die Lehrkräfte haben eine wichtige und verantwortungsvolle Aufgabe auf einem für sie neuen Gebiet mit großem Mut und viel Engagement übernommen. Dafür schulden ihnen Eltern, Kinder und die Schulbehörden Dank und Anerkennung. Wenn dennoch Mängel im Unterricht sichtbar werden, können diese bei den Lehrwerken am schnellsten behoben werden. Die Lehrbuchverlage könnten zu erheblichen Verbesserungen beitragen, wenn die Lehrwerke der Zukunft sich stärker als bisher auf solide sprachliche und fachdidaktische Fundierungen stützen würden.

Institutionelle Voraussetzungen

6

Die institutionellen Voraussetzungen betreffen den Beginn des Englischunterrichts, die Konzepte des Fremdsprachenlernens in den Klassen 1 und 2, die Lehrpläne, die räumliche Ausstattung für den Englischunterricht, die Unterrichtsmaterialien und die technische Ausstattung der Unterrichtsräume.

Beginn des Englischunterrichts

Der Fremdsprachenunterricht war im staatlichen Schulwesen der Bundesrepublik Deutschland bis über die Mitte des 20. Jahrhunderts hinaus ein Privileg der höheren Schulen. Seit 1964 wird der Fremdsprachenunterricht in allen Schulformen (auch in der Hauptschule) ab Klasse 5 angeboten (Sauer 1968).

An Grundschulen gab es bis in die 60er Jahre des vorigen Jahrhunderts keinen regulären Fremdsprachenunterricht (für Ausnahmen s. Böttger 2005:14ff.). Seit den 60er Jahren mehrten sich die Versuche, das Fach Englisch auch an Grundschulen einzuführen (Sauer 1974). Alle diese Versuche (z.B. Doyé/Lüttge 1977) waren nicht flächendeckend und hatten experimentellen Charakter (Sauer 2000).

Am Ende des vorigen Jahrhunderts kam es in einzelnen Bundesländern zu einer Neuorientierung mit der allmählichen Vorverlegung des Fremdsprachenunterrichts in die Grundschule. Heute beginnt der Fremdsprachenunterricht (in der Regel mit Englisch) in allen Bundesländern in der Klasse 3 der Grundschule.

Einige Bundesländer gingen noch weiter und führten im ersten Jahrzehnt dieses Jahrhunderts Fremdsprachenunterricht schon ab Klasse 1 ein (Baden-Württemberg, Brandenburg, Hessen, Rheinland-Pfalz). Diesen Ländern schloss sich auch das bevölkerungsreichste Bundesland Nordrhein-Westfalen an (Beginn des Englischunterrichts in der Klasse 1 ab dem Schuljahr 2008/2009). Wegen der Bedeutung des Englischen als internationales Kommunikationsmittel ist zu erwarten, dass weitere Bundesländer diesem Vorgehen folgen werden.

Konzepte des Fremdsprachenlernens

Die Vorverlegung des Englischunterrichts auf die Klasse 3 der Grundschule in den 90er Jahren des vorigen Jahrhunderts knüpfte nicht an das systematische Sprachenlernen im Frühbeginn der 60er und 70er Jahre an. Man folgte einem anderen Ansatz, dem Begegnungssprachenkonzept.

So entstand eine heftige Kontroverse. Auf der einen Seite standen die Vertreter des Begegnungssprachenkonzepts (Wortführer: Pelz 1991 und 1992), auf der anderen Seite die Vertreter eines systematischen Frühbeginns, der heute als ergebnisorientierter Unterricht bezeichnet wird (Wortführer: Doyé 1991 und 1992).

Die Gegenüberstellung der beiden Konzepte in Darstellung 6.1 (modernisiert in Anlehnung an Doyé 1992:169) lässt die Unterschiede deutlich hervortreten.

	Begegnungssprachen-konzept	**Ergebnisorientierter Frühbeginn**
Allgemeines Ziel	Sensibilisierung für andere Kulturen und Sprachen unter weitgehendem Verzicht auf sprachliche Kompetenz	Interkulturelle Kommunikationsfähigkeit auf der Grundlage einer elementaren fremdsprachlichen Kompetenz
Sprachliches Ziel	Öffnung und Empfänglichkeit für Sprachen allgemein	Konzentration auf das ergebnisorientierte Lernen einer Sprache (meist Englisch)
Organisation	Unterricht ohne Lernziele und Systematik	Unterricht nach sorgfältig ausgewählten und abgestuften Lernzielen
Fortführung	Keine Fortführung, sondern Neubeginn in Klasse 5	Anknüpfung an den Lerngewinn des Frühbeginns in Klasse 5

Darstellung 6.1: Begegnungssprachenkonzept vs. ergebnisorientierter Frühbeginn

Nach kurzer Erprobung des Begegnungssprachenkonzepts setzte sich für die Klassen 3 und 4 der ergebnisorientierte Frühbeginn durch. Denn der ergebnisorientierte Unterricht deckt alle Ziele des Begegnungssprachenkonzepts ab. Zusätzlich führt der ergebnisorientierte Unterricht zu einer elementaren Sprachkompetenz der Lernenden.

Für die Klassen 1 und 2 ging man dennoch oft vom Begegnungssprachenkonzept aus (z. B. Hessisches Kultusministerium 1995:239 und 242). Auch im Jahre 2008 ist noch die Rede vom Begegnungssprachenkonzept, z. B. in Brandenburg (Ministerium für Bildung, Jugend und Sport des Landes Brandenburg 2008:20f. und 43). Dieses Konzept wird sich gegenüber dem ergebnisorientierten Unterricht auf Dauer nicht behaupten können:

- Den Anstrengungen der Lehrkräfte und Kinder und den finanziellen Mitteln für die Bezahlung der Lehrkräfte und für die Anschaffung der Unterrichtsmaterialien steht beim Begegnungssprachenkonzept kein erkennbares Resultat an Sprachkompetenz gegenüber.
- Bei Lehrkräften und Kindern entsteht ein Verlust an Motivation, wenn der Fremdsprachenunterricht in der dritten Klasse wieder so beginnt, als wäre zwei Jahre lang nichts von Bedeutung geschehen.
- Die Eltern erwarten mit Recht einen Zugewinn an sprachlicher Kompetenz für die schulische und die spätere berufliche Zukunft ihrer Kinder.

Lehrpläne

Die heute vorliegenden Lehrpläne (auch Rahmenpläne, Rahmenlehrpläne genannt) liefern nicht immer die notwendigen Grundlagen für einen ergebnisorientierten Unterricht. Sie folgen sehr oft den abstrakten Niveaustufen des *Gemeinsamen europäischen Referenzrahmens für Sprachen* (Europarat 2001), die ohne Unterschied für alle Sprachen Europas gelten.

Die Ministerien verkennen dabei, dass es sich beim *Gemeinsamen europäischen Referenzrahmen für Sprachen* lediglich um einen abstrakten Rahmen handelt, dessen konkrete sprachliche Inhalte für jede Einzelsprache Europas im Einzelnen zu füllen sind (Wagner 2008:36). Nur durch eine konkrete Füllung des Rahmens können die notwendigen Standards im Sprachlernen definiert werden (vgl. Kapitel 21 „Ermittlung und Bewertung des Lernstandes“). Die auszufüllenden konkreten sprachlichen Standards betreffen die Bereiche Wortschatz, Grammatik, Redemittel für Sprachfunktionen, Aussprache und Intonation und Schriftbild.

Das Fehlen konkreter sprachlicher Standards in den meisten Lehrplänen hat zur Folge, dass in den Klassen 1 und 2 ganz unterschiedliche Sprachbestände vermittelt werden. Je nach dem verwendeten Lehrwerk sind von Schule zu Schule höchst ungleiche Lernstände am Ende der Klasse 2 vorhanden. Auf diese Weise stehen dem Wechsel von Kindern an andere Schulen große Hürden entgegen und zwar nicht nur beim Wechsel in andere Bundesländer, sondern schon beim Schulwechsel am gleichen Ort.

In diesem Buch wird die von den Lehrplänen offen gelassene Lücke gefüllt. In den Kapiteln 7–11 („Der Wortschatz“, „Die Grammatik“, „Redemittel für Sprachfunktionen“, „Aussprache und Intonation“, „Das Schriftbild“) werden die Sprachbestände für den Unterricht der Klassen 1 und 2 in der erforderlichen Konkretion genannt. Damit wird die nicht selten erhobene Forderung nach der Bestimmung des Lernertrags des frühen Fremdsprachenlernens (z. B. Schmid-Schönbein 2008:19) für die Klasse 1 und 2 erstmals erfüllt. Ein Unterricht, der Vorgaben dieser Art folgt, könnte die heutigen Ungleichheiten weitgehend vermeiden und zu einem vergleichbaren Abschlussprofil für alle Kinder am Ende der Klasse 2 führen.

Räumliche Ausstattung

Für den Englischunterricht sollte möglichst ein eigener Fachraum zur Verfügung stehen. Die Raumgröße sollte so bemessen sein, dass alle Sozialformen problemlos möglich sind (gemeinsamer Unterricht, Partnerarbeit, Individualarbeit), dass schnell zwischen unterschiedlichen Gruppierungen gewechselt werden kann (z. B. Einzeltische, Sitzkreis, Stehkreis) und dass dem Wechsel von verschiedenartigen Aktivitäten der Kinder keine Hindernisse entgegenstehen (Raum für Bewegungs- und Handlungsspiele etc.).

Unterrichtsmaterialien

Der Unterricht benötigt ein Lehrwerk, das weitgehend den Maßstäben entspricht, die in Kapitel 5 „Die Lehrwerke“ dargestellt sind. Das Lehrwerk sollte alle üblichen Materialien und Medien des Frühbeginns enthalten. Ergänzende Materialien aus anderen Lehrwerken oder professionell erstellte Medien anderer Herkunft sollten hinzutreten. Zusätzliche von Lehrkräften und Kindern erstellte Materialien und Medien sollten den Bestand vervollständigen.

Technische Ausstattung

Die Unterrichtsräume sollten über die folgende Ausstattung verfügen (vgl. Mindt/Schlüter 2007:15f.):

- Wandtafel zum Anheften magnetischer Haftelemente und zum Schreiben
- Wandflächen für Bilder, Poster, Wortkarten, Satzstreifen, Collagen, Wandzeitungen etc.
- Abspielgeräte für die akustische Präsentation von CDs und Tonbandkassetten
- OH-Projektor für die Präsentation von Folien
- PC und Beamer für die Präsentation von elektronischen Dateien (z. B. PowerPoint) und DVDs
- Abspielgerät für Videokassetten mit großem Bildschirm
- Computer zur Einzel-, Partner- oder Gruppenarbeit
- Schränke und Regale zur Aufbewahrung von Materialien und Medien.

7 Der Wortschatz

Für die Auswahl des Wortschatzes haben wir einen völlig neuen Ansatz gewählt. Dieser Ansatz hat zwei Ziele:
1. das Lernen zu erleichtern
2. Bedeutungsfelder für den Unterricht zu ermitteln.

Die Erleichterung des Lernens

Die Erleichterung des Lernens wird dadurch erreicht, dass der Wortschatz so ausgewählt wird, dass der größte Teil aus Wörtern besteht, die den Kindern aus dem Deutschen bekannt sind. Es handelt sich um Wörter, die sich lediglich in der Aussprache unterscheiden wie *and, apple, baby, bed, tea, telephone*. Dies bewirkt eine leichte Lernbarkeit des Wortschatzes. Darüber hinaus erfolgt die Auswahl nach der Häufigkeit. Ferner werden insbesondere die Funktionswörter nach Textsortenunabhängigkeit ausgewählt. Dies hat eine umfangreiche Verwendbarkeit der Funktionswörter zur Folge.

Auf diese Weise wird die Häufung von Schwierigkeiten beim Erlernen des Englischen als Fremdsprache wirksam verringert. Wortschatzbedingte Lernhindernisse werden so weit wie möglich abgebaut.

Mit Hilfe dieser neuen Wortschatzauswahl wird der Einstieg in die Fremdsprache Englisch wesentlich erleichtert. Wegen der leichteren Lernbarkeit steht im Gegensatz zur bisherigen Vorgehensweise ein größerer Wortschatz zu einem früheren Zeitpunkt für die Kommunikation zur Verfügung.

Die Ermittlung von Bedeutungsfeldern für den Unterricht

Aus dem neu ausgewählten Wortschatz können in einem zweiten Schritt Bedeutungsfelder abgeleitet werden. Diese Bedeutungsfelder sind für die thematische und inhaltliche Gliederung des Unterrichts von großem Interesse (vgl. Kapitel 13 „Inhalte und Themen“).

Der ausgewählte Wortschatz knüpft an die Interessenlage und Lebenswelt der Kinder an, er erfüllt die wichtigsten elementaren Kommunikationsbedürfnisse und ermöglicht handlungsorientierte Sprachverwendungen. Auf diese Weise ergeben sich Lernerleichterungen sowie eine Gliederung des Wortschatzes in Bedeutungsfelder aus den natürlichen Gegebenheiten der Sprache.

Der Wortschatz und die übrigen Bausteine der Sprache

In Kapitel 2 „Sprache – Fertigkeiten – Unterricht“ ist dargelegt worden, dass alle Bausteine der Sprache immer in Verbindung miteinander auftreten. Das bedeutet, dass die Kinder von Beginn an gleichzeitig die folgenden Bausteine der Sprache aufnehmen und verstehen müssen:

- neue Wörter mit oft neuen Bedeutungen (z.B. *map* bedeutet ‚Landkarte‘ und nicht ‚Schulmappe‘)
- neue Aussprachen für viele Laute der Wörter (z.B. der im Deutschen nicht vorhandene Laut [æ] in dem Wort *cat*)
- ein neues grammatisches Verhalten der Wörter. So gibt es im Englischen nur eine Art der regelmäßigen Pluralbildung der Nomen mit -s (z.B. *dog – dogs*), während es im Deutschen (Engel 1996:505ff.) fünf Arten der regelmäßigen Pluralbildung gibt (z.B. *der Bote – die Boten, der Ball – die Bälle, das Brett – die Bretter, das Foto – die Fotos, das Segel – die Segel*).

Das hat zur Folge, dass die Schwierigkeiten sich gerade am Beginn des Unterrichts unvermeidbar häufen, da am Anfang fast alles unbekannt ist. Denn neu zu erlernende Wörter, neue Sprachlaute und neue Teile der Grammatik treten immer gemeinsam auf.

Begrenzte Schwierigkeiten im Lautsystem und im grammatischen System

Beim Erlernen der einzelnen Sprachebenen gibt es aber bedeutende Unterschiede. Die Zahl der englischen Laute, die sich in besonderer Weise vom deutschen Lautsystem unterscheiden, ist begrenzt. Es handelt sich um acht besonders wichtige Unterschiede (vgl. Kapitel 10 „Aussprache und Intonation“):

- die beiden Konsonanten [ð] und [θ]
- die Stimmhaftigkeit der englischen Konsonanten am Wortende
- das im Deutschen nicht vorhandene [dʒ]
- den Halbvokal [w]
- den Vokal [æ]
- das [r]
- helles [l] vs. dunkles [ɫ]
- die Aussprache des auslautenden [ə].

Das grammatische System des Englischen ist anfänglich einfacher als das deutsche. Es gibt z. B. keine Unterscheidung nach dem grammatischen Geschlecht. Im Deutschen unterscheiden wir drei Determinatoren: *der Mann, die Frau, das Kind*; im Englischen gibt es nur einen Determinator: *the man, the woman, the child.*

Bei den Formen des Verbs haben wir es im Deutschen mit vielen Endungen zu tun: *ich spiele, du spielst, er/sie/es/ihr spielt, wir/sie spielen*. Das Englische hat im Verbsystem neben der Grundform (z. B. *play*: *I/you/we/they play*) nur eine einzige Endung im Präsens *he/she/it plays*. Im Gegensatz zum Deutschen sind die neuen grammatischen Strukturen des Englischen am Beginn des Unterrichts zahlenmäßig begrenzt.

Die besonderen Schwierigkeiten des Wortschatzes

Während die Aussprache und die anfängliche Grammatik einen begrenzten Umfang haben, ist der in Frage kommende Wortschatz des Englischen extrem umfangreich. Aus der Fülle des Wortschatzes werden üblicherweise einzelne Wörter ausgewählt, die zu bestimmten Themenkreisen (z. B. *Food, Family* etc.) gehören. Bei diesem Verfahren wird keine Rücksicht auf den Schwierigkeitsgrad einzelner Wörter genommen.

Dies führt dazu, dass speziell am Beginn des Englischunterrichts der Primarstufe alle Schwierigkeiten des neuen Wortschatzes gemeinsam mit den Schwierigkeiten der Aussprache und der Grammatik auftreten. Diese Häufung führt unvermeidlich zu Lernproblemen.

Betrachten wir das überall behandelte Bedeutungsfeld „Tiere" (*Animals*). In *Playway 1* (Gerngross/Puchta 2001:79) werden dazu die folgenden Wörter verwendet: *cat, dog, hamster, mouse, duck, rabbit*.

Drei dieser Wörter sind bezüglich der Lernbarkeit sehr vorteilhaft gewählt: *cat, hamster, mouse*. Die leichte Lernbarkeit hat zwei Gründe: (1) Die Bedeutung ist identisch mit dem entsprechenden deutschen Wort und (2) durch die ähnliche Lautstruktur (besonders bei den Konsonanten) ist die Nähe mit dem sprachverwandten deutschen Wort leicht erkennbar: *cat - Katze, hamster - Hamster, mouse - Maus*.

Die drei übrigen Wörter (*dog, duck, rabbit*) erfordern dagegen einen besonderen Lernaufwand, weil ihr Lautbild den Kindern keinen Hinweis auf die Bedeutung liefert.

Hinzu treten Probleme der Lautunterscheidung bei den Wörtern *dog* [dɒg] und *duck* [dʌk]. Beide Wörter ähneln sich sehr in der Aussprache. Die neu zu unterscheidenden Vokale des Englischen [ɒ] und [ʌ] haben eine große Nähe zueinander. Auch der auslautende Konsonant kann Probleme bereiten, wenn die Kinder bei *dog* [dɒg] der deutschen Aussprache folgen und das auslautende [g] stimmlos werden lassen, also [k] sprechen (Auslautverhärtung). In diesem Fall stünden sich *dock* [dɒk] und *duck* [dʌk] gegenüber. Hier ist eine Auswahl von Wörtern getroffen worden, die die Lernprobleme durch Häufung von unterschiedlichen Schwierigkeiten bei der Aussprache erhöht.

Ein grammatisches Problem entsteht kurz nach der ersten Einführung dieser Wörter, denn bald darauf sollen diese neuen Wörter mit Zahlwörtern verbunden werden. Während für die fünf Wörter *cat, dog, hamster, duck, rabbit* die regelmäßige Bildung des Plurals auf *-s* gilt, kann die regelmäßige Pluralbildung bei *mouse* nicht angewandt werden, denn die Pluralform ist *mice*. Im Falle von *mouse* ist eine Auswahl vorgenommen worden, die das grammatische Verhalten unberücksichtigt lässt und dadurch zu Lernproblemen führt.

Der neue Ansatz

Der neue Ansatz konzentriert sich auf die Verminderung der Lernschwierigkeiten im Bereich des Wortschatzes. Denn innerhalb des Wortschatzes kann eine gezielte Auswahl erfolgen. Eine solche gezielte Auswahl ist beim Lautsystem (Aussprache und Intonation mit Hören und Verstehen) nicht möglich. Bei der Grammatik ist eine derartige

Auswahl nur begrenzt möglich. Am Beginn des Englischunterrichts sollten daher Wörter stehen, die einen möglichst geringen Lernaufwand erfordern.

Was ist im Wortschatz zu lernen?

Beim Lernen eines neuen Wortes müssen die Kinder die Lautform mit der Bedeutung des neuen Wortes in Verbindung bringen. Das englische Wort *duck* und das deutsche Wort *Ente* bezeichnen dasselbe Tier. Der Lernaufwand ist erheblich, denn die Lautformen beider Wörter unterscheiden sich vollständig voneinander.

Anders beim englischen Wort *hamster*. Dasselbe Tier wird im Deutschen mit dem Wort *Hamster* bezeichnet. Die Lautähnlichkeit liegt auf der Hand. Sie entsteht durch die Übereinstimmung der Konsonanten. Sowohl im Deutschen als auch im Englischen ist das Gerüst der Konsonanten identisch [h✳mst✳][1]. Der Aufwand für das Lernen des Wortes *hamster* ist erheblich geringer, weil es hier lediglich um eine veränderte Lautform geht, wobei die Bedeutung identisch ist. Ähnliches gilt für englisch *cat* und deutsch *Katze*.

Leicht erlernbare Wörter

Die Beispiele zeigen, dass es viele englische Wörter gibt, die sehr leicht erlernbar sind, weil sie mit dem Deutschen sprachverwandt sind. Die Sprachverwandtschaft stammt aus der Zeit des 5. Jahrhunderts, als germanische Stämme (Angeln, Sachsen und Jüten) ihre Heimat an der deutschen Nordseeküste verließen und sich in England ansiedelten, wo sie weiter ihre Heimatsprache benutzten (Baugh/Cable 2002:47 ff.). Diese gemeinsame Ursprungssprache, die in beiden Sprachen seit dieser Zeit erhebliche Wandlungen erfahren hat, ist in zentralen Teilen des Wortschatzes die Grundlage des heutigen Englisch.

Solche sprachverwandten Wörter erfüllen neben der leichten Lernbarkeit eine weitere wichtige Anforderung für das frühe Fremdsprachenlernen: Sie gehören zu Wortfeldern und Sinnbereichen, die den Kindern gefühlsmäßig besonders nahe stehen und viele unmittelbare Lebensbereiche betreffen (z. B. Körperteile: *hand, finger, arm*; Ver-

[1] Das Symbol ✳ steht für einen beliebigen Vokal.

wandtschaftsbezeichnungen: *mother, father, brother, sister*; Nahrungsmittel: *milk, butter, cheese* etc.).

Neue Grundlagen für die Auswahl des Wortschatzes

Eine erste Grundlage für eine Auswahl des Wortschatzes ist somit die Sprachverwandtschaft zwischen dem Deutschen und dem Englischen. Ein erster Schritt zur Ermittlung eines neuen Grundwortschatzes, der eine erhebliche Lernerleichterung mit sich bringt, ist daher die Suche nach Wörtern, die sprachhistorisch auf das Altenglische (von Beginn der Überlieferung bis 1100) zurückgehen. Darunter fallen Wörter wie *apple, bed, door, house.*

Eine zweite Grundlage für den für die Klassen 1 und 2 in Frage kommenden Wortschatz sind Wörter, die zwar nicht dem gemeinsamen germanischen Grundwortschatz entstammen, aber als Lehnwörter mit der gleichen Bedeutung sowohl in die deutsche als auch in die englische Sprache eingetreten sind, eine identische Bedeutung haben und in der Lautform große Ähnlichkeiten aufweisen (z. B. *telephone, radio, coffee*).

Bei der Auswahl des Wortschatzes sollte darüber hinaus auch die Häufigkeit im heutigen Englisch berücksichtigt werden. Ferner sind solche Bedeutungsfelder besonders zu beachten, die den Kommunikationsbedürfnissen sechs- bis achtjähriger Kinder in besonderem Maße entsprechen. Nach diesem Kriterium können auch Wörter berücksichtigt werden, die in der Erwachsenensprache nicht besonders häufig sind (z. B. *tiger, elephant, giraffe*).

Ausgliederungen aus dem germanischen Wortschatz

Der nächste Schritt besteht darin, solche Wörter auszugliedern, die trotz ihrer germanischen Herkunft nicht in dieser Form im Deutschen vorhanden sind (z. B. *back, belong*) oder bei ähnlicher Form in der Bedeutung abweichen (z. B. *become, bone* vs. deutsch *bekommen, Bein*). Ferner sind Wörter auszugliedern, die für die augenblicklichen Kommunikationsinteressen der Kinder nicht von Belang sind (z. B. *beer, dung*).

Ausgegliedert wurden auch solche Wörter, deren grammatisches Verhalten zu besonderen Lernproblemen führt. Dies betrifft z. B. die Nomen *mouse, foot, fish, sheep, ox, wolf*, die wegen ihrer unregelmäßigen Pluralbildung (*mice, feet, fish, sheep, oxen, wolves*) für die Klassen 1 und 2 nicht berücksichtigt wurden.[1] Ebenfalls unberücksichtigt blieben Wörter, die wegen ihrer besonderen Bedeutungen für die Grundschule nicht in Frage kommen. So hat das Wort *paper* neben ‚Papier' u.a. die Bedeutungen ‚Zeitung', ‚Dokument', ‚Bericht', ‚Vortrag'. Wenn es in der primären Bedeutung ‚Papier' verwendet wird, muss es in den komplizierten Wendungen *a piece of paper* oder *a sheet of paper* benutzt werden.

Ausgliederung von Lehnwörtern

Nicht berücksichtigt wurden Lehnwörter aus dem Englischen, die wegen ihres unterschiedlichen grammatischen Verhaltens zu Problemen führen. So bereitet das Wort *jeans* keine Verständnisprobleme für deutsche Erstklässler. Im deutschen Sprachgebrauch wird *jeans* aber als Singularform empfunden und so gebraucht: *Ich kaufe mir eine Jeans*. Im Englischen wird *jeans* (wie *trousers*) als Pluralform empfunden und auch so gebraucht: *My jeans are good*. Im Singular muss es daher *a pair of jeans* heißen. Lernprobleme dieser Art sollten nicht Bestandteil des Englischunterrichts der Klassen 1 und 2 sein.

Ergänzungen von Wörtern

In einigen Fällen wurden Ergänzungen vorgenommen, um durch Auffüllungen von Leerstellen die notwendige Systematik des Wortschatzes herzustellen und die damit einher gehenden umfangreichen Kommunikationsmöglichkeiten zu eröffnen.

Wörter wie *boy, girl* und *woman* sind nicht als sprachverwandt erkennbar. Sie sind im Englischen jedoch sehr häufig und für die elementare Kommunikation von großem Wert. Aus diesen Gründen wurden sie in den Wortschatz der Klassen 1 und 2 aufgenommen.

Das Wort *uncle* war wegen seiner Herkunft aus dem gemeinsamen germanischen Wortschatz in der Liste der Nomen enthalten. Es fehlte aber der Gegenbegriff *aunt* (wegen seiner Herkunft aus dem Altfranzösischen und der geringen Häufigkeit). Um die notwendige Gleichge-

[1] Wegen ihrer großen Häufigkeit wurden die Wörter *man* und *woman* trotz ihrer unregelmäßigen Pluralformen nicht ausgegliedert. Die Pluralformen *men* und *women* sollten nur bei besonderem Bedarf Eingang in den Unterricht finden.

wichtigkeit für die Kommunikation über Familienverhältnisse zu erreichen, wurde *aunt* aufgenommen, obwohl es schwerer zu lernen ist als *uncle*.

Das Farbadjektiv *black* stammt zwar aus dem Altenglischen, hat aber im deutschen Wort *schwarz* kein Gegenstück, das die Lernbarkeit erleichtert. Das Wort *black* wurde dennoch aufgenommen, weil es vor *white* das häufigste Farbadjektiv des Englischen ist und sich leicht aus dem Gegensatz zu *white* erläutern lässt.

Die Analyse des Wortschatzes enthielt die Wörter *penny* (germanischer Ursprung, gehört zu den 1.000 häufigsten Wörtern des gesprochenen Englisch nach Summers 2005) und *pound* (germanischer Ursprung, gehört zu den 1.000 häufigsten Wörtern des gesprochenen Englisch nach Summers 2005 und BNC). Daneben trat *cent* auf (gehört zu den 1.000 häufigsten Wörtern des gesprochenen Englisch nach Summers 2005). Die Leerstelle bei Zahlungsmitteln wird gebildet durch *euro*. Um eine Kommunikation für Zahlungsmöglichkeiten in Europa auch außerhalb des Vereinigten Königreiches zu ermöglichen, wurde *euro* aufgenommen. Ein zusätzlicher Grund besteht darin, dass die besondere Aussprache [ˈjʊərəʊ] (britisches Englisch) oder [ˈjʊrəʊ] (amerikanisches Englisch) frühzeitig Eingang in den Unterricht findet.

Bei diesen Ergänzungen handelt es sich zum Teil um Wörter, die einen höheren Lernaufwand erfordern. Solche Wörter sind in den Listen durch Unterstreichung kenntlich gemacht. Diese Wörter haben trotz des höheren Lernaufwandes einen wichtigen Effekt für den Unterricht. Die Kinder bemerken früh, dass keineswegs alle Wörter des Englischen Ähnlichkeiten mit dem Deutschen haben oder sich aus dem Deutschen leicht erschließen lassen.

Die Ermittlung des neuen Grundwortschatzes

Nach diesen Vorüberlegungen erfolgte die Ermittlung des neuen Grundwortschatzes in einer Reihe geordneter Schritte.
Drei Wortlisten bildeten die anfängliche Basis für die Bestimmung des neuen Grundwortschatzes:

1. die auf germanischen Ursprung zurückgehenden Wörter des heutigen Englisch
2. die häufigsten 1.000 Wörter des gesprochenen Englisch
3. die häufigsten 1.000 Wörter des geschriebenen Englisch

Diese drei Listen wurden aus der CD-ROM Version des *Longman Dictionary of Contemporary English* (Summers 2005) ermittelt. Dieses Wörterbuch beruht auf großen Datenmengen des heutigen Englisch.

Zur Ergänzung wurde eine vierte Liste der 1.000 häufigsten Wörter des gesprochenen Umgangsenglisch erstellt und in den Vergleich einbezogen. Grundlage dieser Liste ist die im Jahre 2007 veröffentlichte Version des *British National Corpus* in der *XML edition* (Burnard 2007). Das *British National Corpus* umfasst 100 Millionen Wörter. Die hier erstellte Liste beruht auf einer Auswahl von ca. 1 Million Wörtern des gesprochenen Umgangsenglisch aus dem *British National Corpus*. Alle Wörter wurden zunächst auf ihre Grundform zurückgeführt. So wurden beispielsweise die Formen *see, sees, saw, seeing, seen* der Grundform *see* zugeordnet. Auf der Basis dieser Grundformen wurden die 1.000 häufigsten Wörter des umgangssprachlichen Englisch ermittelt.

Diese vier Listen wurden zusammengeführt und in einer Datei vereint. Aus dieser Datei wurde der Grundwortschatz nach den oben genannten Kriterien ermittelt.[1]

Wortklassen

Am Ende wurde eine Trennung des Wortschatzes in Wortklassen vorgenommen. Die erste Unterscheidung betrifft Inhaltswörter und Funktionswörter.

Inhaltswörter
Die Wortklassen Nomen, Adjektive und Verben bilden die Klasse der Inhaltswörter. Inhaltswörter sind stark abhängig von Themen und Inhalten des Unterrichts. Wegen der Vielfalt der Themen sind Inhaltswörter in jeder Sprache wesentlich zahlreicher als Funktionswörter. Nomen und Adjektive spielen eine herausragende Rolle bei der Gliederung des Wortschatzes in Bedeutungsfelder.

Funktionswörter
Die Wortklassen Adverbien, Zahlwörter, Personalpronomen, Possessivpronomen, Fragepronomen, Interjektionen, Präpositionen, Konjunktionen, Determinatoren und einige einzelne Funktionswörter bilden die Klasse der Funktionswörter. Funktionswörter sind weitgehend

[1] Als hilfreich für die Ermittlung der Zusätze bei den Nomen erwies sich Blass/Friederich 1973.

unabhängig von Themen und Inhalten des Unterrichts. Sie treten in allen Textsorten auf. Der Umfang des Funktionswortschatzes ist wesentlich geringer als der Umfang des Inhaltswortschatzes. Funktionswörter bilden das strukturelle Gerüst der Sprache. Auf die Beherrschung der Funktionswörter kann in keinem Fall verzichtet werden.

Wortlisten

Bei der Darstellung des Wortschatzes erfolgt keine Unterteilung nach den Klassen 1 und 2 und nach den Kriterien produktiv oder rezeptiv. Diese Entscheidungen sind von den Lehrkräften oder Lehrwerkautoren im Einzelfall zu treffen.

Hingegen wird unterschieden zwischen Fundamentum und Additum. Das Fundamentum macht den Grundwortschatz der Klassen 1 und 2 aus. Das Additum besteht aus zusätzlichen Wörtern. Die Auswahl und der Umfang des Additums richten sich nach den Bedürfnissen des Unterrichts und dem Leistungsstand der Lernenden. Das Additum kann durch frei zu wählende Wörter ergänzt werden.

Für die Planung des Unterrichts ist die Zuordnung von Einzelwörtern zu Bedeutungsfeldern von großer Bedeutung. Allerdings ist es nicht möglich, den gesamten Wortschatz in Bedeutungsfelder einzuordnen. Dies kann nur vorgenommen werden für die Nomen, für einen Teil der Adjektive und für die Zahlwörter.

Listen

Die Darstellung des Wortschatzes gliedert sich nach Wortklassen für die Inhaltswörter und die Funktionswörter. Die Inhaltswörter enthalten drei Wortklassen: Nomen, Adjektive und Verben. Die Funktionswörter enthalten zehn Wortklassen: Adverbien, Zahlwörter, Personalpronomen, Possessivpronomen, Fragepronomen, Interjektionen, Präpositionen, Konjunktionen, Determinatoren und die Klasse einzelner Funktionswörter.

Listen nach Wortklassen
Für jede Wortklasse wird eine Wortliste getrennt nach Fundamentum und Additum gegeben. Nach der alphabetischen Ordnung sind die folgenden Wortlisten gegliedert: Nomen, Adjektive, Verben, Adverbien, Fragepronomen, Präpositionen, Konjunktionen, Determinatoren und

die Klasse einzelner Funktionswörter. Nach jeweils interner Systematik sind die folgenden Wortlisten gegliedert: Zahlwörter, Personalpronomen, Possessivpronomen, Interjektionen.

Liste des gesamten Wortschatzes
Eine alphabetische Liste fasst alle Wortklassen zusammen und enthält den gesamten Wortschatz mit Angaben zur Wortklasse und zur Zugehörigkeit der Wörter zum Fundamentum oder Additum.

Liste nach Bedeutungsfeldern
Den Abschluss bildet eine Liste, die den Wortschatz nach der Bedeutung der einzelnen Wörter gliedert. Diese Liste macht Angaben zur Zugehörigkeit der Wörter zu Bedeutungsfeldern sowie zur Wortklasse und zur Zugehörigkeit der Wörter zum Fundamentum oder zum Additum.

Kennzeichnung von Wörtern mit höherem Lernaufwand
Wörter mit erkennbarer Sprachverwandtschaft sind leicht lernbar. Ihre Schwierigkeiten liegen lediglich auf der Ebene der Aussprache. Es handelt sich um Wörter mit geringem Lernaufwand.

Wörter, die nicht als sprachverwandt erkennbar sind, erfordern das Lernen eines völlig anderen Wortkörpers zusätzlich zur andersartigen englischen Aussprache. Solche Wörter sind schwieriger als die sprachverwandten Wörter. Sie erfordern den in einer Fremdsprache normalen Lernaufwand. Diese Wörter sind in den Listen durch Unterstreichung kenntlich gemacht.

Bedeutung der Wortschatzanteile für den Unterricht

Die folgenden Daten zum Wortschatz sind von Bedeutung für den Unterricht und seine Planung.

Verhältnis von Fundamentum und Additum
Das Fundamentum enthält insgesamt 289 Wörter (ca. 83 % des Gesamtwortschatzes). Das Additum umfasst 61 Wörter (ca. 17 % des Gesamtwortschatzes).

Der Unterricht geht vom Fundamentum aus. Für alle Kinder gilt das Fundamentum als Standard für den Umfang des Wortschatzes am Ende der Klasse 2. Deshalb beziehen sich alle folgenden Angaben auf das Fundamentum von 289 Wörtern.

Inhaltswortschatz und Funktionswortschatz
Die 289 Wörter des Fundamentums gliedern sich in einen Inhaltswortschatz von 226 Wörtern (ca. 78 %) und einen Funktionswortschatz von 63 Wörtern (ca. 22 %). Die 63 Wörter des Funktionswortschatzes sind dabei von besonderer Bedeutung, weil ohne ihre Beherrschung eine elementare Kommunikation nicht möglich ist.

Wortklassen im Fundamentum
Die drei Wortklassen der Inhaltswörter im Fundamentum haben die folgenden absoluten und gerundeten prozentualen Häufigkeiten bezogen auf das gesamte Fundamentum:

	absolut	prozentual
Nomen	165	57
Verb	35	12
Adjektiv	26	9

Es wird deutlich, dass die Nomen den Kern der Inhaltswörter ausmachen und die Themen und Inhalte des Unterrichts in besonderem Maße bestimmen. Verben und Adjektive sind weniger inhaltsabhängig als die Nomen.

Die Wortklassen der Funktionswörter im Fundamentum haben relative Häufigkeiten zwischen ca. 5 % (Personalpronomen) und ca. 1 % (Konjunktionen). Trotz ihrer geringen Häufigkeit sind die Funktionswörter für jede Kommunikation unverzichtbar.

Wörter nach Lernaufwand
Die Zahl der Wörter mit geringem Lernaufwand beträgt 227. Das sind ca. 79 % des gesamten Wortschatzes des Fundamentums). Dieser große Umfang des leicht zu erlernenden Wortschatzes trägt erheblich dazu bei, den Beginn des Englischunterrichts von Lernschwierigkeiten zu entlasten. Keines der bisherigen Lehrwerke verwendet einen annähernd vergleichbaren Wortschatz. Alle bisherigen Wortschätze sind mit einem deutlich höheren Lernaufwand verbunden.

Die Zahl der Wörter mit normalem Lernaufwand beträgt 62. Das sind ca. 21 % des gesamten Wortschatzes des Fundamentums. Bisherige Unterrichtsmaterialien bestehen dagegen überwiegend aus Wörtern mit vergleichbar großem Lernaufwand und Schwierigkeitsgrad.

Nomen

Die Darstellung der Nomen gliedert sich in das Fundamentum (alphabetisch) und das Additum (alphabetisch).

Fundamentum

Das Fundamentum des nominalen Wortschatzes umfasst 165 Wörter.

anorak	cow	hamster	nose
answer	crocodile	hand	number
aunt	daughter	hat	orange
apple	day	head	park
arm	doctor	heart	parka
baby	dog	help	penny
ball	door	hen	pepper
banana	drink	hobby	photo
bathroom	ear	home	pizza
bear	elbow	honey	place
bed	elephant	hotel	plant
bedroom	end	house	pot
bee	euro	ice	pound
birthday	evening	ice cream	radio
book	eye	jacket	rain
box	family	knee	rainbow
boy	father	lamp	rat
bread	film	land	room
brother	finger	line	rose
butter	fire	lip	salt
camel	football	man	sand
camera	fox	market	school
cap	friend	milk	sea
cat	frog	minute	second
cent	frost	moment	ship
cheese	garden	moon	shoe
chocolate	giraffe	morning	shop
Christmas	girl	mother	shoulder
class	glass	mouth	show
coffee	grass	music	side
computer	group	name	sister
cornflakes	hair	night	snow

sock sofa son soup star stone storm street summer sun	swan table tea teacher telephone tennis thing tiger time toast	toe tomato tongue tree T-shirt uncle water weather week weekend	wind window winter woman word year zebra

Additum

Das Additum des nominalen Wortschatzes umfasst 26 Wörter.

blood chin cousin east Halloween hour lamb	middle museum north owl people plan police	raindrop rib seat soap south theatre wasp	way weasel west world worm

Adjektive

Die Darstellung der Adjektive gliedert sich in das Fundamentum (alphabetisch) und das Additum (alphabetisch).

Fundamentum

Das Fundamentum des adjektivischen Wortschatzes umfasst 26 Wörter.

black blue brown cold English fine good	great green grey happy hot left long	loud new old red right sweet warm	white wonderful wrong yellow young

Additum

Das Additum des adjektivischen Wortschatzes umfasst sieben Wörter.

best better	cool correct	full hard	open

Verben

Die Darstellung der Verben gliedert sich in das Fundamentum (alphabetisch) und das Additum (alphabetisch).

Fundamentum

Das Fundamentum des verbalen Wortschatzes umfasst 35 Wörter.

answer be begin bring come do drink eat find	get give go have help let like love make	play put run say see show sing sit sleep	speak stand stop thank think wait want wash

Additum

Das Additum des verbalen Wortschatzes umfasst 15 Wörter.

fall hang hold hope	learn live roll send	shine start swim wake	win wish worry

Adverbien

Die Darstellung der Adverbien gliedert sich in das Fundamentum (alphabetisch) und das Additum (alphabetisch).

Fundamentum

Das Fundamentum des adverbialen Wortschatzes umfasst zehn Wörter.

down[1] here in[2]	now out[3] so	then there[4] up[5]	very

Additum

Das Additum des adverbialen Wortschatzes umfasst fünf Wörter.

often right	today	tomorrow	too

Zahlwörter

Die Darstellung der Zahlwörter umfasst das Fundamentum, gegliedert nach der Reihenfolge der Zahlen.

Fundamentum

Das Fundamentum der Zahlwörter umfasst zwölf Wörter.

one two three	four five six	seven eight nine	ten eleven twelve

[1] Oft in Verbindung mit den Verben *come (down), go (down), sit (down)*.

[2] Oft in Verbindung mit den Verben *come (in), get (in), go (in)*. Dieser Gebrauch ist von *in* als Präposition zu unterscheiden (*She's in the room.*).

[3] Oft in Verbindung mit den Verben *go (out), come (out), get (out)*.

[4] Der adverbiale Gebrauch (*Anne is there*) ist zu unterscheiden von *there* als Scheinsubjekt (*There is a book on the table.*).

[5] Oft in Verbindung mit den Verben *go (up), get (up)*.

Personalpronomen

Die Darstellung der Personalpronomen umfasst das Fundamentum, gegliedert nach den grammatischen Kriterien Person und Kasus.

Fundamentum

Das Fundamentum der Personalpronomen umfasst 14 Wörter. Da zwei Pronomen dieselbe Subjekt- und Objektform (*you, it*) haben, handelt es sich um 12 unterschiedliche Einzelwörter.

I	Subjekt	he	Subjekt	it	Subjekt	they	Subjekt
me	Objekt	him	Objekt	it	Objekt	them	Objekt
you	Subjekt	she	Subjekt	we	Subjekt		
you	Objekt	her	Objekt	us	Objekt		

Possessivpronomen

Die Darstellung der Possessivpronomen umfasst das Fundamentum, gegliedert nach dem grammatischen Kriterium Person.

Fundamentum

Das Fundamentum der Possessivpronomen umfasst vier Wörter.

my	your	his	her

Fragepronomen

Die Darstellung der Fragepronomen gliedert sich in das Fundamentum (alphabetisch) und das Additum.

Fundamentum

Das Fundamentum der Fragepronomen umfasst drei Wörter.

what	when	who

Additum

Das Additum der Fragepronomen umfasst ein Wort.

which

Interjektionen

Die Darstellung der Interjektionen umfasst das Fundamentum, gegliedert nach Bedeutungen.

Fundamentum

Das Fundamentum der Interjektionen umfasst sechs Wörter.

hello okay	yes no[1]	thanks please

Präpositionen

Die Darstellung der Präpositionen gliedert sich in das Fundamentum (alphabetisch) und das Additum (alphabetisch).

Fundamentum

Das Fundamentum der Präpositionen umfasst fünf Wörter.

for from	in on	to[2]

1 Der Gebrauch von *no* als Interjektion (*Is the book green? No.*) ist von *no* als Determinator zu unterscheiden (*There's no chair in the room.*).

2 Der präpositionale Gebrauch (*We go to school.*) ist zu unterscheiden von *to* als Infinitivmarkierer (*I want to do it.*).

Additum

Das Additum der Präpositionen umfasst vier Wörter.

of over	under with

Konjunktionen

Die Darstellung der Konjunktionen umfasst das Fundamentum. Es handelt sich um nebenordnende Konjunktionen.

Fundamentum

Das Fundamentum der Konjunktionen umfasst zwei Wörter.

and	or

Determinatoren

Die Darstellung der Determinatoren gliedert sich in das Fundamentum (alphabetisch) und das Additum (alphabetisch).

Fundamentum

Das Fundamentum der Determinatoren umfasst vier Wörter.

a/an	the	this	that

Additum

Das Additum der Determinatoren umfasst drei Wörter.

all	no[1]	many

[1] Der Gebrauch von *no* als Determinator (*There's no chair in the room.*) ist zu unterscheiden von *no* als Interjektion (*Is the book green? No.*).

Einzelne Funktionswörter

Die Darstellung der einzelnen Funktionswörter umfasst das Fundamentum (alphabetisch).

Fundamentum

Das Fundamentum der einzelnen Funktionswörter umfasst drei Wörter.

not	there[1]	to[2]

[1] Es handelt sich um *there* als Scheinsubjekt (*There is a book on the table.*). Dieser Gebrauch ist von *there* als Adverb zu unterscheiden (*Anne is there.*).

[2] Es handelt sich um *to* als Infinitivmarkierer (*I want to do it.*). Dieser Gebrauch ist von *to* als Präposition zu unterscheiden (*We go to school.*).

Gesamtwortschatz alphabetisch

a/an	Determinator	Fundamentum
all	Determinator	Additum
and	Konjunktion	Fundamentum
anorak	Nomen	Fundamentum
answer	Nomen	Fundamentum
answer	Verb	Fundamentum
apple	Nomen	Fundamentum
arm	Nomen	Fundamentum
aunt	Nomen	Fundamentum
baby	Nomen	Fundamentum
ball	Nomen	Fundamentum
banana	Nomen	Fundamentum
bathroom	Nomen	Fundamentum
be	Verb	Fundamentum
bear	Nomen	Fundamentum
bed	Nomen	Fundamentum
bedroom	Nomen	Fundamentum
bee	Nomen	Fundamentum
begin	Verb	Fundamentum
best	Adjektiv	Additum
better	Adjektiv	Additum
birthday	Nomen	Fundamentum
black	Adjektiv	Fundamentum
blood	Nomen	Additum
blue	Adjektiv	Fundamentum
book	Nomen	Fundamentum
box	Nomen	Fundamentum
boy	Nomen	Fundamentum
bread	Nomen	Fundamentum
bring	Verb	Fundamentum
brother	Nomen	Fundamentum
brown	Adjektiv	Fundamentum
butter	Nomen	Fundamentum
camel	Nomen	Fundamentum
camera	Nomen	Fundamentum
cap	Nomen	Fundamentum
cat	Nomen	Fundamentum
cent	Nomen	Fundamentum
cheese	Nomen	Fundamentum
chin	Nomen	Additum

chocolate	Nomen	Fundamentum
Christmas	Nomen	Fundamentum
class	Nomen	Fundamentum
coffee	Nomen	Fundamentum
cold	Adjektiv	Fundamentum
come	Verb	Fundamentum
computer	Nomen	Fundamentum
cool	Adjektiv	Additum
cornflakes	Nomen	Fundamentum
correct	Adjektiv	Additum
cousin	Nomen	Additum
cow	Nomen	Fundamentum
crocodile	Nomen	Fundamentum
daughter	Nomen	Fundamentum
day	Nomen	Fundamentum
do	Verb	Fundamentum
doctor	Nomen	Fundamentum
dog	Nomen	Fundamentum
door	Nomen	Fundamentum
down	Adverb	Fundamentum
drink	Nomen	Fundamentum
drink	Verb	Fundamentum
ear	Nomen	Fundamentum
east	Nomen	Additum
eat	Verb	Fundamentum
eight	Zahlwort	Fundamentum
elbow	Nomen	Fundamentum
elephant	Nomen	Fundamentum
eleven	Zahlwort	Fundamentum
end	Nomen	Fundamentum
English	Adjektiv	Fundamentum
euro	Nomen	Fundamentum
evening	Nomen	Fundamentum
eye	Nomen	Fundamentum
fall	Verb	Additum
family	Nomen	Fundamentum
father	Nomen	Fundamentum
film	Nomen	Fundamentum
find	Verb	Fundamentum
fine	Adjektiv	Fundamentum
finger	Nomen	Fundamentum
fire	Nomen	Fundamentum

five	Zahlwort	Fundamentum
football	Nomen	Fundamentum
for	Präposition	Fundamentum
four	Zahlwort	Fundamentum
fox	Nomen	Fundamentum
friend	Nomen	Fundamentum
frog	Nomen	Fundamentum
<u>from</u>	Präposition	Fundamentum
frost	Nomen	Fundamentum
full	Adjektiv	Additum
garden	Nomen	Fundamentum
<u>get</u>	Verb	Fundamentum
giraffe	Nomen	Fundamentum
<u>girl</u>	Nomen	Fundamentum
give	Verb	Fundamentum
glass	Nomen	Fundamentum
go	Verb	Fundamentum
good	Adjektiv	Fundamentum
grass	Nomen	Fundamentum
great	Adjektiv	Fundamentum
green	Adjektiv	Fundamentum
grey	Adjektiv	Fundamentum
group	Nomen	Fundamentum
hair	Nomen	Fundamentum
<u>Halloween</u>	Nomen	Additum
hamster	Nomen	Fundamentum
hand	Nomen	Fundamentum
hang	Verb	Additum
<u>happy</u>	Adjektiv	Fundamentum
hard	Adjektiv	Additum
hat	Nomen	Fundamentum
have	Verb	Fundamentum
<u>he</u>	Personalpronomen	Fundamentum
<u>head</u>	Nomen	Fundamentum
heart	Nomen	Fundamentum
hello	Interjektion	Fundamentum
help	Nomen	Fundamentum
help	Verb	Fundamentum
hen	Nomen	Fundamentum
<u>her</u>	Personalpronomen Obj.	Fundamentum
<u>her</u>	Possessivpronomen	Fundamentum
here	Adverb	Fundamentum

him	Personalpronomen Obj.	Fundamentum
his	Possessivpronomen	Fundamentum
hobby	Nomen	Fundamentum
hold	Verb	Additum
home	Nomen	Fundamentum
honey	Nomen	Fundamentum
hope	Verb	Additum
hot	Adjektiv	Fundamentum
hotel	Nomen	Fundamentum
hour	Nomen	Additum
house	Nomen	Fundamentum
I	Personalpronomen	Fundamentum
ice	Nomen	Fundamentum
ice cream	Nomen	Fundamentum
in	Adverb	Fundamentum
in	Präposition	Fundamentum
it	Personalpronomen Subj.	Fundamentum
it	Personalpronomen Obj.	Fundamentum
jacket	Nomen	Fundamentum
knee	Nomen	Fundamentum
lamb	Nomen	Additum
lamp	Nomen	Fundamentum
land	Nomen	Fundamentum
learn	Verb	Additum
left	Adjektiv	Fundamentum
let	Verb	Fundamentum
like	Verb	Fundamentum
line	Nomen	Fundamentum
lip	Nomen	Fundamentum
live	Verb	Additum
long	Adjektiv	Fundamentum
loud	Adjektiv	Fundamentum
love	Verb	Fundamentum
make	Verb	Fundamentum
man	Nomen	Fundamentum
many	Determinator	Additum
market	Nomen	Fundamentum
me	Personalpronomen Obj.	Fundamentum
middle	Nomen	Additum
milk	Nomen	Fundamentum
minute	Nomen	Fundamentum
moment	Nomen	Fundamentum

moon	Nomen	Fundamentum
morning	Nomen	Fundamentum
mother	Nomen	Fundamentum
mouth	Nomen	Fundamentum
museum	Nomen	Additum
music	Nomen	Fundamentum
my	Possessivpronomen	Fundamentum
name	Nomen	Fundamentum
new	Adjektiv	Fundamentum
night	Nomen	Fundamentum
nine	Zahlwort	Fundamentum
no	Determinator	Additum
no	Interjektion	Fundamentum
north	Nomen	Additum
nose	Nomen	Fundamentum
not	Funktionswort	Fundamentum
now	Adverb	Fundamentum
number	Nomen	Fundamentum
of	Präposition	Additum
often	Adverb	Additum
okay	Interjektion	Fundamentum
old	Adjektiv	Fundamentum
on	Präposition	Fundamentum
one	Zahlwort	Fundamentum
open	Adjektiv	Additum
or	Konjunktion	Fundamentum
orange	Nomen	Fundamentum
out	Adverb	Fundamentum
over	Präposition	Additum
owl	Nomen	Additum
park	Nomen	Fundamentum
parka	Nomen	Fundamentum
penny	Nomen	Fundamentum
people	Nomen	Additum
pepper	Nomen	Fundamentum
photo	Nomen	Fundamentum
pizza	Nomen	Fundamentum
place	Nomen	Fundamentum
plan	Nomen	Additum
plant	Nomen	Fundamentum
play	Verb	Fundamentum
please	Interjektion	Fundamentum

police	Nomen	Additum
pot	Nomen	Fundamentum
pound	Nomen	Fundamentum
put	Verb	Fundamentum
radio	Nomen	Fundamentum
rain	Nomen	Fundamentum
rainbow	Nomen	Fundamentum
raindrop	Nomen	Additum
rat	Nomen	Fundamentum
red	Adjektiv	Fundamentum
rib	Nomen	Additum
right	Adjektiv	Fundamentum
right	Adverb	Additum
roll	Verb	Additum
room	Nomen	Fundamentum
rose	Nomen	Fundamentum
run	Verb	Fundamentum
salt	Nomen	Fundamentum
sand	Nomen	Fundamentum
say	Verb	Fundamentum
school	Nomen	Fundamentum
sea	Nomen	Fundamentum
seat	Nomen	Additum
second	Nomen	Fundamentum
see	Verb	Fundamentum
send	Verb	Additum
seven	Zahlwort	Fundamentum
she	Personalpronomen	Fundamentum
shine	Verb	Additum
ship	Nomen	Fundamentum
shoe	Nomen	Fundamentum
shop	Nomen	Fundamentum
shoulder	Nomen	Fundamentum
show	Nomen	Fundamentum
show	Verb	Fundamentum
side	Nomen	Fundamentum
sing	Verb	Fundamentum
sister	Nomen	Fundamentum
sit	Verb	Fundamentum
six	Zahlwort	Fundamentum
sleep	Verb	Fundamentum
snow	Nomen	Fundamentum

so	Adverb	Fundamentum
soap	Nomen	Additum
sock	Nomen	Fundamentum
sofa	Nomen	Fundamentum
son	Nomen	Fundamentum
soup	Nomen	Fundamentum
south	Nomen	Additum
speak	Verb	Fundamentum
stand	Verb	Fundamentum
star	Nomen	Fundamentum
start	Verb	Additum
stone	Nomen	Fundamentum
stop	Verb	Fundamentum
storm	Nomen	Fundamentum
street	Nomen	Fundamentum
summer	Nomen	Fundamentum
sun	Nomen	Fundamentum
swan	Nomen	Fundamentum
sweet	Adjektiv	Fundamentum
swim	Verb	Additum
<u>table</u>	Nomen	Fundamentum
tea	Nomen	Fundamentum
<u>teacher</u>	Nomen	Fundamentum
telephone	Nomen	Fundamentum
ten	Zahlwort	Fundamentum
tennis	Nomen	Fundamentum
thank	Verb	Fundamentum
thanks	Interjektion	Fundamentum
<u>that</u>	Determinator	Fundamentum
<u>the</u>	Determinator	Fundamentum
theatre	Nomen	Additum
<u>them</u>	Personalpronomen Obj.	Fundamentum
then	Adverb	Fundamentum
<u>there</u>	Adverb	Fundamentum
<u>there</u>	Funktionswort	Fundamentum
<u>they</u>	Personalpronomen	Fundamentum
thing	Nomen	Fundamentum
think	Verb	Fundamentum
<u>this</u>	Determinator	Fundamentum
three	Zahlwort	Fundamentum
tiger	Nomen	Fundamentum
time	Nomen	Fundamentum

to	Funktionswort	Fundamentum
to	Präposition	Fundamentum
toast	Nomen	Fundamentum
today	Adverb	Additum
toe	Nomen	Fundamentum
tomato	Nomen	Fundamentum
tomorrow	Adverb	Additum
tongue	Nomen	Fundamentum
too	Adverb	Additum
tree	Nomen	Fundamentum
T-shirt	Nomen	Fundamentum
twelve	Zahlwort	Fundamentum
two	Zahlwort	Fundamentum
uncle	Nomen	Fundamentum
under	Präposition	Additum
up	Adverb	Fundamentum
us	Personalpronomen Obj.	Fundamentum
very	Adverb	Fundamentum
wait	Verb	Fundamentum
wake	Verb	Additum
want	Verb	Fundamentum
warm	Adjektiv	Fundamentum
wash	Verb	Fundamentum
wasp	Nomen	Additum
water	Nomen	Fundamentum
way	Nomen	Additum
we	Personalpronomen	Fundamentum
weasel	Nomen	Additum
weather	Nomen	Fundamentum
week	Nomen	Fundamentum
weekend	Nomen	Fundamentum
west	Nomen	Additum
what	Fragepronomen	Fundamentum
when	Fragepronomen	Fundamentum
which	Fragepronomen	Additum
white	Adjektiv	Fundamentum
who	Fragepronomen	Fundamentum
win	Verb	Additum
wind	Nomen	Fundamentum
window	Nomen	Fundamentum
winter	Nomen	Fundamentum
wish	Verb	Additum

<u>with</u>	Präposition	Additum
<u>woman</u>	Nomen	Fundamentum
wonderful	Adjektiv	Fundamentum
word	Nomen	Fundamentum
world	Nomen	Additum
worm	Nomen	Additum
<u>worry</u>	Verb	Additum
<u>wrong</u>	Adjektiv	Fundamentum
year	Nomen	Fundamentum
yellow	Adjektiv	Fundamentum
<u>yes</u>	Interjektion	Fundamentum
<u>you</u>	Personalpronomen Subj.	Fundamentum
<u>you</u>	Personalpronomen Obj.	Fundamentum
young	Adjektiv	Fundamentum
<u>your</u>	Possessivpronomen	Fundamentum
zebra	Nomen	Fundamentum

Wortschatz nach Bedeutungsfeldern

My body

finger	Nomen	Fundamentum
hand	Nomen	Fundamentum
arm	Nomen	Fundamentum
elbow	Nomen	Fundamentum
shoulder	Nomen	Fundamentum
head	Nomen	Fundamentum
mouth	Nomen	Fundamentum
lip	Nomen	Fundamentum
tongue	Nomen	Fundamentum
chin	Nomen	Additum
nose	Nomen	Fundamentum
ear	Nomen	Fundamentum
eye	Nomen	Fundamentum
hair	Nomen	Fundamentum
knee	Nomen	Fundamentum
toe	Nomen	Fundamentum
heart	Nomen	Fundamentum
rib	Nomen	Additum
blood	Nomen	Additum

Family

father	Nomen	Fundamentum
mother	Nomen	Fundamentum
baby	Nomen	Fundamentum
son	Nomen	Fundamentum
daughter	Nomen	Fundamentum
brother	Nomen	Fundamentum
sister	Nomen	Fundamentum
uncle	Nomen	Fundamentum
aunt	Nomen	Fundamentum
cousin	Nomen	Additum
family	Nomen	Fundamentum
name	Nomen	Fundamentum

House and home

house	Nomen	Fundamentum
home	Nomen	Fundamentum
garden	Nomen	Fundamentum
door	Nomen	Fundamentum
window	Nomen	Fundamentum
room	Nomen	Fundamentum
bathroom	Nomen	Fundamentum
bedroom	Nomen	Fundamentum
bed	Nomen	Fundamentum
lamp	Nomen	Fundamentum
table	Nomen	Fundamentum
sofa	Nomen	Fundamentum

Food and drink

bread	Nomen	Fundamentum
butter	Nomen	Fundamentum
cheese	Nomen	Fundamentum
drink	Nomen	Fundamentum
coffee	Nomen	Fundamentum
milk	Nomen	Fundamentum
tea	Nomen	Fundamentum
honey	Nomen	Fundamentum
pepper	Nomen	Fundamentum
salt	Nomen	Fundamentum
toast	Nomen	Fundamentum
cornflakes	Nomen	Fundamentum
pizza	Nomen	Fundamentum
soup	Nomen	Fundamentum
ice cream	Nomen	Fundamentum
chocolate	Nomen	Fundamentum
apple	Nomen	Fundamentum
banana	Nomen	Fundamentum
orange	Nomen	Fundamentum
tomato	Nomen	Fundamentum

Clothes

jacket	Nomen	Fundamentum
T-shirt	Nomen	Fundamentum
anorak	Nomen	Fundamentum
parka	Nomen	Fundamentum
cap	Nomen	Fundamentum
hat	Nomen	Fundamentum
shoe	Nomen	Fundamentum
sock	Nomen	Fundamentum

Nature

world	Nomen	Additum
land	Nomen	Fundamentum
sea	Nomen	Fundamentum
sun	Nomen	Fundamentum
moon	Nomen	Fundamentum
star	Nomen	Fundamentum
water	Nomen	Fundamentum
fire	Nomen	Fundamentum
stone	Nomen	Fundamentum
sand	Nomen	Fundamentum
weather	Nomen	Fundamentum
wind	Nomen	Fundamentum
storm	Nomen	Fundamentum
rain	Nomen	Fundamentum
raindrop	Nomen	Additum
rainbow	Nomen	Fundamentum
frost	Nomen	Fundamentum
ice	Nomen	Fundamentum
snow	Nomen	Fundamentum
plant	Nomen	Fundamentum
tree	Nomen	Fundamentum
grass	Nomen	Fundamentum
rose	Nomen	Fundamentum

Animals

cat	Nomen	Fundamentum
dog	Nomen	Fundamentum
hamster	Nomen	Fundamentum
cow	Nomen	Fundamentum
lamb	Nomen	Additum
bee	Nomen	Fundamentum
hen	Nomen	Fundamentum
bear	Nomen	Fundamentum
camel	Nomen	Fundamentum
elephant	Nomen	Fundamentum
tiger	Nomen	Fundamentum
zebra	Nomen	Fundamentum
giraffe	Nomen	Fundamentum
crocodile	Nomen	Fundamentum
fox	Nomen	Fundamentum
weasel	Nomen	Additum
frog	Nomen	Fundamentum
swan	Nomen	Fundamentum
rat	Nomen	Fundamentum
wasp	Nomen	Additum
owl	Nomen	Additum
worm	Nomen	Additum

School

school	Nomen	Fundamentum
teacher	Nomen	Fundamentum
English	Adjektiv	Fundamentum
class	Nomen	Fundamentum
group	Nomen	Fundamentum
book	Nomen	Fundamentum
word	Nomen	Fundamentum
line	Nomen	Fundamentum
answer	Nomen	Fundamentum
correct	Adjektiv	Additum
wrong	Adjektiv	Fundamentum
help	Nomen	Fundamentum
box	Nomen	Fundamentum
seat	Nomen	Additum

Leisure

ball	Nomen	Fundamentum
football	Nomen	Fundamentum
tennis	Nomen	Fundamentum
music	Nomen	Fundamentum
film	Nomen	Fundamentum
theatre	Nomen	Additum
show	Nomen	Fundamentum
radio	Nomen	Fundamentum
museum	Nomen	Additum
park	Nomen	Fundamentum
camera	Nomen	Fundamentum
photo	Nomen	Fundamentum
hobby	Nomen	Fundamentum
market	Nomen	Fundamentum
shop	Nomen	Fundamentum
hotel	Nomen	Fundamentum

People

boy	Nomen	Fundamentum
girl	Nomen	Fundamentum
man	Nomen	Fundamentum
woman	Nomen	Fundamentum
friend	Nomen	Fundamentum
doctor	Nomen	Fundamentum
police	Nomen	Additum
people	Nomen	Additum

Things

telephone	Nomen	Fundamentum
computer	Nomen	Fundamentum
pot	Nomen	Fundamentum
glass	Nomen	Fundamentum
soap	Nomen	Additum
ship	Nomen	Fundamentum
thing	Nomen	Fundamentum

Festive events

birthday	Nomen	Fundamentum
Christmas	Nomen	Fundamentum
Easter	Nomen	Fundamentum
Halloween	Nomen	Additum

Orientation in space and time

day	Nomen	Fundamentum
night	Nomen	Fundamentum
week	Nomen	Fundamentum
weekend	Nomen	Fundamentum
year	Nomen	Fundamentum
time	Nomen	Fundamentum
hour	Nomen	Additum
minute	Nomen	Fundamentum
second	Nomen	Fundamentum
moment	Nomen	Fundamentum
summer	Nomen	Fundamentum
winter	Nomen	Fundamentum
morning	Nomen	Fundamentum
evening	Nomen	Fundamentum
east	Nomen[1]	Additum
west	Nomen	Additum
north	Nomen	Additum
south	Nomen	Additum
penny	Nomen	Fundamentum
pound	Nomen	Fundamentum
cent	Nomen	Fundamentum
euro	Nomen	Fundamentum
way	Nomen	Additum
street	Nomen	Fundamentum
side	Nomen	Fundamentum
number	Nomen	Fundamentum
place	Nomen	Fundamentum
middle	Nomen	Additum
end	Nomen	Fundamentum
plan	Nomen	Additum

[1] Die Nomen *east*, *west*, *north* und *south* können auch als Adverbien verwendet werden, z. B. *go east*.

Numbers

one	Zahlwort	Fundamentum
two	Zahlwort	Fundamentum
three	Zahlwort	Fundamentum
four	Zahlwort	Fundamentum
five	Zahlwort	Fundamentum
six	Zahlwort	Fundamentum
seven	Zahlwort	Fundamentum
eight	Zahlwort	Fundamentum
nine	Zahlwort	Fundamentum
ten	Zahlwort	Fundamentum
eleven	Zahlwort	Fundamentum
twelve	Zahlwort	Fundamentum

Colours

black	Adjektiv	Fundamentum
white	Adjektiv	Fundamentum
red	Adjektiv	Fundamentum
blue	Adjektiv	Fundamentum
green	Adjektiv	Fundamentum
yellow	Adjektiv	Fundamentum
brown	Adjektiv	Fundamentum
grey	Adjektiv	Fundamentum

8

Die Grammatik

Grammatik kann nach eventuellen negativen Erfahrungen der eigenen Schulzeit als schwierig empfunden werden. Zudem scheint die Behandlung der Grammatik im Widerspruch zum spielerischen und handlungsorientierten Lernen des Englischen in der Grundschule zu stehen.

Geht es ohne Grammatik?

Die radikale Lösung des Problems besteht darin, die Grammatik völlig aus dem Unterricht auszuklammern und darauf zu hoffen, dass die Kinder den Erwerb grammatischer Strukturen aus eigener Kraft bewältigen können. In Kapitel 15 „Allgemeine Arten des Sprachenlernens“ wird gezeigt, dass diese Vorgehensweise zu einer starken Überforderung der Kinder führt und besonders die lernschwächeren Kinder benachteiligt.

Ebenso wenig kommen Lösungen der Sekundarstufe I zur Vermittlung der Grammatik in Frage. Die Einführung von erklärungsbedürftigen Begriffen der Grammatik wie Singular und Plural, von Konjugationstabellen oder Übungen, in denen grammatische Formen ohne kommunikativen Sinn gebraucht werden, verbieten sich für den Englischunterricht der Klassen 1 und 2.

Fragen zur Grammatik

Vor diesem Hintergrund ist zu prüfen,

- ob die Kinder über die Voraussetzungen für das Lernen von Grammatik verfügen
- ob sie zum regelgeleiteten Lernen in der Lage sind
- welche Bereiche der Grammatik für den Unterricht in Frage kommen
- welche Vorgehensweisen für das Lernen grammatischer Strukturen geeignet sind
- ob das Lernen der Grammatik mit kindgemäßen Verfahren möglich ist.

Verfügen Kinder über die Voraussetzungen für das Lernen von Grammatik?

Noch für Kinder der Klassen 3 und 4 wird bestritten, dass sie in der Lage seien, grammatische Strukturen zu verarbeiten. Dieser Einwand gegen die Grammatik müsste erst recht für die Klassen 1 und 2 gelten. Ein typisches Argument lautet: „Acht- bis zehnjährige Kinder verfügen noch nicht über die Abstraktionsfähigkeit, die ihnen die Erschließung der Regelhaftigkeit einer Sprache ermöglicht.“ (Hollbrügge/Kraaz 2003:7).

Begründungen dieser Art können weder durch die Entwicklungspsychologie noch durch die Spracherwerbsforschung gestützt werden. Sie finden auch keine Bestätigung durch Beobachtungen an Kindern im Englischunterricht der Primarstufe (vgl. Teubner 2006, Kuhn 2006a).

Englische Kleinkinder sprechen Sätze wie: *We rided home quickly* oder *But one of them runned.* Die Formen *rided* und *runned* sind nicht durch wiederholendes Lernen zustande gekommen. Die Kinder haben diese Formen nicht von ihrer erwachsenen Umgebung gehört. Sie haben mit Hilfe eigenständiger Abstraktionsleistungen folgendes erkannt:

- Die Wörter *ride* und *run* gehören zur Klasse der Verben.
- Die temporale Bedeutung eines Verbs kann durch Endungen verändert werden.
- Die Endung *-ed* bezeichnet im Englischen die abgeschlossene Vergangenheit.

Allerdings haben die Kinder in den genannten Fällen eine Übergeneralisierung vorgenommen, denn die Regel trifft nur auf regelmäßige Verben (z. B. *want, play*), nicht aber auf unregelmäßige Verben (z. B. *ride, run*) zu (Mindt 2008b:7).

Regelgeleitetes Lernen der Grammatik

Schon Kleinkinder lernen also regelgeleitet. Ein deutsches Kind, das den Satz *Ich habe geschlaft* bildet, vollbringt ähnliche regelgeleitete Abstraktionsleistungen. Im Gegensatz zum arbiträren Lernen, das z. B. für das Vokabellernen gilt, hat das regelgeleitete Lernen die folgenden Merkmale:

- Es ist übertragbar auf andere Mitglieder einer Klasse von Sprachelementen.

- Es verkürzt die Lernwege bei gleichartigen Fällen.
- Es erfordert eine deutlich geringere Gedächtnisleistung als das arbiträre Lernen.
- Es ist zeitsparend.
- Es ist von besonderer Bedeutung für lernschwächere Kinder.
- Es erlaubt die Meisterung neuer Sprachsituationen.
- Es führt zu sprachlicher Produktivität und Kreativität (Mindt 2008b:7).

Regelgeleitetes Lernen kann zu besonderen Ergebnissen führen, wenn es unter Einsatz bewusstmachender Verfahren erfolgt (Kuhn 2006a, Dudek 2006).

Rezeptive und produktive Grammatik

Für alle Bereiche der Grammatik ist zwischen rezeptiver Grammatik (eine grammatische Struktur wird erkannt und in ihrer Bedeutung erfasst) und produktiver Grammatik (eine grammatische Struktur kann von den Lernenden aktiv verwendet werden) zu unterscheiden. Der Umfang der rezeptiven Grammatik ist wesentlich größer als der Umfang der produktiven Grammatik (Mindt/Schlüter 2007:90).

Im Unterricht begegnen die Kinder einer großen Zahl von grammatischen Strukturen, die nur rezeptiv erkannt werden müssen. Der Umfang der rezeptiven Grammatik ist nicht im Einzelnen planbar. Der Umfang der produktiven Grammatik kann demgegenüber exakt definiert werden. Aus diesem Grunde beschränken sich die folgenden Angaben auf die produktive Grammatik. Nur bei besonders wichtigen Strukturen wird auch auf die rezeptive Begegnung hingewiesen.

Die produktive Verwendung von grammatischen Strukturen braucht einen längeren Vorlauf. Die neuen Strukturen müssen den Kindern in unterschiedlichen Situationen wiederholt begegnet sein. Durch diese Sprachkontakte erkennen die Kinder die Bedeutung dieser Strukturen. Erst wenn die Strukturen erkannt sind und sicher verstanden werden, kann zur produktiven Verwendung übergegangen werden.

Spiralförmiges Vorgehen

Zu keinem Zeitpunkt wird ein einziges grammatisches Gebiet in vollem Umfang eingeführt, geübt und angewandt. Vielmehr erfolgt bei produktiv zu beherrschenden Strukturen eine gestufte Einführung mit allmählicher Erweiterung. Beispiel: Vom Verb *be* werden zunächst nur die Langformen *am* und *is* und später die zugehörigen Kurzformen *'m* und *'s* eingeführt. Die Langform *are* sowie deren Kurzform *'re* folgen deutlich danach. Damit ist eine erhebliche Verringerung der Schwierigkeiten gegeben. Dies erfordert aber einen sehr sorgfältig geplanten Unterricht.

Bei dieser spiralförmigen Vorgehensweise werden bekannte Formen vor Einführung neuer Formen als Ausgangsbasis benutzt und dabei erneut eingeübt und angewandt. Bei diesem Verfahren bieten die Übungen und Anwendungen vorhandener Fertigkeiten und Kenntnisse die wiederkehrenden Grundlagen für jeden Schritt der Erweiterung des Sprachsystems (Mindt/Schlüter 2007:91).

Lernen der Grammatik mit kindgemäßen Verfahren

Die Behandlung der Grammatik folgt allen bewährten Prinzipien des Englischunterrichts in der Primarstufe: Der Unterricht ist anschaulich und handlungsorientiert. Die Kinder spielen, handeln und verwenden sprachliche Strukturen, ohne zu merken, dass sie Grammatik lernen (vgl. Kuhn 2006a:159ff.). Ein Beispiel für diese Art des Unterrichts ist in Kapitel 20 „Unterrichtsbeispiel: Regelgeleitetes Lernen“ dargestellt.

Die Auswahl der grammatischen Strukturen

Die Entscheidungen für die Auswahl der Grammatik erfolgten auf der Grundlage einer Analyse der Sprache englischer Kinder (Fawcett/Perkins 1980 und Souter 1989), der Beherrschung vergleichbarer Strukturen deutscher Kinder in ihrer Muttersprache (vgl. Kapitel 3 „Die Kinder“) und mehrjähriger Erfahrungen im Englischunterricht der Klassen 1 und 2.

Die Grammatik für die Klassen 1 und 2 gliedert sich in die Bereiche: (1) Determinatoren, (2) Nomen, (3) Verben, (4) Pronomen und (5) Satzkonstruktionen. Die Satzkonstruktionen untergliedern sich in Aussagesätze, verneinte Sätze und Fragesätze.

Bei der Darstellung der Grammatik erfolgt keine Unterteilung nach den Klassen 1 und 2 oder nach Fundamentum und Additum. Diese Entscheidungen sind von den Lehrkräften oder Lehrwerkautoren im Einzelfall zu treffen.

1. Determinatoren

Es handelt sich um den unbestimmten Artikel *a/an* und den bestimmten Artikel *the*. Beide treten in unterschiedlichen Formen auf.

	nachfolgendes Wort beginnt mit Konsonant	nachfolgendes Wort beginnt mit Vokal
unbestimmter Artikel	*a* [ə] *tomato*	*an* [æn][1] *apple*
bestimmter Artikel	*the* [ðə] *tomato*	*the* [ði:][2] *apple*

2. Nomen

Nomen unterscheiden sich nach Singular und Plural. Die englischen Pluralformen gliedern sich in zwei Gruppen: Regelmäßige Plurale und unregelmäßige Plurale. Unregelmäßige Pluralformen sind kein Lerngegenstand der Klassen 1 und 2.

Nomen: Regelmäßige Plurale
Regelmäßige Plurale werden in der Schrift durch Anhängen von *-s* gebildet. In der Aussprache gibt es drei Gruppen.

1. Plurale mit stimmhaftem [-z] (nach Vokal oder stimmhaftem Konsonanten)	*shoes* *beds*	[ʃu:z] [bedz]
2. Plurale mit stimmlosem [-s] (nach stimmlosem Konsonanten)	*books*	[bʊks]
3. Plurale mit [-ɪz] (nach Zischlaut)	*classes* *oranges*	['klɑ:sɪz] ['ɒrɪndʒɪz]
Eine Besonderheit zeigt house, weil das [-s] des Singulars im Plural zu [-z-] wird.	*house* *houses*	[haʊs] ['haʊzɪz]

3. Verben

Drei Verben erfordern wegen der Besonderheit ihrer Formen und Verwendungen besondere Beachtung: *be, have, do*.

---

[1] Für *an* vor Vokalen existiert daneben die Schwachtonform [ən]. Sie sollte anfangs vermieden werden, um den Unterschied zwischen *a* und *an* deutlich hervortreten zu lassen.

[2] Für *the* vor Vokalen existiert daneben die Schwachtonform [ði]. Sie sollte anfangs vermieden werden, um den Unterschied zwischen [ðə] und [ði:] deutlich hervortreten zu lassen.

Verben: *be*

Das Verb *be* ist das häufigste Verb der englischen Sprache und hat die größte Zahl unterschiedlicher Formen. Für die Klassen 1 und 2 sind drei Formen zu beachten: *am, is* und *are.*

Präsens und Futur	*I am* *he/she/it is* *you/we/you/they are*

Neben die Langformen von *be* treten die entsprechenden Kurzformen.

'm	*I'm fine.*
's	*It's good.*
're	*They're happy.*

Wie bei englischen Kindern, die ihre Muttersprache lernen, sollten die Langformen vor den Kurzformen eingeführt werden. Zu jedem Zeitpunkt sollte durch Austausch von Langform und Kurzform für die Lernenden deutlich werden, dass es sich bei den Kurzformen nicht um andere Wörter handelt, und dass der Austausch von Langform und Kurzform keine Veränderung der Bedeutung mit sich bringt. Im Verlauf des Unterrichts soll für *am* und *is* der überwiegende Gebrauch der Kurzformen angestrebt werden, weil diese in der gesprochenen Sprache wesentlich häufiger auftreten als die Langformen (Mindt/Schlüter 2007:93).

Verben: *have*

Für das Verb *have* sind zwei Formen zu beachten: *have* und *has.*

Präsens und Futur	*I/you/we/you/they have* *he/she/it has*

Verben: *do*

Für das Verb *do* sind zwei Formen zu beachten: *do* und *does.*

Präsens und Futur	*I/you/we/you/they do* *he/she/it does*

Verben: *-s* (dritte Person Singular)
Die Aussprache des *-s* der dritten Person Singular folgt der Aussprache des Plural *-s* der Nomen.

1. Formen mit stimmhaftem [-z] (nach Vokal oder stimmhaftem Konsonanten)	*goes, plays* [-z] *runs, swims* [-z]
2. Formen mit stimmlosem [-s] (nach stimmlosem Konsonanten)	*puts, sits* [-s]
3. Formen mit [-ɪz] (nach Zischlaut)	*wishes, washes* [-ɪz]

Verben: Imperative (Befehlsformen)
Die Bildung der Imperative bietet keine Schwierigkeiten. Der Imperativ ist identisch mit der Form des Verbs, die für alle Präsensformen außer der 3. Person Singular gilt (Mindt/Schlüter 2007:96).

Imperative (Befehlsformen)	*Go home.* *Have a glass of milk.*

4. Pronomen

Verbindung von Personalpronomen und Possessivpronomen

Personal-pronomen	Possessiv-pronomen	Personal-pronomen	Possessiv-pronomen
I	*my*	*I have a book.*	*It is my book.*
you	*your*	*You have a ball.*	*It is your ball.*
he	*his*	*He has a box.*	*It is his box.*
she	*her*	*She has a dog.*	*It is her dog.*

5. Satzkonstruktionen

Die Satzkonstruktionen untergliedern sich in Aussagesätze, verneinte Sätze und Fragesätze.

Aussagesätze

Das Verb *be* ergänzt durch ein Nomen	*Lisa is a girl.* *This is my brother.*
Das Verb *be* ergänzt durch ein Adjektiv	*I'm cold.* *We are happy.*
Das Verb *be* ergänzt durch ein Adverb oder Adverbial	*The books are here.* *The dog is in the garden.*
Intransitive Verben (Verben ohne Objekt)	*The hamster sleeps.*
Transitive Verben 1 (Verben mit direktem Objekt)	*We like chocolate.* *Anne wants ice cream.*
Transitive Verben 2 (Verben mit indirektem und direktem Objekt)	*Give me the box.* *Show us your shoes.*

Verneinte Sätze
Verneinungen von *be*

Das Verb *be* wird durch Hinzufügung von *not* verneint.	*This is not my brother.* *The tea is not warm.* *Anne is not here.*

Die Kurzform von *not* kann ab Klasse 2 rezeptiv gebraucht werden.	*He isn't my friend.* *They aren't here.*

Verneinungen mit *do*

Verneinungen mit *do* treten in den Klassen 1 und 2 nur rezeptiv auf (ab Beginn des 2. Halbjahres).	*I do not (don't) like tea.* *He does not (doesn't) go to school.* *We do not (don't) drink coffee.*

Fragesätze
Fragen mit dem Verb *be*

Fragen mit *be* werden durch Umstellung von Subjekt und Verbform gebildet.	*Are you happy?* *Is he your brother?*

Fragen mit dem Fragepronomen *who*

Fragen mit *who* werden ohne Änderung der Wortstellung gebildet (*who* ist Subjekt).	*Who is in the house?* *Who eats potatoes?*

Fragen mit *do*

Fragen mit *do* treten in den Klassen 1 und 2 nur rezeptiv auf (ab Beginn des 2. Halbjahres).	*Do you like tea?* *Does he live here?*

Redemittel für Sprachfunktionen

9

Der Wortschatz einer Sprache besteht aus einzelnen Wörtern. Die bloße Kenntnis des Wortschatzes reicht nicht aus, um in einer Sprache erfolgreich zu kommunizieren. Hinzutreten muss die Grammatik. Sie bestimmt die regelhafte Veränderung von Wörtern (z. B. von *a dog* zu *three dogs* oder von *I play* zu *she plays*) oder die Änderung der Wortstellung mit gleichzeitiger Veränderung der Bedeutung, z. B. *He is here* vs. *Is he here?*

Aber selbst die Beherrschung des Zusammenwirkens von Wortschatz und Grammatik ermöglicht es nicht, so zu kommunizieren, dass man alle Situationen problemlos sprachlich bewältigen kann. In vielen Situationen werden Wendungen benutzt, die nur hier und nicht an anderer Stelle verwendet werden können. Solche Wendungen sind feststehend und typisch für bestimmte häufig wiederkehrende Situationen.

Diese Wendungen heißen Redemittel für Sprachfunktionen. Sie sind das Öl im Getriebe der sprachlichen Begegnungen. Sie tragen wirksam zur Erstellung von Kontakten bei sowie zu ihrer Aufrechterhaltung und ihrer Beendigung. Sie schaffen Übergänge von einer Situation zur anderen und fördern das sprachliche und menschliche Miteinander.

Diese Redemittel für Sprachfunktionen sind feststehend und stark ritualisiert. Die meisten von ihnen müssen daher wie Vokabeln gelernt werden. Wenn man zustimmen will, kann man *Yes* oder umgangssprachlicher *Okay* sagen, wenn man etwas ablehnen will, sagt man *No* oder höflicher *No, thank you.*

Sagt man im Englischen nur *Thank you* wird das nicht als Ablehnung verstanden. Will man ablehnen, muss man in jedem Fall das Wort *no* hinzufügen: *No, thank you.*

Sprachfunktionen und Redemittel

Zustimmung und Ablehnung sowie Begrüßung und Verabschiedung werden als Sprachfunktionen bezeichnet. Für diese Sprachfunktionen gibt es unterschiedliche Redemittel, die sich nach der Situation und den handelnden Personen unterscheiden können. Will man sich von einem Freund verabschieden, sagt man *Bye*, steht die Person einem nicht so nahe, ist es ratsam, sich mit *Goodbye* zur verabschieden.

Der Ausdruck *Goodbye* macht auch deutlich, dass solche Redemittel für Sprachfunktionen sich oft nicht aus der Summe der einzelnen Wortbedeutungen erklären lassen (in diesem Fall aus *good* und *bye*).

Sprachfunktionen und Unterrichtsplanung

Wenn man sprachlich erfolgreich kommunizieren will, kann man sich auf keinen Teilbereich der Sprachbestände beschränken. Es gibt keine Aussprache und kein Schriftbild ohne zugehörige Wörter. Ebensowenig funktioniert eine Grammatik, die sich nicht auf Wörter und Sätze stützt. Ohne Redemittel zum Ausdruck von Sprachfunktionen können wir bestimmte Situationen sprachlich nicht bewältigen. Kein Baustein der Sprache kann ausgeklammert oder durch einen anderen ersetzt werden. Nur das Zusammenwirken aller Bausteine führt zu erfolgreicher sprachlicher Kommunikation.

Das Verhältnis von Grammatik und Sprachfunktionen

Dennoch hat es Versuche gegeben, auf einzelne Bausteine der Sprache zugunsten anderer zu verzichten. Der Versuch, die Grammatik aus dem Sprachenlernen weitgehend auszuklammern und durch Sprachfunktionen zu ersetzen, ist im vorigen Jahrhundert zweimal unternommen worden. Dies geschah in den 70er Jahren für den Englischunterricht der Sekundarstufe I und in den 90er Jahren für das frühe Fremdsprachenlernen. Beide Versuche sind aufgrund theoretischer Irrtümer und mangelhafter Ergebnisse der Praxis gescheitert (Bender 1979, Hüllen 1979, Pauels 1983).

Eine Analyse des Verhältnisses von Grammatik zu Sprachfunktionen für das frühe Fremdsprachenlernen (Mindt 2002a und 2002b) hat zu folgenden Ergebnissen geführt.

Für die Grammatik gilt:
- Grammatische Strukturen treten in allen Sprachäußerungen auf.
- Grammatik ist allgemein, übertragbar und produktiv.

- Die Grammatik bildet das Fundament für eigenständigen, schöpferischen Sprachgebrauch.
- Der Ertrag des Lernens grammatischer Strukturen ist hoch bei vergleichsweise geringem Lernaufwand, weil grammatische Strukturen regelgeleitet gelernt werden können (Mindt/Schlüter 2007:65).

Für Sprachfunktionen ist festzustellen:
- Sprachfunktionen sind an besondere Kontexte und Situationen gebunden.
- Sprachfunktionen sind speziell und nicht übertragbar.
- Der Lernaufwand für Sprachfunktionen ist erheblich, da sie überwiegend arbiträr gelernt werden müssen.
- Jedes Redemittel für eine Sprachfunktion ist in der Regel nur in einer speziellen Situation verwendbar.

Dies bedeutet, dass weder auf Grammatik noch auf Sprachfunktionen verzichtet werden kann und dass unterschiedliche Arten des Lernens für beide Bereiche gelten. Die Grammatik ist für jede Sprachäußerung von allgemeinem Charakter unverzichtbar. Redemittel für Sprachfunktionen sichern die Bewältigung von wiederkehrenden Sprachsituationen mit gleichem Inhalt in standardisierten Gesprächsabläufen (Mindt/Schlüter 2007:65 f.).

Progression

Ein Unterricht, der die Kinder nicht überfordert, sollte in abgestufter Weise vom Elementaren zum darauf Aufbauenden oder vom Bekannten zum Unbekannten vorgehen. Wir wissen, dass der Erwerb der Muttersprache ebenso wie der Erwerb von Fremdsprachen einer solchen Progression folgt.

Grammatische Strukturen der Muttersprache werden in einer solchen Progression erworben (Brown 1973). Es ist aber bisher nirgendwo feststellbar gewesen, dass der Erwerb von Redemitteln für Sprachfunktionen einer Progression folgt.

Das Miteinander von grammatischen Strukturen und Redemitteln für Sprachfunktionen hat aus diesem Grunde wichtige Rückwirkungen auf die Planung von Fremdsprachenunterricht: Der Unterricht kann wie beim Erwerb der Muttersprache einer grammatischen Progression folgen. Damit ist die allgemeine Kommunikationsfähigkeit gesichert. Gleichzeitig müssen für bestimmte Situationen die dafür in Frage kommenden Redemittel für Sprachfunktionen gelernt werden. Damit ist die spezielle situationsbezogene Kommunikationsfähigkeit gesichert.

Arten von Redemitteln für Sprachfunktionen

Es gibt zwei Gruppen von Redemitteln für Sprachfunktionen:
- feste Wendungen
- abwandelbare Redemittel (Mindt/Schlüter 2007:113 f.).

Feste Wendungen

Wenn ich jemandem etwas überreiche, kann ich dies im Deutschen mit den Worten *Bitte sehr* begleiten. Im Englischen benutze ich das Redemittel *Here you are*. Die Bestandteile dieses Redemittels bilden eine feste Wendung, die nicht verändert werden kann. Die Bedeutung von festen Wendungen lässt sich meist nicht aus der Bedeutung der einzelnen Bestandteile erschließen. Feste Wendungen müssen arbiträr (wie Vokabeln) gelernt werden.

Abwandelbare Redemittel

Wenn ich mich selbst vorstelle, kann ich das Redemittel *My name is* ... benutzen. Stelle ich jemand anderen vor, kann ich dieses Redemittel abwandeln durch *<u>His</u> name is <u>Tim</u>* oder *<u>Her</u> name is <u>Julia</u>*. Bei abwandelbaren Redemitteln lässt sich die Gesamtbedeutung aus der Summe der Bedeutungen der einzelnen Wörter erschließen. Die Abwandlungen folgen dem Regelsystem der Sprache. Abwandelbare Redemittel können regelgeleitet gelernt werden.

Die Auswahl der Redemittel für Sprachfunktionen

Die Auswahl der Redemittel für Sprachfunktionen ergibt sich aus der Bedeutung der Redemittel für die Kommunikation und dem Zeitumfang, der in den Klassen 1 und 2 zur Verfügung steht. Grundlage für die Auswahl ist der wesentlich umfangreichere Bestand, der für den Englischunterricht der Klassen 3 und 4 ermittelt wurde (Mindt/Schlüter 2007:116 ff.).

Bei der Darstellung der Redemittel für Sprachfunktionen erfolgt keine Unterteilung nach den Klassen 1 und 2 oder nach Fundamentum und Additum. Diese Entscheidungen sind von den Lehrkräften oder Lehrwerkautoren im Einzelfall zu treffen.

Sprachfunktion	Redemittel		Erläuterung
Jemanden begrüßen	*Hello. / Hi.*		feste Wendung allgemeine Begrüßung
	Good morning.		feste Wendung Begrüßung am Morgen
Sich / Jemanden verabschieden	*Bye. / Bye-bye. / Goodbye.*		feste Wendung allgemeine Verabschiedung
	See you (later).		feste Wendung ‚Bis bald'/‚Bis später'
Sich und andere vorstellen	*I'm …*	*Anne / Peter.*	abwandelbar sich mit Namen vorstellen
	My / Her / His name is …	*Laura / Paul.*	abwandelbar mit Namen einer dritten Person
	This is my / her / his …	*sister / brother.*	Verwandte vorstellen
Sich bedanken und darauf reagieren	*Thanks. / Thank you. / Thank you very much.*		feste Wendung sich bedanken
	You're welcome.		feste Wendung auf Dank reagieren
Sich (für etwas) entschuldigen	*Sorry. / I'm sorry.*		feste Wendung
Jemanden um Hilfe bitten	*Can you help me, please?*		feste Wendung
Jemanden bitten, etwas zu wiederholen	*Pardon?*		feste Wendung
Nach etwas Unbekanntem fragen	*What's that?*		feste Wendung
Sagen, dass man etwas nicht weiß	*I don't know.*		feste Wendung

Sprachfunktion	Redemittel	Erläuterung
Jemanden um etwas bitten	*Give me a / the …, please.*	abwandelbar mit Nomen
Jemandem etwas überreichen	*Here you are.*	feste Wendung
Zustimmung äußern	*Yes. / Okay. / That's right.*	feste Wendung
Ablehnung äußern	*No. / No, thanks.*	feste Wendung
Gefallen oder Vorlieben äußern	*I like / love …* *ice cream / music.*	abwandelbar mit Nomen
Missfallen oder Abneigung äußern	*I don't like …* *coffee / rats.*	abwandelbar mit Nomen
Glückwünsche / Wünsche äußern	*Happy birthday.*	feste Wendung
	Merry Christmas and a Happy New Year.	feste Wendung

Aussprache und Intonation

10

Die wichtigste Aufgabe zu Beginn des Unterrichts ist die Hinführung der Kinder zu einer guten Aussprache und Intonation. Dabei stellen sich besondere Herausforderungen im Hinblick auf die Abstufung der Schwierigkeiten.

Abstufung der Schwierigkeiten

Zur Erleichterung des Lernens sollte es im Unterricht eine Progression geben, d.h. ein abgestuftes Fortschreiten vom Elementaren zum darauf Aufbauenden oder vom Bekannten zum Unbekannten. Beim Lernen des Wortschatzes erstellen wir eine Progression dadurch, dass der größte Teil des neuen Wortschatzes aus Wörtern besteht, die den Kindern aus ihrer Muttersprache bekannt sind (vgl. Kapitel 7„Der Wortschatz“). Diese gezielte Abstufung hat eine erhebliche Erleichterung des Lernens am Anfang zur Folge.

Aber es gibt ein Problem: Wörter wie *father, mother, baby, bed, coffee, tea* werden trotz ihrer erkennbaren Ähnlichkeit mit dem Deutschen im Englischen anders ausgesprochen. Diese andere Aussprache können wir nicht ignorieren. Schon gar nicht dürfen wir uns damit zufrieden geben, Aussprachemängel am Anfang großzügig zu übersehen und zu hoffen, sie später leicht beheben zu können. Früh Gelerntes bleibt lange haften. Spätere Korrekturen der Aussprache sind zeitraubend und erweisen sich in vielen Fällen als nahezu undurchführbar.

Unmöglichkeit einer Progression

Beim Lernen des englischen Lautsystems ist es nicht möglich, einer Progression zu folgen. Würden wir beispielsweise schwierige Laute des Englischen wie [ð] und [θ][1] aus dem Anfangsunterricht ausklammern, müssten wir auf viele Äußerungen verzichten, die für eine sinnvolle Kommunikation von Anfang an unabdingbar sind. Weder könnten wir *Thank you* sagen, um uns zu bedanken, noch könnten wir eine andere Person vorstellen, wie *This is David*.

[1] Die phonetischen Umschriften in diesem Buch folgen Wells 2008.

Abstufungsentscheidungen, die zu einer lernerleichternden Progression führen, sind möglich beim Lernen des Wortschatzes und der Grammatik sowie eines Teiles der Sprachfunktionen (abwandelbare Redemittel). Für einen systematischen Schriftspracherwerb sind sie von besonderer Bedeutung (vgl. Kapitel 11 „Das Schriftbild"). Für das Erlernen der Aussprache des Englischen kommt eine Progression nicht in Frage. Aus diesem Grunde bereitet die Aussprache die größten Schwierigkeiten zu Beginn des Englischunterrichts und bildet einen besonderen Schwerpunkt speziell im Unterricht der Klasse 1.

Medien

Zur Schulung der Aussprache und Intonation steht heute eine große Fülle von Medien zur Verfügung: auditive Medien (CDs, Tonkassetten), audiovisuelle Medien (Videos) und interaktive Medien (Computer). Mit Hilfe dieser Medien können vielfältige Begegnungen der Lernenden mit authentischen Vorbildern des gesprochenen Englisch herbeigeführt werden.

Über Medien vermitteln muttersprachliche Sprecher (Frauen, Männer, Kinder) unterschiedlichen Alters aus unterschiedlichen Herkunftsländern den Lernenden einen Eindruck von der Vielfalt der Aussprache des Englischen. Der Einsatz der Medien sollte so abgestuft werden, dass die Vielfalt der Sprecher nach Alter, Geschlecht und geographischer Herkunft in kleinen Schritten erweitert wird. Dasselbe gilt für Hintergrundgeräusche, die ganz allmählich stärker werden und die Kinder stufenweise an das Verstehen des Englischen unter realistischen Bedingungen heranführen.

Kein technisches Medium kann die Lehrkraft ersetzen. Sie ist das wichtigste Sprachvorbild für die Kinder. Anders als technische Medien kann die Lehrkraft je nach Lernstand der Kinder Einzelheiten der Aussprache und Intonation gezielt darbieten, üben und in neuen Zusammenhängen anwenden.

Der Ablauf der sprachlichen Darbietung in Medien liegt von Anfang an fest. Variationen sind nur durch Stoppen des Tones und durch Wiederholungen bestimmter Teile möglich. Dabei geht oft der Sinnzusammenhang verloren.

Die Lehrkraft kann dagegen jederzeit erkennen, wann das Verständnis gefährdet ist oder gar verloren geht. Auf der Grundlage dieser Erkenntnisse kann sie sich flexibler als jedes technische Medium auf die Lernenden einstellen und den Kindern Hilfen geben, die ihren Bedürfnissen unmittelbar entsprechen. Die Kompetenz der Lehrkraft in der Aussprache und Intonation ist entscheidend für den Erwerb dieser wichtigen Grundkomponente der Sprache.

Besonderheiten der englischen Aussprache

Die Schwerpunkte der Vermittlung der englischen Aussprache ergeben sich aus den Besonderheiten des Englischen[1]. Dabei unterscheiden wir zwei Bereiche: (1) Besonderheiten, die die Verständlichkeit beeinträchtigen und (2) Besonderheiten, die keine Verständnisprobleme bei muttersprachlichen Sprechern des Englischen hervorrufen, aber als ungewöhnlich und andersartig empfunden werden. Solche Abweichungen vom Standard der Aussprache des Englischen führen nicht selten zur gefühlsmäßigen Ablehnung des Sprechers. Sie sollten soweit wie möglich vermieden werden.

Es besteht kein Zweifel, dass die Besonderheiten, die die Verständlichkeit beeinträchtigen (1) von größter Bedeutung für den Englischunterricht sind. Aber auch die Besonderheiten, die keine Verständnisprobleme bei muttersprachlichen Sprechern des Englischen hervorrufen (2), sollten nicht vernachlässigt werden. Kinder der Klassen 1 und 2 sind sehr nachahmungsfähig und können auch in diesem Bereich zu beachtlichen Leistungen geführt werden.

Die Darstellung gliedert sich in „Lautbildung", „Beispiele" und „Ersetzungen durch deutsche Kinder". Unter „Lautbildung" wird die Stellung der Artikulationsorgane genannt. Daraus können Hinweise für Kinder abgeleitet werden, die Schwierigkeiten mit der Aussprache haben. Unter „Beispiele" werden Wörter genannt, die dem Wortschatz der Klassen 1 und 2 angehören. Unter „Ersetzungen durch deutsche Kinder" werden typische Fehler genannt, die auf falsche Analogien aus dem deutschen Phonemsystem zurückgehen.

[1] Eine Darstellung für den Englischunterricht der Klassen 3 und 4 mit darauf bezogenen Beispielen findet sich in Mindt/Schlüter 2007:68 ff.

Besonderheiten, die die Verständlichkeit beeinträchtigen

Es handelt sich um fünf Besonderheiten:
- die im Deutschen nicht vorhandenen Konsonanten [ð] und [θ]
- die Stimmhaftigkeit der englischen Konsonanten am Wortende
- das im Deutschen nicht vorhandene [dʒ]
- der im Deutschen nicht vorhandene Halbvokal [w]
- der englische Vokal [æ].

Die Konsonanten [ð] und [θ]

Die Phoneme [ð] und [θ] sind im Deutschen nicht vorhanden. Sie müssen neu erlernt werden.

Lautbildung
Für beide Phoneme gilt: Die Zungenspitze liegt hinter den oberen Vorderzähnen. Die Vorderzunge ist zwischen den Lippen sichtbar. Zunge und obere Zähne bilden eine Enge. Durch diese Enge fließt der Luftstrom, der das charakteristische Lautbild erzeugt (im Deutschen als Lispeln bezeichnet).

Beide Phoneme unterscheiden sich durch Stimmhaftigkeit [ð] und Stimmlosigkeit [θ]. Bei stimmhaften (ungespannten) Lauten schwingen die Stimmbänder (Stimmlippen) im Kehlkopf. Bei stimmlosen (gespannten) Lauten bewegen sich die Stimmbänder nicht.

Die Kinder können fühlen, ob ein Laut stimmhaft oder stimmlos ist. Bei stimmhaften Lauten entsteht durch das Schwingen der Stimmbänder eine Vibration, die sich auf die Knochen überträgt. Diese Vibration kann gefühlt werden, wenn die Kinder die flache Hand auf den Kopf legen. Bei stimmlosen Lauten ist keine Vibration spürbar.

Beispiele
[ð]: *the* [ðə], *father* ['fɑːðə], *with* [wɪð]
[θ]: *thing* [θɪŋ], *birthday* ['bɜːθdeɪ], *mouth* [maʊθ]

Ersetzungen durch deutsche Kinder
Deutsche Kinder neigen zu Ersetzungen durch *s*-Laute. Durch solche Ersetzungen kann die Verständlichkeit beeinträchtigt werden. Wörter, die zu Missverständnissen führen können, treten oft erst in späteren

Unterrichtsjahren auf. Die sichere Aussprache in Klasse 1 und 2 ist eine wirksame Grundlage zur Verhinderung späterer Missverständnisse dieser Art.

Ersetzung von [ð] durch [z]
- Aus *clothe* [kləʊð] ‚bekleiden' wird *close* [kləʊz] ‚abschließen'.

Ersetzung von [θ]durch [s]
- Aus *thing* [θɪŋ] ‚Ding', ‚Sache' wird *sing* [sɪŋ] ‚singen'.

Die Stimmhaftigkeit der Konsonanten am Ende des Wortes

Stimmhafte Konsonanten des Deutschen, die an das Wortende treten, verlieren ihre Stimmhaftigkeit. Diese Veränderung wird als Auslautverhärtung bezeichnet. Trotz der lautlichen Veränderung bleibt die Schreibung erhalten. Darstellung 10.1 stellt Beispiele aus dem Deutschen gegenüber.

Stimmhaftigkeit im Wortinneren		Stimmlosigkeit am Wortende	
[b]	*lieber*	[p]	*lieb*
[d]	*Lieder*	[t]	*Lied*
[g]	*siegen*	[k]	*Sieg*
[z]	*Lose*	[s]	*Los*
[v]	*Naivität*	[f]	*naiv*

Darstellung 10.1: Stimmhaftigkeit im Wortinneren und Stimmlosigkeit am Wortende

Lautbildung
Den Kindern ist der Unterschied zwischen Stimmhaftigkeit und Stimmlosigkeit bei der Wahrnehmung und bei der Bildung dieser Laute aus dem Deutschen bekannt (außer am Wortende). *Bulle* steht gegen *Pulle, dir* gegen *Tier* und *Garten* gegen *Karten* (vgl. Ortmann 1981).

In einigen deutschen Dialekten (z. B. im Fränkischen) ist der Unterschied zwischen Stimmhaftigkeit und Stimmlosigkeit eingeebnet. Diese Kinder haben besondere Schwierigkeiten mit der Unterscheidung von stimmhaften und stimmlosen Konsonanten im deutschen Schriftbild. Die Probleme dieser Kinder gelten erst recht für den Englischunterricht.

Beispiele
Darstellung 10.2 stellt Beispiele aus dem Englischen mit Stimmhaftigkeit und Stimmlosigkeit im Auslaut gegenüber. In der linken Spalte finden wir Wörter, die deutschen Kindern Probleme bereiten können.

Stimmhaftigkeit im Auslaut (Wörter der Klassen 1 und 2)			**Stimmlosigkeit im Auslaut** (später auftretende Wörter)		
[b]	*rib*	‚Rippe'	[p]	*rip*	‚zerreissen'
[d]	*send*	‚senden'	[t]	*sent*	‚sandte, gesandt'
[g]	*dog*	‚Hund'	[k]	*dock*	‚Dock'
[z]	*his*	‚sein' (Pronomen)	[s]	*hiss*	‚zischen'
[v]	*five*	‚fünf'	[f]	*Fife*	(Name einer Region)

Darstellung 10.2: Stimmhafte und stimmlose Konsonanten im Auslaut

Die Stimmhaftigkeit der Konsonanten im Auslaut geht im Englischen einher mit einer leichten Dehnung des vorausgehenden Vokals. So werden die Vokale in *rib, send, dog, his* und *five* etwas länger gesprochen als die Vokale in *rip, sent, dock, hiss* und *Fife.*

Ersetzungen durch deutsche Kinder
Die Ersetzungen durch deutsche Kinder sind in der rechten Spalte von Darstellung 10.2 wiedergegeben. Wenn der stimmhafte Konsonant der linken Spalte durch den stimmlosen Konsonanten der rechten Spalte ersetzt wird, entstehen neue Wörter mit anderen Bedeutungen. Es wird deutlich, dass solche Ersetzungen beim späteren Lernen die Verständlichkeit beeinträchtigen können.

Das englische [dʒ]

Das englische stimmhafte [dʒ] (z. B. in *gin*) steht in bedeutungsunterscheidendem Kontrast zum stimmlosen [tʃ] (z. B. in *chin*). Es handelt sich im Englischen um zwei Phoneme. So ergibt sich durch den Austausch der beiden Phoneme im Englischen ein Bedeutungsunterschied: *jeep* [dʒi:p] vs. *cheap* [tʃi:p].

Die Lautfolge [dʒ] tritt im Deutschen nur in Fremdwörtern auf, z. B. in *Dschungel* oder *Adagio*. Die Lautfolge [tʃ] finden wir in deutschen Wörtern wie *klatschen* oder *Kutsche*. Der Austausch der Lautfolgen [dʒ] und [tʃ] bewirkt im Deutschen keinen Bedeutungsunterschied.

Lautbildung
Die Zunge hat bei der Bildung von [dʒ] anfangs dieselbe Position wie bei der Aussprache von [d]. Danach gibt die Vorderzunge einen kleinen Zwischenraum frei. Durch diese Enge zwischen Zunge (unten) und den Zahntaschen und dem Gaumen (oben) fließt der Luftstrom. Dabei schwingen die Stimmbänder im Kehlkopf.

Beispiele
giraffe [dʒəˈrɑːf], *orange* [ˈɒrɪn*d*ʒ][1]

Ersetzungen durch deutsche Kinder
Die Ersetzungen sind unterschiedlich und stammen oft von Wörtern, die aus dem Englischen übernommen wurden. So tritt das Wort *job* [dʒɒb] im Deutschen mit Anlauten auf wie [tʃ], [ʒ] oder [ʃ]. Der Systemcharakter des englischen Lautsystems geht bei solchen Ersetzungen verloren.

Der Halbvokal [w]

Der englische Halbvokal [w] existiert im Deutschen nicht.

Lautbildung
Die Lippen sind anfangs gerundet wie beim [uː]. Zur Bildung von [w] werden die Lippen nach außen und hinten gezogen. Dabei fließt ein Luftstrom durch die Enge, die von den Lippen gebildet wird. Gleichzeitig schwingen die Stimmbänder im Kehlkopf.

Beispiele
wait [weɪt], *warm* [wɔːm], *sweet* [swiːt], *swim* [swɪm]

Ersetzungen durch deutsche Kinder
Deutsche Kinder ersetzen den englischen Halbvokal [w] durch [v]. So wird *west* (‚Westen') zu *vest* (‚Weste') oder *wet* (‚nass') zu *vet* (‚Tierarzt' oder ‚Kriegsveteran'). Durch diese Ersetzungen gehen Phonemunterscheidungen des Englischen verloren.

[1] Der kursiv gedruckte Laut bezeichnet einen Laut, der bei einigen Sprechern entfällt.

Der Vokal [æ]

Das englische [æ] hat keine Entsprechung im Deutschen. Es entspricht nicht dem deutschen [ɛ] in *retten, Hände* oder *Hemd.* Im Englischen stehen sich [æ] (*man* ‚Mann, Mensch') und [e] (*men* ‚Männer, Menschen') als Phoneme gegenüber.

Lautbildung
Der Mund ist weiter geöffnet als beim deutschen [ɛ] in *denn* oder *nett.* Die Vorderzunge ist gesenkt. Das englische [æ] liegt in seiner Artikulation deutlich näher am deutschen [ɑ] (in *Fall* oder *wann*) als am deutschen [ɛ] (in *fett* oder *jetzt*).

Beispiele
apple ['æpᵊl], *cat* [kæt]

Ersetzungen durch deutsche Kinder
Deutsche Kinder ersetzen [æ] sehr oft durch [ɛ]. Da das deutsche [ɛ] ähnlich klingt wie das englische [e], wird der Bedeutungsunterschied zwischen Wörtern wie *bad* [bæd] (‚schlecht, schlimm') und *bed* [bed] (‚Bett') oder *pan* [pæn] (‚Pfanne') und *pen* [pen] (‚Schreibgerät') eingeebnet. Dies führt zu Beeinträchtigungen der Verständlichkeit.

Besonderheiten einer guten Aussprache

Es handelt sich um drei Besonderheiten:
- das englische [r]
- helles [l] und dunkles [ɫ]
- die Aussprache des auslautenden [ə].

Das englische [r]

Das englische [r] ist charakteristisch für das Klangbild der Sprache von muttersprachlichen Sprechern. Sein Ersatz durch das deutsche am Zäpfchen gebildete [r] führt nicht zu Beeinträchtigungen der Verständlichkeit, kann aber gefühlsmäßige Ablehnungen hervorrufen.

Lautbildung
Die Zungenspitze wird rückwärts nach oben gebogen. Dabei wird der Gaumen von der Zunge nicht berührt. Die Seiten der Mittelzunge befinden sich auf der Höhe der Backenzähne, wobei die Mitte der Zunge

vertieft ist. Die Hinterzunge befindet sich in der Position des [ʊ]. Um die Bildung von [r] zu erreichen, kann man vom [ʒ] ausgehen und mit dem Daumen die Zunge leicht nach hinten drücken, bis das englische [r] erreicht ist. Eine andere Möglichkeit besteht darin, von [d] auszugehen. Die Zunge wird von dort nach oben gebogen und zurückgezogen (weitere Hinweise Mindt/Schlüter 2007:75).

Beispiele
room [ruːm], *green* [griːn]

Ersetzungen durch deutsche Kinder
Das hochdeutsche [r] wird mit der Hinterzunge am Zäpfchen gebildet. Sein Klangbild unterscheidet sich erheblich vom englischen [r].

Helles [l] und dunkles [ɫ]

Helles [l] wird vor Vokal oder [j] gesprochen. Vor allen anderen Lauten und vor einer Sprechpause wird das dunkle [ɫ] gesprochen. Die deutsche Hochsprache kennt kein dunkles [ɫ]. Das dunkle [ɫ] ist neu zu erlernen.

Lautbildung
Beim dunklen [ɫ] hat die Zunge im vorderen Bereich dieselbe Stellung wie beim hellen [l]. Im hinteren Bereich nimmt die Zunge dieselbe Stellung wie bei der Artikulation des [ʊ] ein.

Beispiele
Dunkles [ɫ]: *ball* [bɔːɫ], *cold* [kəʊɫd]
Helles [l]: *long* [lɒŋ], *black* [blæk]

Ersetzungen durch deutsche Kinder
Deutsche Kinder ersetzen das dunkle [ɫ] durch das helle [l]. Dies führt nicht zu Beeinträchtigungen der Verständlichkeit. Die gefühlsmäßigen Ablehnungen sind geringer als bei der falschen Bildung von [r].

Die Aussprache des auslautenden [ə]

Bei der Aussprache des auslautenden [ə] treten bei deutschen Sprechern bei vielen Wörtern starke Abweichungen vom Englischen auf. Muttersprachliche Sprecher des Englischen, die als Lehrkräfte tätig sind, erkennen trotz der starken lautlichen Abweichung den Unterschied nur selten, besonders wenn sie sich bereits seit einiger Zeit im deutschen Sprachraum aufhalten.

Lautbildung
Die Lautbildung entspricht der Bildung des deutschen [ə] am Wortende von *bitte, Mitte* und bereitet daher prinzipiell keine Schwierigkeiten.

Beispiele
the [ðə], *mother* ['mʌðə]

Ersetzungen durch deutsche Kinder
Im Deutschen existiert neben dem auslautenden [ə] (z. B. in *Liebe* oder *Töpfe*) auch das auslautende [ɐ] (z. B. in *lieber* oder *Töpfer*). Wegen der größeren Häufigkeit im Deutschen übernehmen die Kinder oft die deutsche Endung [ɐ]. Sie ist im Nord- und Süddeutschen weit verbreitet (Haas 1983:1113 f.). Diese Übernahme von [ɐ] geschieht besonders bei englischen Wörtern, die auf *-r* enden. In Analogie zu deutsch *Vater* ['fɑːtɐ] sprechen die Kinder ['fɑːðɐ] statt ['fɑːðə]. Für das Wort *door* sagen sie [dɔːɐ] oder [dɔɐ] anstelle von [dɔː].

Intonation

Die Intonation beschreibt den Tonhöhenverlauf von aufeinander folgenden Silben. Er ist besonders wichtig am Ende eines Satzes. In den Klassen 1 und 2 kommt es in erster Linie auf den Unterschied zwischen fallender und steigender Intonation an.

Fallende Intonation

Aussagesätze und Befehle:
No. I like butter. Lisa is in the garden.
Come here. Open the door. Give me your book.

Fragesätze, die mit einem Fragepronomen eingeleitet werden:
What is it? Where is Anne? Who likes cornflakes?

Steigende Intonation

Ja/Nein-Fragen:
Is she at home? Is Peter your friend? Is the dog in my bed?

Das Schriftbild

11

Die Frage nach dem Schriftbild im Englischunterricht der Klassen 1 und 2 ist bisher nirgends umfassend erörtert worden. Aus diesem Grunde gliedert sich dieses Kapitel in zwei große Teile: Zunächst werden die Grundlagen dargestellt, danach wird der Weg zum Schriftbild beschrieben.

Grundlagen
Die Darstellung der Grundlagen beginnt mit der Beschreibung der **Bedeutsamkeit des Schriftbildes in der Muttersprache** und wendet sich danach der **Bedeutsamkeit des Schriftbildes in der Fremdsprache** zu.

Im Unterkapitel **Das englische Schriftbild und der Unterricht** werden die Vorzüge des Schriftbildes für das Lernen und für die Unterrichtsmethodik vorgestellt.

Um die Voraussetzungen für den Einsatz des Schriftbildes zu schaffen, werden im Unterkapitel **Gesprochene Sprache und geschriebene Sprache** die Ausgangspunkte dargestellt (Laute und Buchstaben, Phoneme und Grapheme, die Voraussetzungen der Kinder sowie das Verhältnis von Aussprache und Schrift).

Im Unterkapitel **Das Lernen des Schriftbildes** werden analytische und synthetische Verfahren des Lesens und Schreibens vorgestellt. Unter der Überschrift **Deutsch und Englisch auf der Skala der Sprachen** erfolgt anschließend eine Positionierung beider Sprachen mit den daraus folgenden unterschiedlichen Lernweisen. Danach wird gezeigt, wie im Lernbereich Deutsch verfahren wird (**Das Schriftbild im Unterricht der Muttersprache**).

Der neue Weg zum englischen Schriftbild
Hier werden zunächst **Phoneme und Grapheme des Englischen** ermittelt, die für das analytische Lernen in Frage kommen. Dies ermöglicht die **Heranführung an das Lesen mit analytischen Verfahren**. Es folgt die **Heranführung an das Lesen mit synthetischen Verfahren**. Nachdem auf diese Weise der schrittweise Erwerb der Lesefähigkeit erläutert wurde, folgt der Abschnitt **Das Schreiben**.

Im Unterkapitel **Analytische und synthetische Verfahren in den Klassen 1 und 2** wird die Anwendung beider Verfahren in den Klassen 1 und 2 dargestellt. Anschließend wird **Das Verhältnis von Lesen und Schreiben** im Verlauf des Unterrichts erläutert. Den Abschluss bildet ein Abschnitt über **Das Schriftbild zur Erschließung anderer Sprachebenen**.

Die Bedeutsamkeit des Schriftbildes in der Muttersprache

Der Schriftspracherwerb gehört zu den größten Bildungserlebnissen der Kinder der Klasse 1. Die Kinder erkennen, dass der Lautstrom der Sprache sich in Wörter gliedert und dass gesprochene Wörter durch eine systematische Aneinanderreihung von Schriftzeichen dargestellt werden können. Jeder Schultag bringt neue Entdeckungen zum Verhältnis gesprochener Laute zu geschriebenen Zeichen.

Vorzüge des Schriftbildes

Die Kinder erfahren, welche enormen Hilfen ihnen das Schriftbild der Muttersprache liefert. Gesprochenes wird von der Bindung an den Augenblick des Sprechens befreit und verliert seine Flüchtigkeit, wenn es durch die Schrift festgehalten wird. Das Schriftbild kann über beliebig lange Zeiträume aufbewahrt werden.

Durch das Schriftbild können Mitteilungen ohne Rücksicht auf den gleichen Ort und die gleiche Zeit ausgetauscht werden. Darüber hinaus dienen schriftliche Aufzeichnungen der Selbstorganisation (Markierung eigener Hefte und Bücher mit dem eigenen Namen). Sie ermöglichen eine selbständige räumliche Orientierung (z.B. durch Straßenschilder, Bezeichnungen von Bahnhöfen) ohne weitere Rückfragen.

Die Kinder benutzen schriftliche Aufzeichnungen, um ihre Gedanken festzuhalten, Gelerntes zu wiederholen und bei Unsicherheiten nachzuschlagen.

Selbständige Wissenserweiterung

Schließlich erkennen die Kinder, dass sie sich durch Lesen von schriftlichen Aufzeichnungen selbständig neue Erfahrungen und neues Wissen verfügbar machen können. So wird das Schriftbild für die Kinder immer stärker zu einem wichtigen Werkzeug der Erfahrungs- und Wissenserweiterung. Es verschafft ihnen einen nie zuvor erlebten Zuwachs an Selbständigkeit. Das Schriftbild ist die Voraussetzung für eine zunehmende Selbstorganisation und Mündigkeit.

Die Bedeutsamkeit des Schriftbildes in der Fremdsprache

Den enormen Gewinn an Erfahrung und Wissen, den das Schriftbild in der Muttersprache ermöglicht, möchten die Kinder auch beim Lernen der Fremdsprache nutzen.

Durch Schriftbilder in ihrer Umgebung haben die Kinder erkannt, dass auch die englische Sprache in schriftlicher Form vorliegt. Auf elektrischen Geräten sehen sie Schalter mit den Aufschriften *on* und *off*, sie tragen *jeans*, essen *chicken wings* und fahren *mountain bikes*, ältere Geschwister und Freunde lesen *comics*.

Das Bedürfnis der Kinder nach dem Schriftbild

Eine Methodik, die auf das Schriftbild der Fremdsprache verzichtet, ist lebensfremd und behandelt sechsjährige Schulkinder wie Kleinkinder. Die Lernenden fühlen sich nicht ernst genommen. Um dem dauernden Ausschluss ihrer Bedürfnisse entgegenzuwirken und der damit einhergehenden Demotivation zu entgehen, suchen sie nach Auswegen und erstellen Schriftbilder auf eigene Faust (Hellwig 1995:76, Schmid-Schönbein 2006:5, Diehr/Rymarczyk 2008:7).

Rymarczyk 2008 berichtet von Schriftbildern aus der zweiten Klasse, die die Kinder selbst angefertigt haben, weil sie ihnen im Unterricht vorenthalten wurden. Dazu gehören Schreibungen wie *owensch* für *orange* oder *webid* für *rabbit* sowie *Milg* für *milk* und *Bader* für *butter* oder *Herpi börzder* für *Happy Birthday*.

Diese Schreibungen verfestigen sich schnell (Diehr/Rymarczyk 2008:7), und die Aufgabe des nachfolgenden Unterrichts besteht darin, die von den Kindern selbst erstellten fehlerhaften Varianten durch die richtigen Schreibweisen zu ersetzen. Dieser Lernprozess ist von unnötigen Umwegen belastet, er ist zeitraubend, und die Ergebnisse sind schwierig zu korrigieren.

Vorzüge des Schriftbildes

Die Darbietung der Grundlagen des englischen Schriftbildes von Anfang an vermeidet irrtumsbehaftete Umwege, macht es überflüssig, unnötige Fehler nachträglich zu korrigieren, ist zeitsparend und kommt den natürlichen Bedürfnissen der Kinder von Anfang an entgegen.

Die Ausklammerung des Schriftbildes verkennt aber auch, dass das Schriftbild den Kindern enorme Hilfen für das Lernen der neuen Sprache bietet. Die folgenden Bereiche seien beispielhaft genannt:
- Erkennung von Wortgrenzen
- Anzeige von weggefallenen Buchstaben
- Unterscheidung von Formen mit gleicher Aussprache
- Verdeutlichung von syntaktischen Beziehungen
- Frühzeitige Erfassung der Unterschiede des deutschen und englischen Schriftsystems.

Erkennung von Wortgrenzen
Die englische Aussprache lässt offen, an welcher Stelle sich die Wortgrenze bei der Lautfolge [ɪtɪz] befindet. Das Schriftbild (*it is*) macht klar, dass die Wortgrenze hinter dem gesprochenen [t] liegt. Die Lautfolge [əneɪm] lässt offen, ob es sich um die Wortfolgen *a name* oder *an aim* handelt. Das Schriftbild schafft die erforderliche Eindeutigkeit.

Anzeige von weggefallenen Buchstaben
Das Schriftbild kann den Ausfall von Buchstaben anzeigen. So steht der Apostroph oft für weggefallene Buchstaben. In *it's* kann der Apostroph für den Ausfall des *i* von *is* stehen. Durch das Schriftbild wird klar, dass *it is* und *it's* dasselbe bedeuten und oft miteinander austauschbar sind (*it is nice* und *it's nice*).

Unterscheidung von Formen mit gleicher Aussprache
Die Bedeutung der Lautfolge [ɪts] wird erst durch das Schriftbild klar. Durch die Schreibung *it's* wird deutlich, dass der erste Bestandteil das Personalpronomen *it* ist (z. B. *<u>it</u>'s nice*). Durch die Schreibung *its* wird

dagegen erkennbar, dass es sich hier um ein einziges Wort handelt, das Possessivpronomen *its* (*the snake with its head*). Dasselbe gilt für die Lautfolge [jɔː], die nur durch das Schriftbild entweder als Possessivpronomen *your* (*your book*) oder als Verbindung des Personalpronomens *you* mit der Kurzform *'re* von *are* (*you're right*) erkennbar wird.

Verdeutlichung von syntaktischen Beziehungen
Durch den Einsatz des Schriftbildes in Form von Wortkarten können syntaktische Beziehungen deutlich gemacht werden. Ein Beispiel ist die Unterscheidung zwischen Aussagesätzen und Fragesätzen. Aussagesätze mit einer Form des Verbs *be* werden durch Umstellung von Subjekt und Verb zu Fragesätzen.

Beispiel: Die Kinder erkennen, dass die Wortfolge *It is* einen Aussagesatz kennzeichnet und dass die Umstellung zu *Is it* die Aussage in eine Frage umwandelt. Dies ist im folgenden Tafelbild (Darstellung 11.1) wiedergegeben.

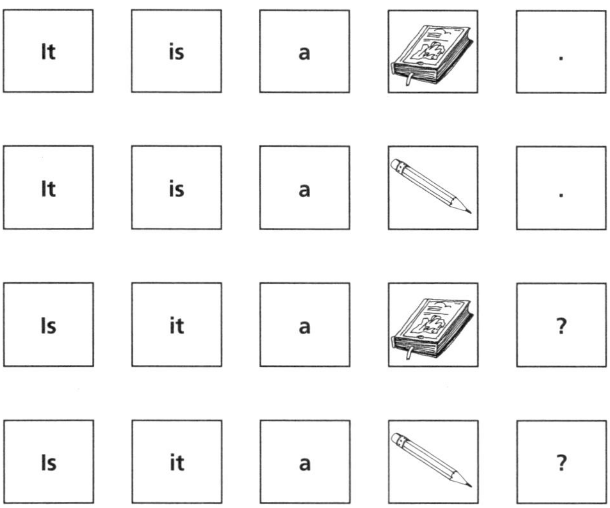

Darstellung 11.1: Wortstellung im Aussagesatz und im Fragesatz

Frühzeitige Erfassung der Unterschiede des deutschen und englischen Schriftsystems
Kinder, denen das englische Schriftbild längere Zeit vorenthalten wird, versuchen, sich am deutschen Schriftbild zu orientieren, wie es an den folgenden von Rymarczyk 2008 gegebenen Beispielen deutlich wird: *Teibel* statt *table*, *Scher* anstelle von *chair*, *swi* statt *three*.

Bei früher Einführung des Schriftbildes wird den Kindern von Anfang an klar, dass das englische Schriftbild anders strukturiert ist als das deutsche und dass Übernahmen aus dem Deutschen oft zu Fehlern im Englischen führen.

Das englische Schriftbild und der Unterricht

Ein ausschließlich mündlicher Unterricht erfordert zu jedem Zeitpunkt eine hohe Konzentration und ist äußerst anstrengend. Dies gilt nicht nur für die Lehrkräfte, sondern in besonderem Maße für die Kinder. Das Schriftbild bringt wirksame Abhilfe. Die Flüchtigkeit und Schnelligkeit des Gesprochenen wird durch die Konstanz und Zeitunabhängigkeit des Schriftlichen ergänzt.

Erleichterung des Verstehens

Das Schriftbild erleichtert das Verstehen durch die zusätzliche visuelle Präsentation des sonst nur Gehörten. Es schafft an vielen Punkten Eindeutigkeit und stärkt das Verstehen, indem es eine Brücke zwischen akustischer und visueller Wahrnehmung herstellt.

Wechsel der Fertigkeiten

Durch das Schriftbild kann methodisch ein häufiger Wechsel der Fertigkeiten erfolgen. Nachdem das Gehörte sicher verstanden wurde, kann durch die Fertigkeit des Lesens und Verstehens nicht nur die Klärung des zuvor Gehörten geschehen. Der Wechsel der Fertigkeit bedeutet gleichzeitig einen Wechsel der Arbeitsform.

Einsatz von Medien

Darüber hinaus können zusätzliche Medien eingesetzt werden. Für das Schriftbild kommen in Frage: Buchstabenkarten, Wortkarten, Satzkarten, Texte im Schülerbuch und speziell für den Unterricht konzipierte Kurztexte. Alle diese Medien können mit visuellen Elementen (Realgegenstände, Bilder, Illustrationen) verbunden werden.

Wechsel der Arbeits- und Sozialformen

Der rein mündliche Unterricht vollzieht sich wegen des am Anfang unverzichtbaren Vorbildes durch die Lehrkraft im Wesentlichen als gemeinsamer Unterricht. Durch die Einführung des Schriftbildes kann ein häufiger Wechsel zu Partner-, Gruppen- oder Individualarbeit erfolgen. Die Verwendung des Schriftbildes führt zu einer Vielfalt der Arbeits- und Sozialformen sowie zu einem abwechslungsreicheren und entspannteren Wahrnehmungs- und Lernrhythmus.

Vorteile für lernschwächere Kinder

Lernschwache Kinder profitieren in ganz besonderem Maß vom Schriftbild. Das Schriftbild bietet nicht nur zusätzliche Verstehenshilfen, sondern ermöglicht den Wechsel von hochkonzentrierten mündlichen Unterrichtsabschnitten zu anderen Arbeitsformen, die ein variables Lerntempo gestatten. In solchen Unterrichtsabschnitten können schneller Lernende die langsameren wirkungsvoll unterstützen. Durch den Einsatz des Schriftbildes wird auf diese Weise auch die Kluft zwischen schneller und langsamer lernenden Kindern wirksam verringert.

Fazit: Das englische Schriftbild und der Unterricht

Der mit dem Schriftbild verbundene Wechsel von Fertigkeiten, Medien, Arbeits- und Sozialformen macht das Lernen anschaulicher und methodisch abwechslungsreicher. Einzelne Lernschritte können durch das Schriftbild klarer gestaltet werden, Irrtümer und Mehrdeutigkeiten werden verhindert. Die Ergebnisse des Lernens können festgehalten werden, und die Lernenden gewinnen an Sicherheit.

Das Schriftbild dient der Aufrechterhaltung des Interesses der Lernenden und stärkt ihre Motivation. Es ermöglicht den Einsatz von Medien und Arbeitsformen, die einen methodenreichen und anregenden Unterricht zur Folge haben. Das Schriftbild bietet Lernhilfen, die von besonderem Wert für lernschwache Kinder sind. Insgesamt bewirkt das Schriftbild eine erhebliche Erleichterung und Beschleunigung des Lernens der fremden Sprache.

Gesprochene Sprache und geschriebene Sprache

Grundlage des deutschen und des englischen Schriftsystems ist das lateinische Alphabet.

Laute und Buchstaben

Als das westeuropäische Schriftbild entstand, erfand man Buchstaben für Sprachlaute und versuchte zu schreiben, was man hörte.

In der lateinischen Sprache wurde die Stadt Rom mit dem Wort *Roma* bezeichnet. Das Wort *Roma* besteht aus vier Buchstaben. Es enthält vier bedeutungsunterscheidende Laute (von der heutigen Sprachwissenschaft Phoneme genannt). Jeder bedeutungsunterscheidende Laut dieses Wortes wurde durch einen eigenen Buchstaben wiedergegeben. Das lateinische Wort *Roma* besteht aus vier Phonemen, die im Lateinischen durch vier Buchstaben wiedergegeben werden.

Phoneme und Grapheme

Diese einfache Beziehung zwischen Lautbild und Schriftbild des klassischen Latein ließ sich nicht in allen Punkten auf das Deutsche und das Englische übertragen. Beide Sprachen enthalten bedeutungsunterscheidende Laute (Phoneme), die im Lateinischen nicht vorhanden sind.

Im Deutschen gibt es Phoneme, die als Umlaute bezeichnet werden (z. B. *ä, ö, ü* in *Gänse, Söhne, Mütter*). Für diese Umlaute hat man die vorhandenen Buchstaben *a, o, u* zu *ä, ö, ü* abgewandelt. Vorteil: Ein Phonem wird auch hier durch einen einzigen Buchstaben dargestellt. Nachteil: Die Zahl der Buchstaben wird größer als im Lateinischen.

Im Englischen gibt es ebenfalls Phoneme, die im Lateinischen nicht existieren, z. B. [ð] in *the* und [θ] in *thing*. Hier hätte man auf das germanische Runenzeichen Þ oder das Altenglische ð zurückgreifen können.

Im Englischen blieb man jedoch konsequent beim lateinischen Alphabet. So wurden [ð] und [θ] durch die Zeichenfolge *th* ersetzt. Vorteil: Der Umfang des Alphabets wird nicht vergrößert. Nachteil: Die Übereinstimmung von Phonem und Einzelbuchstabe geht verloren. Den Phonemen [ð] in *the* und [θ] in *thing* entspricht nicht mehr ein einziger Buchstabe, sondern eine Kombination von Buchstaben.

Phoneme können also durch Einzelbuchstaben dargestellt werden oder durch Kombinationen von Buchstaben. Buchstaben oder Kombinationen von Buchstaben mit dieser Funktion heißen Grapheme.

Im Englischen und im Deutschen gibt es gleiche Phoneme, die im Lateinischen nicht existieren. Das Phonem [ʃ] in *Schiff* oder *ship* wird im Deutschen durch das Graphem *sch* wiedergegeben, im Englischen durch das Graphem *sh*.

Voraussetzungen der Kinder

Sechsjährige Kinder verfügen über wesentliche Voraussetzungen zum Schriftspracherwerb. Sie sind in der Lage, bedeutungsunterscheidende Laute (Phoneme) zu erkennen. Sie erkennen den Unterschied zwischen *<u>H</u>aus* und *<u>M</u>aus*, der durch den Austausch von gesprochenem [h] und gesprochenem [m] am Beginn des Wortes zustande kommt (Marx 2007:44).

Diese phonologische Bewusstheit ist die Grundlage des Schriftspracherwerbs in der Klasse 1 (Schründer-Lenzen 2007:33 f.). Die phonologische Bewusstheit „wird von den meisten Kindern bereits vor Schuleintritt und ohne Bezug zur Schrift erworben" (Marx 2007:45). Anders als zwei- bis dreijährige Kleinkinder haben viele Kinder am Beginn der Schulzeit bereits Buchstabenkenntnisse und weiteres Wissen bezüglich der Schrift (Marx 2007:52).

Diese Voraussetzungen der Kinder gelten nicht nur für den Schriftspracherwerb der Muttersprache, sondern in gleicher Weise auch für die Fremdsprache. Das gleichzeitige Erlernen des deutschen und des englischen Schriftbildes stellt keine Überforderung der Kinder dar (Diehr/Rymarczyk 2008:8, so auch Reichart-Wallrabenstein 2004:559 für Kinder der Klasse 3).

Das Verhältnis von Aussprache und Schrift

Es gibt Sprachen, die seit der ersten Festlegung der Schrift wenige Lautwandlungen durchlaufen haben. In solchen Sprachen findet man umfangreiche Entsprechungen zwischen Lautbild und Schriftbild. Die Schreibungen sind phonetisch. Das Schriftbild solcher Sprachen ist leicht zu lernen. Die meisten slawischen Sprachen haben eine stark phonetische Schreibung.

Andere Sprachen haben seit der Einführung der Schrift erhebliche Lautwandlungen durchgemacht, die keinen Niederschlag mehr im Schriftbild gefunden haben. Die englische Entsprechung für das deutsche Wort *Licht* hat die ähnliche Schreibung *light*. Um das Jahr 1500 hatten beide Wörter in beiden Sprachen etwa die gleiche Aussprache (ähnlich wie das heutige deutsche Wort *Licht*). Danach hat sich die Aussprache des englischen Wortes stark verändert.

Der Laut [ç], den wir in deutsch *ich* oder *Licht* finden, verschwand im Englischen (Lass 1999:116f.). Sein Verschwinden führte zur Längung des kurzen *i* (Horn/Lehnert 1954:229). Das nunmehr lange *i* wurde nach 1600 zum Doppellaut (Diphthong) [aɪ], den wir auch in den Wörtern *I, my, like* antreffen (Lass 1999:72). Diese Lautwandlungen haben jedoch zu keiner Veränderung der englischen Schreibung geführt. Während die Schreibung von deutsch *Licht* sehr phonetisch ist, gilt dies nicht für das englische Gegenstück *light* [laɪt].

Das Lernen des Schriftbildes

Das Lesenlernen kann auf zwei Weisen erfolgen: (1) analytisch, durch Ermittlung der einzelnen Grapheme eines Wortes und Umsetzung der Grapheme in Phoneme und (2) synthetisch, durch Erfassung des Schriftbildes eines Wortes insgesamt.[1] Der synthetischen Worteinheit wird eine Kette von Phonemen zugeordnet.

Lesen durch Analyse

Sprachen, deren Schriftbild überwiegend phonetisch ist, haben eindeutige Beziehungen zwischen Graphemen und Phonemen. Beim Lesen kann jedes Graphem einzeln identifiziert und durch das ent-

[1] Diese Verwendung der beiden Begriffe analytisch und synthetisch orientiert sich am Sprachgebrauch der Naturwissenschaften. In der Grundschulpädagogik erfolgt die Benennung gelegentlich in umgekehrter Weise: „analytisch, da vom Wortganzen und seiner Bedeutung ausgegangen wird, synthetisch, da Buchstabenfolgen in einzelne Sprachlautfolgen aufgeteilt und zusammengesetzt werden" (Schründer-Lenzen 2007:107).

sprechende Phonem wiedergegeben werden. Das Lesen eines Wortes vollzieht sich in drei Schritten:

- Analyse des Wortes in Grapheme
- Umsetzung dieser Grapheme in die entsprechenden Phoneme
- Zusammenfügung der einzelnen Phoneme zur Aussprache eines Wortes.

Dieses analytische Lesen ist stark regelgeleitet und hat alle Vorzüge des regelgeleiteten Lernens (vgl. Kapitel 16 „Spezielle Arten des Sprachenlernens"). Es kommt zusätzlich dem Bemühen der Kinder um „eigenständige Regelbildungsversuche" entgegen (Reichart-Wallrabenstein 2004:561).

Lesen durch Synthese

Das analytische Lesen funktioniert nicht bei Sprachen, die sich von ihrem ursprünglichen phonetischen Prinzip weit entfernt haben. Die Aussprache der englischen Buchstabenfolge *ea* ist nahezu unvorhersehbar. Sie kann gesprochen werden als [iː] in *tea*, als [eɪ] in *steak*, als [e] in *bread*, als [ɑː] in *heart*, als [ɜː] in *learn*, als [ɪə] in *year*.

In diesen Fällen ergibt sich die Aussprache der Zeichenfolge *ea* nicht durch Analyse der Einzelbuchstaben oder Grapheme, sondern durch das Gesamtbild eines Wortes (der Synthese seiner Buchstaben).

Das Lesen eines Wortes mit dem synthetischen Verfahren vollzieht sich in drei Schritten:

- Erfassung der Gesamtheit aller Buchstaben eines Wortes und Erkennen der Bedeutung des Wortes
- Erinnerung an die Phonemkette, die dieser Buchstabenfolge zugeordnet ist
- Aussprache der Phonemkette.

Beim synthetischen Lesen handelt es sich um arbiträres (willkürliches) Lesen. Für nahezu jedes Wort gilt, dass seine Aussprache nur durch die Gesamtheit seiner Buchstaben erschließbar ist. Jede Buchstabenfolge und die ihr zugeordnete Phonemkette müssen unabhängig voneinander gelernt und erinnert werden. Das synthetische Lesen hat alle Nachteile des arbiträren Lernens (vgl. Kapitel 16 „Spezielle Arten des Sprachenlernens").

Deutsch und Englisch auf der Skala der Sprachen

Weder das Deutsche noch das Englische verkörpern eines der beiden Extreme der Sprachen (phonetische Schreibung vs. nicht-phonetische Schreibung). Aber beide Sprachen unterscheiden sich deutlich. Das Deutsche liegt eher auf der Seite der Sprachen mit phonetischer Schreibung. Das Englische befindet sich eher auf der Seite der Sprachen mit nicht-phonetischer Schreibung.

Für große Teile des deutschen Schriftbildes kommt daher die analytische Leselernmethode in Frage. Die analytische Methode ist regelgeleitet und führt wegen der Übertragbarkeit in kürzerer Zeit zu schnellen Ergebnissen. Sie muss in kleinen Teilen ergänzt werden durch synthetische Verfahren.

Für große Teile des englischen Schriftbildes kommt nur die synthetische Leselernmethode in Frage. Sie wird gelegentlich auch als Ganzwortmethode bezeichnet. Sie ist lernintensiver und mangels Übertragbarkeit zeitraubender als die analytische Methode. Sie kann in Teilen ergänzt werden durch analytische Verfahren.

Um die Vorteile des analytischen Lesens zu nutzen, müssen die Teile des englischen Schriftbildes ermittelt werden, bei denen eine regelhafte Beziehung zwischen Graphemen und Phonemen besteht.

Generell kann man für das Englische feststellen, dass es für den Bereich bestimmter Konsonanten brauchbare Übereinstimmungen von Phonemen und Graphemen gibt (z.B *pot, hand*). Im Bereich der Vokale sind solche Übereinstimmungen nur selten zu finden (*hand* [æ] vs. *make* [eɪ], *water* [ɔː], *father* [ɑː].

Das Schriftbild im Unterricht der Muttersprache

Der Schriftspracherwerb der Muttersprache folgt heute überwiegend einer Mischung der beiden genannten Verfahren. Neben analytische Verfahren treten synthetische Verfahren.

Analytische Verfahren

Am Beginn stützt sich der Unterricht sehr oft auf die Übereinstimmung von gesprochener und geschriebener Sprache. In diesem Fall kann das Gehörte unmittelbar in geschriebene Zeichen (Grapheme) umgesetzt werden. In diesem Fall schreibt man, was man hört.

Man hört die bedeutungsunterscheidenden Laute [m] und [p]. Die beiden Phoneme treten in den Lautsequenzen ['oːma] und ['oːpa] auf. Der Bedeutungsunterschied beider Wörter entsteht durch den Austausch von [m] und [p] in der gleichen Lautumgebung. Für gehörtes [m] schreibt man den Buchstaben *m*, für gehörtes [p] schreibt man den Buchstaben *p*. Die dazugehörigen Wörter schreibt man *Oma* und *Opa*.

Mit solchen Übereinstimmungen von Phonemen und Buchstaben beginnen viele Lehrwerke zum Schriftspracherwerb des Deutschen (z. B. Wendelmuth/Stangner 2000:4).

Ein Buchstabe ist allerdings nicht identisch mit demselben Zeichen. Buchstaben, die im Deutschen am Beginn eines Nomens stehen, werden groß geschrieben. Bei den Wörtern *Mama* und *Papa*, die mit den Phonemen [m] und [p] beginnen, treten für dieselben Buchstaben andere Zeichen auf: *M* und *P*.

Dieser einfache Fall (ein Phonem = ein Buchstabe) tritt auch im Deutschen nicht immer auf. Die Kinder haben anfangs gelernt, dass für das Phonem [f] der Buchstabe *F* oder *f* steht: *Fest*, *Film*, *filmen* (Theis-Scholz et al. 2003:34 f.). Aber ein gehörtes [f] kann nicht überall durch den Buchstaben *F* oder *f* verschriftlicht werden. Für das gesprochene Wort ['faːtɐ] oder ['foːgl] muss statt *F* der Buchstabe *V* benutzt werden: *Vater* und *Vogel*. Das Phonem [f] wird in unterschiedlichen Wörtern durch unterschiedliche Buchstaben wiedergegeben: *F, f; V, v*.

Ein gesprochenes [f] kann in der Schrift aber auch durch *Ph* oder *ph* abgebildet werden: *Photo* und *graphisch*. Das Phonem [f] wird in der Schrift durch verschiedene Buchstaben oder Buchstabenkombinationen (Grapheme) dargestellt: *F (Fall), f (fallen); V (Vater), v (Havel); Ph (Photo)* oder *f (Foto), ph (graphisch)* oder *f (grafisch)*.

Diese Beziehung von Phonemen zu Graphemen ist eine wichtige Grundlage für den Erwerb der Schriftsprache. Die Kinder lernen, dass ein Phonem durch mehrere Grapheme dargestellt werden kann: [f]

durch *F, f; V, v; Ph, ph*. Sie lernen aber auch, dass dasselbe Graphem mehrere Phoneme repräsentieren kann, z.B. wird der Buchstabe *d* einmal als [d] gesprochen (*leider*), im anderen Fall als [t] (*Leid*).

Synthetische Verfahren

Manche Lehrwerke des Deutschen gehen von Anbeginn von synthetischen Verfahren aus. Von Anfang an werden hier ganze Wörter präsentiert (z.B. Bartnitzky/Bunk 2003). Hier wird auf das regelgeleitete Lernen weitgehend verzichtet. Stattdessen wird den Kindern von Anfang an der höhere Lernaufwand des arbiträren Lernens zugemutet. Dies geschieht auch dort, wo regelhafte Phonem-Graphem Beziehungen bestehen und der Rückgriff auf diese Regeln das Lernen erheblich erleichtern könnte.

Üblicherweise werden analytische Verfahren durch synthetische ergänzt. Diese Ergänzung geschieht dann, wenn man schon früh ganze Sätze lesen lassen möchte, ohne dass alle Wörter aus bereits bekannten Buchstaben bestehen. So führen Wendelmuth/Stangner 2000 die nicht durch Bilder darstellbaren Verbformen *ist*, *sind* und *ruft* sehr schnell als ganze nicht zu analysierende Wörter ein.

Auch die unterschiedliche Aussprache des Graphems *ch* in *ich* [ç] und *ach* [χ] kann nur durch Darbietung ganzer Wörter geleistet werden (z.B. *Licht* und *lacht*).

Die meisten Lehrwerke im Deutschunterricht verbinden analytische mit synthetischen Verfahren (Schründer-Lenzen 2007:107). Der Englischunterricht kann sich bei der Behandlung des Schriftbildes darauf stützen, dass diese Verfahren den Kindern bekannt sind. Neu für die Kinder sind allerdings die Unterschiede zwischen dem deutschen und dem englischen Schriftsystem.

Der neue Weg zum englischen Schriftbild

Wir haben gesehen, dass für Sprachen mit phonetischer Schrift das Lesen durch Analyse des Schriftbildes in Frage kommt. Es ist regelgeleitet und führt zu schnellen Ergebnissen. Das Englische ist aber eine Sprache, die in vielen Fällen ein Schriftbild aufweist, das sich von den phonetischen Ursprüngen weit entfernt hat. Deshalb kommen nur Teile des englischen Schriftbildes für analytische Verfahren in Frage.

Um die Vorzüge des Lesens durch Analyse des Schriftbildes so weit wie möglich auch für das Englische zu nutzen, sind zwei Erkundungen notwendig:

1. Welche Bestandteile des Englischen weisen phonetische Schreibungen auf?
2. Gibt es bei diesen Bestandteilen Übereinstimmungen mit dem Deutschen, die für den Unterricht nutzbar gemacht werden können?

Phoneme und Grapheme des Englischen

Wir finden eine Reihe von regelmäßigen Entsprechungen von Phonemen und Graphemen (Arnold/Hansen 1998:128 ff. und 102 ff.) Darstellung 11.2 nennt das Phonem (Spalte 2), das oder die Grapheme (Spalte 3) und Beispiele (Spalte 4).

Die in Darstellung 11.2 genannten Phoneme 1–8 können mit den zugeordneten Graphemen ohne Probleme für das analytische Lesen verwendet werden. Es gibt regelhafte Entsprechungen von Phonemen und Graphemen. Bei den Phonemen 1–8 und den zugehörigen Graphemen können wir auch große Übereinstimmungen mit dem Deutschen feststellen.

Unterschiede zum Deutschen
Die Unterschiede zum Deutschen beginnen bei 9. Das Phonem [f] unter 9 kann im Deutschen auch durch das Graphem *v* wiedergegeben werden: *V̲ater, Hav̲el*. Das Phonem [ʃ] unter 11 existiert ebenfalls im Deutschen, wird aber durch das Graphem *sch* wiedergegeben (*S̲c̲h̲iff, Engli̲s̲c̲h̲*). Die Zuordnung von Phonem zu Graphem in den Fällen 9–11 ist aber im Englischen eindeutig und regelmäßig.

Bei [θ] und [ð] unter 12 gibt es kein phonetisches Gegenstück im Deutschen, aber die Zuordnung von Phonem zu Graphem ist eindeutig und regelmäßig.

Bei den Phonemen [l] und [r] unter 13 und 14 finden wir besonders bei [r] unterschiedliche Aussprachen im Deutschen, aber eine eindeutige und regelmäßige Zuordnung von Phonemen zu Graphemen im Englischen.

	Phonem	Graphem(e)	Beispiele
1	[m]	*m* *mm*	*mother, lamp, arm* *summer*
2	[n]	*n* *nn*	*name, and, begin* *tennis*
3	[p]	*p* *pp*	*pot, computer, help* *apple*
4	[b]	*b* *bb*	*ball, number, rib* *hobby*
5	[t]	*t* *tt*	*tea, hotel, not* *butter*
6	[d]	*d* *dd*	*dog, garden, bed* *middle*
7	[g]	*g*	*give, begin, dog*
8	[h]	*h*	*hand*
9	[f]	*f* *ff*	*finger, left* *coffee*
10	[v]	*v*	*very, seven, five*
11	[ʃ]	*sh*	*ship, T-shirt, English*
12	[θ] [ð]	*th* *th*	*thank, birthday, mouth* *the, father*
13	[l]	*l* *ll*	*long, cold, camel* *hello, ball*
14	[r]	*r* *rr*	*room, camera* *tomorrow*
15	[ɪ]	*i*	*in, sit, winter*
16	[e]	*e*	*red, end*
17	[æ]	*a*	*hat, hand*

Darstellung 11.2: Entsprechungen von Phonemen und Graphemen

Vokalphoneme

Einschränkungen gibt es bei den Vokalphonemen 15–17. Die Verbindung zwischen Phonem und Graphem gilt nur in bestimmten Umgebungen, z.B. muss einem *i* ein einzelner Konsonant am Ende eines Wortes folgen (z.B. *it, begin*) oder dem *i* müssen mehrere Konsonanten folgen (z.B. *film, finger, drink*). In diesen Fällen spricht man von geschlossener Tonsilbe. Leider gibt es viele Ausnahmen (z.B. *girl, right*).

Dasselbe gilt für die Grapheme *e* (regelmäßig: *bed, elbow*, unregelmäßig: *her* und *very*) und *a* (regelmäßig: *cat, apple*, unregelmäßig: *ball* und *class*).

Für das Lesen durch Analyse kommen nur die 14 genannten Konsonantenphoneme mit ihren Graphemen ohne Einschränkung in Frage. Die drei Vokalphoneme [ɪ], [e] und [æ] sind nur begrenzt verwendbar.

Für alle übrigen Phoneme des Englischen muss auf das synthetische Verfahren (Einsatz von Wortkarten) zurückgegriffen werden.

Heranführung an das Lesen mit analytischen Verfahren

Die erste Begegnung mit dem Schriftbild des Englischen kann nach etwa sechs Wochen erfolgen. Dies gilt dann, wenn der Englischunterricht zeitgleich mit dem Unterricht der übrigen Lernbereiche am Anfang des Schuljahres beginnt.

In den ersten sechs Wochen nach Schulbeginn haben die Kinder durch den Unterricht in der Muttersprache wichtige Wahrnehmungen über das Verhältnis von Sprache und Schrift gemacht. Im Englischen hat sich ein erster Bestand an bekannten Wörtern gebildet, die nur akustisch bekannt sind.

Für den Fall, dass der Englischunterricht erst zu Beginn des zweiten Halbjahres einsetzt, kann mit dem englischen Schriftbild schon früher begonnen werden. Nach einem halben Jahr des deutschen Schriftspracherwerbs verfügen die Kinder bereits über eine Fülle von Informationen über das Verhältnis von Aussprache und Schreibung des Deutschen.

Phoneme und Grapheme im Anlaut

Bei der Verwendung analytischer Verfahren im Deutschunterricht wird das Erkennen von Phonemen u. a. so trainiert, dass einem Phonem das entsprechende Graphem (am Anfang ein Einzelbuchstabe) zugeordnet wird. Wie im Deutschen (bei den Anlauttabellen) beginnen wir mit Konsonanten am Beginn eines Wortes, z. B. *t*. Im Englischen sind die folgenden Wörter mit den zugehörigen Bildkarten bekannt: *cat, coffee, dog, milk, table, telephone, tiger, tomato.*

Wir teilen die Tafel in zwei Hälften. Über der linken Hälfte steht der Buchstabe *t*. Die Kinder ordnen Bildkarten für die genannten Wörter in die jeweils richtige Spalte an der Tafel ein. Dies geschieht unter deutlicher Aussprache des Wortes, die durch Chorsprechen verstärkt werden kann. Es entsteht das in Darstellung 11.3 gegebene Tafelbild.

Darstellung 11.3: Phonemerkennung im Anlaut: ein Phonem

Eine Steigerung des Schwierigkeitsgrades besteht in der Kontrastierung zweier Phoneme (Tafelbild von Darstellung 11.4).

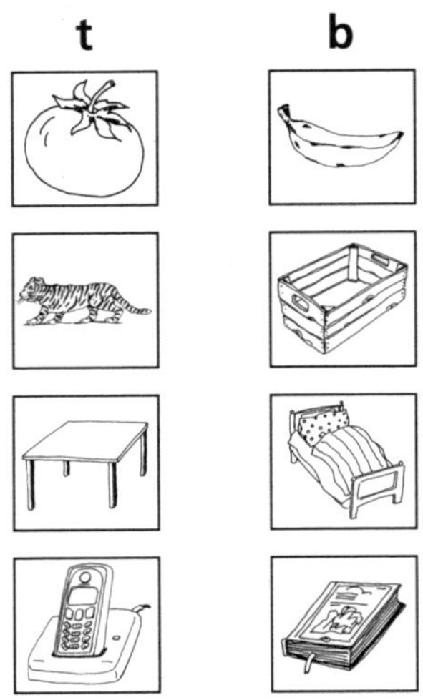

Darstellung 11.4: Phonemerkennung im Anlaut: zwei Phoneme

Für weitere Phoneme kann analog verfahren werden.

Phoneme und Grapheme im Anlaut, Inlaut und Auslaut

Auch hier können bewährte Verfahren des Lernbereichs Deutsch verwendet werden. Die Kinder erhalten ein Blatt mit Bildkarten und kreuzen an, wo sie ein [n] hören (Darstellung 11.5).

		x	
			x
		x	
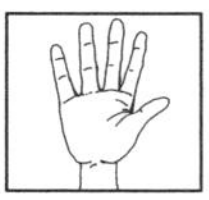		x	
	x		
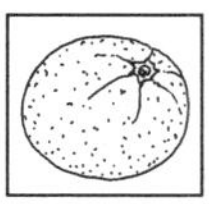		x	

Darstellung 11.5: Phonemerkennung im Anlaut, Inlaut und Auslaut

Durch Wahl anderer Phoneme sowie durch unterschiedliche Erkennung von Phonemen im Anlaut, Inlaut und/oder Auslaut eröffnet sich eine Vielfalt von Übungsmöglichkeiten.

Verwendung von Einzelbuchstaben

Einzelbuchstaben können sehr früh verwendet werden. Bei der Behandlung des Plurals der Nomen (*finger – fingers*) wird beispielsweise die Buchstabenkarte *-s* verwendet. Dieselbe Buchstabenkarte kommt später bei Verbformen der dritten Person Singular zum Einsatz (z. B. *Susan takes a basket*).

Aufbau eines Konsonantengerüstes

Ein weiterer Schritt ist der Aufbau eines Konsonantengerüstes auf der Basis der o.g. 14 Konsonantengrapheme. Ein Konsonantengerüst ist keine Erfindung für den Englischunterricht der Klassen 1 und 2. Es geht vielmehr auf eines der ältesten Alphabete der Welt zurück, das hebräische, das anfangs nur Konsonantenzeichen enthielt und bis heute nicht alle Vokale wiedergibt (Kramer/Kowallik 1994:xff.).

Für die Vokale wird der Platzhalter ✳ verwendet. Der Platzhalter steht nicht für einen Vokalbuchstaben, sondern für ein Vokalgraphem, z.B *r✳d* für *red, read, road, rid.*

Beispiele für Wörter mit Konsonantengerüst sind in Darstellung 11.6 wiedergegeben.

bed	*b✳d*
dog	*d✳g*
pot	*p✳t*
sun	*s✳n*
ball	*b✳ll*
tree	*tr✳*
good	*g✳d*
hand	*h✳nd*
friend	*fr✳nd*
baby	*b✳b✳*
hello	*h✳ll✳*
hotel	*h✳t✳l*
banana	*b✳n✳n✳*
bedroom	*b✳dr✳m*
family	*f✳m✳l✳*
tomato	*t✳m✳t✳*

Darstellung 11.6: Konsonantengerüst für Wörter

Wörter mit Konsonantengerüst lassen sich sehr gut für Ratespiele verwenden. Sie bilden einen spielerischen Einstieg in die regelgeleiteten Grundlagen des englischen Schriftsystems.

Die Grenzen des Konsonantengerüstes liegen dort, wo im Lautbild des Englischen Veränderungen stattgefunden haben, die sich nicht konsonantisch ausdrücken lassen, wie das *r* am Ende des Wortes *answer* im britischen Englisch. Dasselbe gilt für Phoneme, die nicht korrekt durch einen Vokalplatzhalter wiedergegeben werden können, wie das für [ə] stehende *er* am Ende von *daughter,* da das auf [ə] folgende *-r* am Wortende im britischen Englisch nicht gesprochen wird. Auch der frühere Wegfall eines Lautes, der noch im Schriftbild vorhanden ist, wie das *e* am Wortende in *name, come, home* oder das *k* am Wortanfang in *knee*, machen die Grenzen des Konsonantengerüstes deutlich.

Die Verwendung von *patchwords*
Die Grenzen des Konsonantengerüstes können durch ein Verfahren überwunden werden, das mit sog. *patchwords* arbeitet (z.B. im Lehrwerk *Sally*). Hier wird die Gesamtschreibung des Wortes gegeben, wobei die Buchstaben in unterschiedlicher Form erscheinen.

Bei *patchwords* handelt es sich um „Wörter, bei denen die in Aussprache und Schrift sich unterscheidenden Stellen zunächst hell wiedergegeben sind." (Bredenbröcker et al. o.J.:11). Beispiel: brown. Damit ist gemeint, dass normal gedruckte Buchstaben dort verwendet werden, wo eine eindeutige Beziehung zwischen Phonem und Graphem besteht. Hell gedruckte Buchstaben finden sich dort, wo keine eindeutige Beziehung zwischen Phonem und Graphem besteht.

Wenn ein solches Verfahren sich auf die Trennung der Konsonanten von den Vokalen stützt, befindet es sich im Einklang mit Forschungsergebnissen zum Lesen englischer Texte. Das Lesen englischer Wörter vollzieht sich in zwei Schritten: (1) Erkennung der Konsonanten, (2) Erschließung der Vokalphoneme aus der konsonantischen Umgebung (Berent/Perfetti 1995:148). Nach diesen Erkenntnissen sollten Konsonanten überwiegend im Normaldruck erscheinen, während Vokale überwiegend hell zu drucken wären.

Die *patchwords* müssten sich daher auf die Ermittlung der phonetischen Schreibungen im Englischen und die Übereinstimmungen mit dem Deutschen (s.o.) stützen und die daraus ableitbare Trennung der Konsonanten von den Vokalen vornehmen. Schon ein kurzer Blick zeigt, dass dies bei den *patchwords* im Lehrwerk *Sally* nicht überall geschehen ist.

Die drei ersten *patchwords* im Lehrwerk *Sally 3* lauten: *brown, white, yellow*. Bei *brown* und *yellow* sind die Kennzeichnungen korrekt. Die Aussprache für *white* ist [waɪt] oder seltener [hwaɪt]. Hier werden die Lernenden durch eine unzutreffende Kennzeichnung des Schriftbildes in die Irre geführt. Dies gilt noch mehr für *scissors* [ˈsɪzəz]. Das als regelmäßig gekennzeichnete *s* hat in diesem Wort zwei unterschiedliche Aussprachen: stimmlos [s] am Wortanfang und stimmhaft [z] am Wortende. Das mittlere *s* wird in diesem Wort stimmhaft gesprochen, obwohl die Schreibweise *ss* im Englischen meist ein stimmloses *s* [s] anzeigt: *kiss, kisses, essay*.

Die Verwendung von *patchwords* ist ein psychologisch untermauertes Konzept für die stufenweise Heranführung an das englische Schriftbild. Allerdings müssen dabei die Beziehungen zwischen Phonemen und Graphemen präzise beachtet werden. Geschieht das nicht, so entsteht mehr Schaden als Nutzen durch ein grundsätzlich tragfähiges Konzept.

Vom Konsonantengerüst zu *patchwords*

Geht man vom Konsonantengerüst aus, so lässt sich ein bruchloser Übergang zu korrekt gestalteten *patchwords* vornehmen, der für die Kinder leicht nachvollziehbar ist.

Darstellung 11.7 gibt Beispiele für den Übergang vom Konsonantengerüst zu *patchwords*.

b✳d	*bed*
d✳g	*dog*
b✳ll	*ball*
tr✳	*tree*
g✳d	*good*
fr✳nd	*friend*
h✳ll✳	*hello*
b✳n✳n✳	*banana*
b✳dr✳m	*bedroom*
f✳m✳l✳	*family*
t✳m✳t✳	*tomato*

Darstellung 11.7: Übergang vom Konsonantengerüst zu *patchwords*

Wenn die Kinder eine ausreichende Vertrautheit mit den *patchwords* erlangt haben, kann der Übergang zu ganzen Wörtern problemlos vollzogen werden.

Ganze Wörter, die analytisch lesbar sind

Aus den Entsprechungen von Phonemen und Graphemen in Darstellung 11.2 ergibt sich, dass eine Reihe von Wörtern vollständig durch das analytische Lesen erfasst werden kann. Aus dem Fundamentum des Wortschatzes handelt es sich dabei um die Wörter in Darstellung 11.8.

a/an	*hat*	*let*	*sit*
and	*help*	*lip*	*ten*
bed	*hen*	*man*	*thank*
begin	*him*	*milk*	*thanks*
bring	*in*	*rat*	*that*
end	*it*	*red*	*them*
film	*lamp*	*sand*	*then*
get	*land*	*ship*	*thing*
hand	*left*	*sing*	

Darstellung 11.8: Wörter des Wortschatzfundamentums, die vollständig durch analytisches Lesen erfassbar sind

Zusammenfassung
Die Heranführung an das Schriftbild mit analytischen Verfahren vollzieht sich in vier Schritten:
- Phonemerkennung im Anlaut, Inlaut und Auslaut
- Konsonantengerüst
- *patchwords*
- ganze Wörter ohne besondere Kennzeichnung einzelner Grapheme.

Durch dieses vierschrittige Verfahren ist eine inhaltliche und methodische Anlehnung an den Unterricht der Muttersprache gewährleistet. Auf dieser Grundlage werden die Gesetzmäßigkeiten der englischen Schreibung zum regelgeleiteten Lernen genutzt. Die Schwierigkeiten werden durch eine sorgfältige Abstufung der einzelnen Schritte stark vermindert.

Heranführung an das Lesen mit synthetischen Verfahren

Synthetische Verfahren zerlegen die Wörter nicht in einzelne Grapheme, sondern gehen von der Gesamtheit des Schriftbildes eines Wortes aus. Am Beginn des Unterrichts stehen die analytischen Verfahren. Sie werden aber schon sehr früh ergänzt durch die synthetische Darbietung einzelner Wörter.

Inhaltswörter und Funktionswörter
Die Schreibung von Inhaltswörtern sollte am Anfang soweit wie möglich analytisch vorbereitet werden. Besonders wenn der Erstleselehrgang in der Muttersprache überwiegend diesem Ansatz folgt, ist damit eine erhebliche Erleichterung des Lernens verbunden.

Wenn bei Inhaltswörtern die analytischen Verfahren ausgeschöpft sind, erfolgt der Übergang zu synthetischen Verfahren. Dies bedeutet aber nicht, dass einzelne wichtige Inhaltswörter nicht schon sehr früh synthetisch eingeführt werden können.

Wenn z. B. aus situativen und gleichzeitigen sprachlichen Gründen das Subjekt *I* und ein Verb, dem ein direktes Objekt folgt (transitives Verb) wie *eat* erforderlich ist, können beide schon sehr früh als ganze Wörter präsentiert werden. Darstellung 11.9 gibt ein mögliches Tafelbild für das Lesen ganzer Sätze, das zwei Wortkarten (*I* und *eat*) enthält sowie Bildkarten für die Lebensmittel.

Darstellung 11.9: Tafelbild mit Wortkarten *I* und *eat*

Funktionswörter (z. B. *I*) werden früh und überwiegend synthetisch eingeführt. Sie sind weniger zahlreich als die Inhaltswörter und nicht an spezielle Inhalte oder Themen gebunden. Aus diesem Grunde sind sie für elementare Kommunikationsbedürfnisse unverzichtbar.

Zu den Wörtern, die früh synthetisch eingeführt werden, gehören:
- Determinatoren/Artikel: *a/an, the*
- Verneinungspartikel: *not*
- Interjektionen, z. B. *yes, no*
- Konjunktionen, z. B. *and*
- Präpositionen, z. B. *on, for*
- Personalpronomen, z. B. *I, you, he, she*
- Verben, z. B. *is, are, has.*

Das Schreiben

Die für das Lesen verwendeten Schritte zur Heranführung an das Schriftbild können auch für das Schreiben genutzt werden. Das Schreiben kann erst stattfinden, wenn zuvor intensiv gelesen wurde.

Schreiben von Graphemen (Einzelbuchstaben oder Verbindungen von Buchstaben)
Wir präsentieren Bildkarten für Wörter. Die Kinder erhalten den Auftrag, den Buchstaben zu schreiben, den sie am Beginn des Wortes hören (Darstellung 11.10).

Wir präsentieren	Die Kinder schreiben
	t
	t
	d
	d

Darstellung 11.10: Schreiben von Einzelbuchstaben

Dieses Verfahren kann im Schwierigkeitsgrad verändert werden, indem später Bildkarten für Wörter mit wechselnden unterschiedlichen Anlauten präsentiert werden, z. B. Bildkarten für *baby, finger, hamster, elbow, glass, lamp, mouth, room, sock* etc.

Anstelle von Einzelbuchstaben können auch Verbindungen von Buchstaben geschrieben werden. Auf diese Weise werden die Kinder vom Buchstaben zum Graphem geführt (Darstellung 11.11).

Wir präsentieren	Die Kinder schreiben
	sh
	th
	sh
	sh

Darstellung 11.11: Schreiben von mehreren Buchstaben (Graphemen)

Dasselbe kann mit inlautenden und auslautenden Buchstaben und Graphemen erfolgen.

Schreiben von Konsonanten im Konsonantengerüst

Wir präsentieren Bildkarten für Wörter. Die Kinder erhalten den Auftrag, das Konsonantengerüst auszufüllen (Darstellung 11.12).

Wir präsentieren	Vorgabe	Die Kinder schreiben
	□ * □	[b] * [d]
	□□ *	[t][r] *
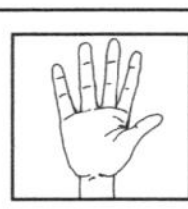	□ * □□	[h] * [n][d]
	□ * □ * □ *	[b] * [n] * [n] *

Darstellung 11.12: Ausfüllung eines Konsonantengerüstes

Darstellung 11.12 zeigt, dass der Schwierigkeitsgrad durch Veränderung der Struktur des Konsonantengerüstes im Verlauf solcher Übungen verändert werden kann. Durch Weglassung der Bildkarten und Beschränkung auf die Vorgabe kann eine weitere Steigerung der Schwierigkeiten vorgenommen werden.

Schreiben von Graphemen für Vokale

Wir geben *patchwords* mit hell markierten Vokalen vor. Die Kinder schreiben ganze Wörter unter Einschluss der in der Vorgabe hell gedruckten Vokalgrapheme (Darstellung 11.13).

Vorgabe	Die Kinder schreiben
pot	pot
sun	sun
ball	ball
baby	baby
hotel	hotel
tomato	tomato

Darstellung 11.13: Schreiben von Vokalgraphemen nach Vorgabe von *patchwords*

Schreiben von Wörtern mit Vorgabe der Position und Anzahl der auszufüllenden Buchstaben

Wir präsentieren Bildkarten für Wörter. Die Kinder erhalten eine Vorgabe, die für jeden zu schreibenden Buchstaben einen Rahmen vorgibt (Darstellung 11.14).

Wir präsentieren	Vorgabe	Die Kinder schreiben
	□□□	l i p
	□□□□	f i l m
	□□□□	l a m p
	□□□□	m i l k

Darstellung 11.14: Schreiben von Wörtern nach Vorgabe der Position und Anzahl der auszufüllenden Buchstaben

Das Beispiel in Darstellung 11.14 bezieht sich auf Wörter, die analytisch im Englischen erarbeitet werden können. Nach der Einführung synthetischer Ganzwörter kann das Verfahren auch für diese Wörter übernommen werden. Durch Weglassung der Bildkarten kann später eine Steigerung der Schwierigkeiten vorgenommen werden.

Schreiben von Wörtern ohne Vorgabe der Position und Anzahl der auszufüllenden Buchstaben
Eine Variation dieses Verfahrens besteht darin, dass bei Verwendung der Bildkarten auf die Vorgabe der Anzahl der auszufüllenden Buchstaben verzichtet wird.

In einem späteren Stadium kann zusätzlich auf die Bildkarten verzichtet werden. Die Kinder hören das Wort und schreiben es. Hierbei handelt es sich um die erste einfache Diktatform mit der Umsetzung der akustischen Wahrnehmung eines Wortes in die Schriftform.

Analytische und synthetische Verfahren in den Klassen 1 und 2

Von Beginn an werden analytische und synthetische Verfahren nebeneinander verwendet. Durch den anfänglich stärkeren Rückgriff auf analytische Verfahren erschließen sich wichtige Teile der englischen Rechtschreibung auf regelhafte Weise und in Analogie zur Muttersprache.

Die analytischen Verfahren haben ihren Schwerpunkt in Klasse 1. Sie können eingeschränkt noch am Beginn von Klasse 2 fortgesetzt werden. In Klasse 1 werden analytische Verfahren von Beginn an durch die o.g. synthetischen Wortbilder ergänzt.

Wenn die analytischen Verfahren ausgeschöpft sind, erfolgt der Übergang zur synthetischen Darbietung des Schriftbildes ganzer Wörter. In Klasse 2 sind die wichtigsten Grundlagen der Alphabetisierung in der Muttersprache erreicht. Im Englischunterricht liegt der Schwerpunkt jetzt bei den synthetischen Wortbildern.

Das Verhältnis von Lesen und Schreiben

Wir beginnen mit dem Lesen nach ca. sechs Wochen. Wenn der Englischunterricht erst im 2. Halbjahr der Klasse 1 beginnt, können erste Schritte des Lesens schon früher erfolgen. Jeder Schritt des Schreibens folgt zeitversetzt der vorherigen Stufe des Lesens. So ergibt sich für das analytische Verfahren die in Darstellung 11.15 wiedergegebene Reihenfolge der Stufen des Lesens und Schreibens.

Lesen	Schreiben
Grapheme (Einzelbuchstaben und Verbindungen von Buchstaben)	
	Grapheme (Einzelbuchstaben und Verbindungen von Buchstaben)
Grapheme im Konsonantengerüst	
	Grapheme im Konsonantengerüst
Grapheme in *patchwords*	
	Grapheme in *patchwords*
Einzelwörter	
	Einzelwörter

Darstellung 11.15: Stufen des analytischen Lesens und Schreibens

Für das synthetische Verfahren, das neben dem analytischen früh beginnt, gilt der Grundsatz „Lesen vor Schreiben“ in gleicher Weise.

Das Schriftbild als Hilfe zur Erschließung anderer Sprachebenen

Ein grammatisches Problem am Beginn von Klasse 1 besteht in der Verwendung der Formen *a* und *an* für den unbestimmten Artikel (Determinator). Hier kann der frühe Einsatz von Wortkarten eine wirksame Lern- und Erinnerungshilfe darstellen. Ein Beispiel für ein Tafelbild mit diesen Wortkarten findet sich in Darstellung 11.16.

Darstellung 11.16: Wortkarten für den unbestimmten Artikel

Ein anderes grammatisches Problem ist die Beziehung zwischen Langformen und Kurzformen von Verben. Das Verb *be* hat in der dritten Person Singular die Langform *is* und die Kurzform *'s*. Der Unterricht muss deutlich machen, dass zwischen der Langform *is* und der Kurzform *'s* kein Bedeutungsunterschied besteht. Er geht dabei von der Langform aus. In einem zweiten Schritt folgt die Kurzform *'s*.

Dazu dienen drei Wortkarten zur Erstellung der Wortgruppe *It is a* … Diese Wortgruppe wird mit Bildkarten von Nomen verbunden (z. B. *dog, tiger, elephant*). Später kann die Wortgruppe *It is a* … durch die Wortgruppe *It's a* … ersetzt werden (Darstellung 11.16). Durch die Gegenüberstellung von *It is a* … und *It's a* … erkennen die Kinder, dass zwischen der Langform *is* und der Kurzform *'s* kein Bedeutungsunterschied besteht. Auf diese Weise können die Kinder zunehmend an den Gebrauch der Kurzform herangeführt werden. Durch das Schriftbild erkennen sie, dass es sich bei *'s* um eine Variante der Langform *is* handelt.

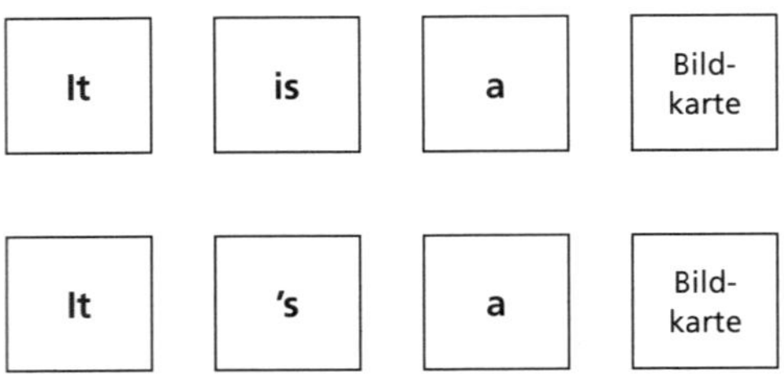

Darstellung 11.17: Gegenüberstellung der Formen *is* und *'s*

Die Fertigkeiten

12

Die vier Fertigkeiten Hören und Verstehen, Sprechen, Lesen und Verstehen und Schreiben sind in ihren allgemeinen Grundzügen in Kapitel 2 „Sprache – Fertigkeiten – Unterricht“ dargestellt worden. Im vorliegenden Kapitel geht es um die speziellen unterrichtlichen Fragestellungen:

- Welche Rolle spielt das Schriftbild im Englischunterricht der Klassen 1 und 2?
- Welche Reihenfolge ergibt sich daraus für die Fertigkeiten im Englischunterricht der Klassen 1 und 2?
- In welchem Umfang und durch welche Folge von unterrichtsmethodischen Schritten werden die einzelnen Fertigkeiten ausgebildet?

Die Rolle des Schriftbildes im Englischunterricht der Klassen 1 und 2

Befürwortungen für das Schriftbild im Englischunterricht der Klassen 1 und 2 finden sich u.a. bei Schmid-Schönbein 2006, Zaunbauer 2007, Diehr/Rymarczyk 2008, Hägele 2008 und Duscha 2008. Der konkrete Einsatz des Schriftbildes erfolgt bei Duscha 2008 und Hägele 2008 allerdings ohne Beachtung der Besonderheiten des englischen Laut- und Schriftsystems. Bebermeier/Stoll 2008 plädieren für den Einsatz des Schriftbildes zum Lesen.

In den Lehrwerken hat das Schriftbild im Englischunterricht der Klassen 1 und 2 nahezu keinen Platz. Der Englischunterricht der Klassen 1 und 2 beschränkt sich daher überwiegend auf die „Fertigkeiten des Hörverstehens und des Sprechens“ (Gerngross/Puchta 1997: 10).[1]

Folgt man den Lehrwerken, so wird die Behandlung des Schriftbildes ausschließlich dem Lernbereich Deutsch zugewiesen. Dahinter steht die Sorge vor Überforderungen der Kinder durch eine zu frühe Begegnung mit dem englischen Schriftbild.

---

1 Im Lehrwerk *Sunshine 2* (Norman/L'Estrange 2008) werden Wortkarten (Einzelwörter und Wortgruppen) zur Differenzierung angeboten. Der Einsatz der Wortkarten erfolgt bezüglich der Auswahl, Abstufung und Darbietung des Schriftbildes ohne erkennbares Konzept.

Den Hintergrund für diese Befürchtungen liefert die Beobachtung, dass das englische Schriftbild sich in den Beziehungen von Laut und Schrift erheblich vom Deutschen unterscheidet. Die gleichzeitige Behandlung zweier sehr unterschiedlicher Schriftsysteme könne zu Störungen des Lernens des Schriftbildes in beiden Sprachen führen. Darüber hinaus könne auch die Aussprache des Englischen durch das Schriftbild gestört werden.

Diese Befürchtungen sind zutreffend, wenn man versuchte, das englische Schriftbild vollständig und gleichzeitig mit dem Schriftbild der deutschen Sprache einzuführen. Diese extreme Vorgehensweise hat keinen Platz im Englischunterricht der Klassen 1 und 2. Das andere Extrem ist der völlige oder weitgehende Ausschluss des Schriftbildes während der ersten beiden Unterrichtsjahre. Auch dieses in den Lehrwerken praktizierte Extrem ist mit Problemen und Nachteilen verbunden.

Ein neuer Weg

Ein neuer Weg zwischen den beiden genannten Extremen muss die berechtigten Einwände gegen das Schriftbild vollständig berücksichtigen:
- Überforderungen durch das englische Schriftbild müssen in jedem Fall ausgeschlossen werden.
- Negative Einflüsse durch das englische Schriftbild auf das Deutsche und umgekehrt müssen vermieden werden.
- Die Besonderheiten des englischen Schriftbildes müssen in vollem Umfang berücksichtigt werden.
- Es muss eine systematische Abstufung der Schwierigkeiten geben.

Dieser neue Weg ist in Kapitel 11 „Das Schriftbild“ dargestellt.

Vorzüge der Einführung des Schriftbildes

Das so verwendete Schriftbild führt zu keinerlei Überforderung der Kinder. Es bietet im Gegenteil eine Fülle von Hilfen und Erleichterungen für das Lernen, die besonders bedeutsam für lernschwächere Kinder sind.

Reihenfolge der Fertigkeiten

Im natürlichen Erwerb der Muttersprache gelten die Prinzipien: mündlich vor schriftlich und rezeptiv vor produktiv. Dies bedeutet, dass am Anfang die rezeptive Fertigkeit des Hörens und Verstehens steht. Erst danach erfolgt die Entwicklung der produktiven Fertigkeit Sprechen.

Ebenso verhält es sich mit den schriftlichen Fertigkeiten. Das Lesen und Verstehen als rezeptive Fertigkeit geht dem Schreiben als produktive Fertigkeit voraus.

Ein abweichendes Konzept

Bezüglich der Reihenfolge der schriftlichen Fertigkeiten liegt für die Muttersprache ein abweichendes Konzept vor. Es nennt sich „Lesen durch Schreiben“ und beruht auf selbstgesteuertem Lernen. „Es wird didaktisch gar nicht erst versucht, den Schüler das Lesen zu lehren.“ (Reichen 1988:16). „Im Rahmen des Lehrgangs entwickelt sich die Lesefähigkeit der Schüler als automatisches Beiprodukt des Schreibenlernens.“ (Reichen und Mitarbeiter 1988:60).

Aus grundschulpädagogischer Sicht ist dieses Konzept durch „schwerwiegende Einwände“ gekennzeichnet (Schründer-Lenzen 2007:126). Es ist nachteilig für lernschwache Schüler und ungeeignet für Schüler mit Migrationshintergrund (Schründer-Lenzen 2007:174). Hinzu kommt, dass Kinder, die nach diesem Konzept unterrichtet wurden, im Rechtschreibtest massive Leistungsrückstände zeigten (Diem 1990:94f.). Eine Umkehrung der Reihenfolge der Fertigkeiten Lesen und Schreiben verbietet sich aufgrund dieser Befunde für den muttersprachlichen Unterricht.

Eine wesentliche Schlussfolgerung der empirischen Unterrichtsforschung für den erfolgreichen Erwerb der Schriftsprache lautet: „Lernförderlicher Anfangsunterricht ist auf systematische Instruktion angewiesen.“ (Schründer-Lenzen 2007:173).

Diese Ergebnisse stimmen mit den Schlussfolgerungen überein, die sich für das Verhältnis von selbstgesteuertem Lernen zu angeleitetem Lernen ergeben haben (s. Kapitel 15 „Allgemeine Arten des Sprachenlernens“). Aus diesem Grund ist es auch im Fremdsprachenunterricht geboten, im schriftlichen Bereich die Fertigkeit Lesen und Verstehen vor der Fertigkeit Schreiben zu behandeln und dabei systematisch und strukturiert vorzugehen.

Hören und Verstehen

Das Hören und Verstehen ist eine besonders schwierige Leistung. Die Kinder müssen den Lautstrom in Wörter gliedern, dem Zusammenhang von Wörtern bestimmte Bedeutungen zuordnen und die Gesamtheit des Gehörten in einen Sinnzusammenhang einordnen.

Alle diese Leistungen müssen gleichzeitig erbracht werden. Darüber hinaus ist der Zeitrahmen für das Hören und Verstehen sehr eng bemessen. In der normalen Sprachsituation muss das Hören und Verstehen in unmittelbarem Zusammenhang mit der Wahrnehmung des Gehörten erfolgen. Wiederholungen sind in der Sprachwirklichkeit selten.

Im Englischunterricht der Klassen 1 und 2 müssen diese Schwierigkeiten reduziert werden. Aus diesem Grunde sollten die zu verstehenden Äußerungen am Anfang so kurz wie möglich sein. Sie sollten mit großer Klarheit und Deutlichkeit gesprochen werden. Dabei sind Unnatürlichkeiten im Sprechtempo zu vermeiden.

Am Beginn stehen Einzelwörter. Es folgen Wortgruppen (*chunks*) und kurze Sätze. Die Länge und Komplexität der Äußerungen nimmt im Verlauf des Unterrichts zu.

Die Äußerungen müssen am Anfang häufig wiederholt werden. Darüber hinaus sollte das Verstehen durch visuelle Hilfen unterstützt werden (z.B. Nennung des Wortes *tree* mit gleichzeitiger Präsentation der Bildkarte eines Baumes). Neben Bildern können auch Gestik und Mimik das Gesprochene wirksam unterstützen (z.B. rennende Bewegung bei Nennung des Wortes *run*).

Ob das Verstehen gelungen ist, kann nur indirekt überprüft werden. Um bei der Überprüfung des Verstehens nicht gleichzeitig auf die Fertigkeit des Sprechens zurückzugreifen, sollte das Verstehen durch Handlungen der Kinder überprüft werden. Die folgenden Überprüfungen kommen in Frage (vgl. Mindt/Schlüter 2007:53):

- Die Kinder führen gesprochene Anweisungen aus, z.B. *sit down, stand up, close the door.*
- Die Kinder identifizieren Gegenstände oder Bilder: *Show me a book. Show me the elephant.*

- Die Kinder führen die zutreffenden Gesten aus: *I swim, I play football.*
- Die Kinder zeigen durch farbige Karten, ob eine Äußerung zutrifft oder nicht, z.B. gezeigt wird ein Finger mit der Äußerung *a hand* (rote Karte), gezeigt wird ein Finger mit der Äußerung *a finger* (grüne Karte).
- Die Kinder erstellen kleine Zeichnungen des Gehörten: *a boy, a girl, a window.*

Sprechen

Ziel des Unterrichts ist es, die Kinder zum produktiven Sprechen zu führen (vgl. insbesondere Diehr/Frisch 2008). Die notwendige Vorstufe dazu ist das reproduktive Sprechen. Das Sprechen kann erst dann erfolgen, wenn das Gehörte verstanden worden ist.

Reproduktives Sprechen

Das reproduktive Sprechen gliedert sich in gestütztes Sprechen und angeleitetes Sprechen.

Gestütztes Sprechen
Beim gestützten Sprechen ist das Kind nicht auf sich allein gestellt. Es spricht gleichzeitig mit anderen Personen (z.B. der Lehrkraft). Dabei handelt es sich um Mitsprechen. Wenn mehrere Personen gleichzeitig sprechen, handelt es sich um Chorsprechen.

Die Länge der zu sprechenden Äußerungen nimmt im Verlauf des Unterrichts zu, von Einzelwörtern über Wortgruppen bis zu kurzen Sätzen.

Angeleitetes Sprechen
Das angeleitete Sprechen unterscheidet sich vom produktiven Sprechen dadurch, dass beim angeleiteten Sprechen immer noch gehörte Vorbilder für das Sprechen vorhanden sind. Die größere Eigenständigkeit besteht darin, dass ein einzelnes Kind eine Äußerung hört und ohne die Stützung durch andere Personen allein nachspricht.

Dieses Nachsprechen vollzieht sich auf der Grundlage von Vorgaben durch die Lehrkraft oder durch Medien. Auch hier nimmt die Länge der nachzusprechenden Äußerungen im Verlauf des Unterrichts zu, von Einzelwörtern über Wortgruppen bis zu kurzen Sätzen.

Produktives Sprechen

Das produktive Sprechen beginnt mit dem gelenkten Sprechen und führt zum freien Sprechen.

Gelenktes Sprechen

Die erste Stufe des gelenkten Sprechens ist das Sprechen auf Impulse. Hier wird z. B. ein Bild eines Hauses als Impuls gezeigt mit der erwarteten produktiven Äußerung *a house*. Anfänglichen Hemmungen kann dabei durch Einflüstern begegnet werden. Das Einflüstern stellt den Übergang vom reproduktiven Sprechen zum produktiven Sprechen dar.

Eine andere Stufe des gelenkten Sprechens besteht in der Reaktion der Lernenden auf Fragen. Die Antworten sind von allmählich ansteigender Länge und Komplexität. Antworten in Einzelwörtern, z. B. *yes, no, here, there*. Antworten in Wortgruppen, z. B. *a dog, a cat, in bed, in my room*. Antworten in Sätzen, z. B. *Yes, she is. Bill likes coffee. Anne is in the garden.*

Freies Sprechen

Das freie Sprechen ist weitgehend impulsfrei. Die sprachlichen Vorgaben liegen längere Zeit zurück. Auch hier erfolgt eine Steigerung der Länge und Komplexität. Kinder äußern sich über Tiere in Wortgruppen, z. B. *my dog, your cat, our hamster.* Kinder äußern sich zu ihrem Tagesablauf in Sätzen, z. B. *I get up at seven.*

Den Abschluss des freien Sprechens bildet die Darstellung eines zusammenhängenden Handlungsablaufs, z. B. *I get up, I have breakfast, I go to school* oder einer kleinen Geschichte, z. B. *Anne takes her basket. She goes to the supermarket. She buys bananas. She eats a banana. Yummy.*

Lesen und Verstehen

Das Lesen und Verstehen vollzieht sich ebenfalls in einzelnen strukturierten Schritten (vgl. Kapitel 11 „Das Schriftbild“). Dazu gehören:

- einzelne Grapheme als gehörte Laute identifizieren, z. B. Darstellungen 11.3, 11.4 und 11.5 in Kapitel 11 „Das Schriftbild“
- Erstellung von Konsonantengerüsten, z. B. Darstellung 11.6 in Kapitel 11 „Das Schriftbild“

- Verwendung von *patchwords*, z. B. Darstellung 11.7 in Kapitel 11 „Das Schriftbild“
- synthetisches (ganzheitliches) Erfassen von Wörtern, z. B. Darstellung 11.9 in Kapitel 11 „Das Schriftbild“.

Schreiben

Ebenso wie das Sprechen gliedert sich das Schreiben in reproduktives Schreiben und produktives Schreiben. In den Klassen 1 und 2 geht es überwiegend um das reproduktive Schreiben. Es gliedert sich in folgende Schritte:
- Schreiben von Graphemen, z. B. Darstellungen 11.10 und 11.11 in Kapitel 11 „Das Schriftbild“
- Ausfüllen eines Konsonantengerüstes, z. B. Darstellung 11.12 in Kapitel 11 „Das Schriftbild“
- Schreiben von Graphemen nach Vorgabe von *patchwords*, z. B. Darstellung 11.13 in Kapitel 11 „Das Schriftbild“
- Schreiben von Wörtern nach Vorgabe der Position und Anzahl der auszufüllenden Buchstaben, z. B. Darstellung 11.14 in Kapitel 11 „Das Schriftbild“
- Schreiben von Wörtern ohne Vorgabe der Position und Anzahl einzelner Buchstaben.

Wenn das Schriftbild gefestigt ist, können einzelne Wörter und in Klasse 2 auch kurze Sätze nach Diktat geschrieben werden.

Die Entwicklung des produktiven Schreibens ist Aufgabe des Englischunterrichts in den Klassen 3 und 4.

13 Inhalte und Themen

Die Themen und Inhalte des Unterrichts müssen sich am Entwicklungsstand der Kinder, an ihrem Erfahrungshorizont und ihren Interessen orientieren. Dieser Zugang zu den Themen ist vom Kind her bestimmt. Er folgt in erster Linie grundschulpädagogischen Erfordernissen.

Bei der Bestimmung der Themen und Inhalte des Englischunterrichts sollten aber auch sprachliche und fachdidaktische Gesichtspunkte berücksichtigt werden. Manche Wörter sind leichter erlernbar als andere. Die Wörter *hamster* und *tiger* werden wegen ihrer lautlichen Ähnlichkeit mit dem Deutschen schneller erlernt als die Wörter *dog* und *pig*. Manche Wörter gleicher Lernbarkeit treten häufiger auf als andere und spielen daher für das Verstehen und Sprechen eine größere Rolle (z. B. *hand* und *arm* werden wesentlich häufiger verwendet als *chin* und *rib*).

Ein dritter Bereich, der die Auswahl der Themen und Inhalte des Unterrichts bestimmt, sind interkulturelle Erfordernisse. Hierbei handelt es sich um wichtige Besonderheiten des Lebens im anderen Land. Welche anderen Gebräuche gibt es? Wie feiert man welche Feste?

Zwischen den Themen und Inhalten des Unterrichts und dem dafür benötigten Wortschatz (besonders im Bereich der Nomen) besteht ein enger Zusammenhang. Entschließt man sich für ein bestimmtes Themenfeld, ergibt sich im zweiten Schritt die Notwendigkeit, die dafür in Frage kommenden Wörter auszuwählen.

Der bisherige Zugang: Von Themenfeldern zum Wortschatz

Dieser Zugang trifft im ersten Schritt eine Entscheidung über die Themenfelder und Inhalte des Unterrichts und wählt in einem zweiten Schritt den zugehörigen Wortschatz aus. Bei der Planung von Englischunterricht für die Grundschule hat man bisher überwiegend diesen Weg beschritten.

Dieser Weg wirft jedoch einige Probleme auf, denn er lässt bestimmte sprachliche und fachdidaktische Gesichtspunkte weitgehend unberücksichtigt, z. B. die Lernbarkeit von Wörtern und ihre Bedeutung für die Kommunikation.

Ein Beispiel: Das Lehrwerk *Playway* wählt für das Themenfeld *Animals* die folgenden Wörter aus: *lion, elephant, monkey, hippo, snake* (Gerngross/Puchta 1997:253 ff.). Die Ähnlichkeit mit dem Deutschen ist ein wichtiger Gesichtspunkt für die Lernbarkeit. Unter diesem Aspekt ist von den fünf Wörtern des Lehrwerks *Playway* nur ein Wort schnell verständlich und vergleichsweise leicht lernbar: *elephant*.

Bei drei der fünf Wörter muss von den Kindern eine völlig neue Verbindung von Lautform und Bedeutung beim Hören erkannt und beim Sprechen hergestellt werden (*lion, monkey, hippo*). Beim Wort *snake* kann es leicht zu einer irreführenden Verbindung mit den deutschen Wörtern *Schnecke* oder *Schnake* kommen, was wiederum den Lernaufwand erhöht.

Ein anderer Zugang: Vom Wortschatz zu den Themenfeldern und Inhalten

Um diese Schwierigkeiten zu vermeiden, empfiehlt sich ein anderer Zugang: Vom Wortschatz zu den Themenfeldern und Inhalten. Ausgangspunkt ist der nominale Wortschatz des Englischen, denn von allen Wortarten sind es die Nomen, die fast ausschließlich inhaltsabhängig sind. Dieser Zugang geht von leicht zu erlernenden Wörtern aus wie *name, house, bed, lamp, cat*.

Aufgrund der sprachlichen Verwandtschaft des Englischen mit dem Deutschen handelt es sich hier vielfach um Wörter, die elementare Lebensbereiche umfassen. Die sich daraus ergebenden Themenfelder betreffen viele zentrale Bereiche des menschlichen Lebens und sind für die wichtigsten Äußerungen der Kinder über sich selbst, die Familie, die Natur und die engste Umgebung von höchster Bedeutung.

Die hier präsentierten Themenfelder sind daher in vielen Bereichen identisch mit den Themen und Inhalten, die sich aus grundschulpädagogischen Gesichtspunkten ergeben. Es handelt sich um die folgenden Bereiche: *My body, Family, House and home, Food and drink, Clothes, Nature, Animals, School, Leisure, People, Things.*

Die Verbindung von leichter Lernbarkeit, Häufigkeit und persönlicher Nähe von Themenfeldern und dem dazugehörigen nominalen Wortschatz zeigen die folgenden Beispiele:

My body: finger, hand, arm, foot, nose.
Family: mother, father, sister, brother.
Food and drink: bread, butter, cheese, milk.

Ein integrierter Zugang: Vom Wortschatz zu den Inhalten und Themen mit Berücksichtigung der interkulturellen Erfordernisse

Der neue Zugang kann sprachliche und fachdidaktische Gesichtspunkte von Anfang an beachten und führt auf diese Weise zu erheblichen Erleichterungen des Lernens. Gleichzeitig berücksichtigt er grundschulpädagogische Gesichtspunkte wie den Erfahrungshorizont der Kinder und ihre Interessen. Zusätzlich beachtet er die interkulturellen Erfordernisse.

Die sprachlichen und fachdidaktischen Gesichtspunkte bei der Auswahl des Wortschatzes sind:
- Lernbarkeit
- Häufigkeit
- Verwendbarkeit

Die grundschulpädagogischen Gesichtspunkte bei der Bestimmung von Themenfeldern und Inhalten sind:
- Anknüpfung an die Interessenlage und Lebenswelt der Kinder
- elementare Kommunikationsbedürfnisse
- Förderung der Motivation und Lernfreude
- Berücksichtigung interkultureller Informationen
- handlungsorientierte Anwendungsmöglichkeiten (vgl. Mindt/Schlüter 2007:47).

Die interkulturellen Gesichtspunkte für die Auswahl von Themenfeldern und Inhalten sind:
- Welche anderen Sitten und Gebräuche sind zu beachten?
- Wie werden wichtige Feste begangen?

Grundlage der sprachlich und fachdidaktisch bestimmten Auswahl des Wortschatzes ist eine empirische Vorgehensweise, die in Kapitel 7 „Der Wortschatz“ dargestellt ist. So ergibt sich ein Zusammenwirken von Wortschatzelementen und Bedeutungsfeldern aus den Gegebenheiten der Sprache und nicht nach externen, willkürlichen und subjektiven Kriterien. Dies erhöht die Lernbarkeit und führt zu einer früheren und effektiveren Bewältigung wichtiger kommunikativer Situationen. Durch die gleichzeitige Berücksichtung von sprachlichen, fachdidaktischen, grundschulpädagogischen und interkulturellen Gesichtspunkten werden auch Faktoren wie Altersangemessenheit, Handlungsorientierung, Motivation und das erforderliche Fremdverstehen in ausgewogener Weise berücksichtigt.

Die Inhalte und Themen

Die Inhalte und Themen gliedern sich in zwei Bereiche (vgl. Mindt/ Schlüter 2007:47):
1. Eigenständige Themenbereiche
2. Themenbereiche zur Charakterisierung und Ordnung in Raum und Zeit

1. Eigenständige Themenbereiche

- *My body*
- *Family*
- *House and home*
- *Food and drink*
- *Clothes*
- *Nature*
- *Animals*
- *School*
- *Leisure*
- *People*
- *Things*
- *Festive events*

2. Themenbereiche zur Charakterisierung und Ordnung in Raum und Zeit

- *Numbers*
- *Location*
- *Time*
- *Colours*

Die Themenbereiche zur Charakterisierung und Ordnung in Raum und Zeit sind zur näheren Beschreibung der meisten eigenständigen Themenbereiche erforderlich. Aus diesem Grunde werden Bestandteile beider Bereiche oft miteinander verknüpft (vgl. Mindt/Schlüter 2007:48).

Die Behandlung der Inhalte und Themen

Zwischen den Themenfeldern und Teilen des Wortschatzes besteht ein enger Zusammenhang. Dies betrifft insbesondere die Nomen und die Adjektive. In Kapitel 7 „Der Wortschatz“ erfolgt daher bei den Nomen und Adjektiven eine Zuordnung bestimmter Wörter zu den jeweiligen Themenfeldern.

Für die Behandlung der Themen gelten die folgenden Feststellungen (Mindt/Schlüter 2007:48):

Nicht alle Themen eignen sich für eine frühe Behandlung. Zum Einstieg empfehlen sich die Themen: *School, Family, House and home, Food and drink*. Diese Themenbereiche weisen eine besondere Nähe zur Lebenswelt der Kinder auf.

Die Inhalte und Themen benötigen einen unterschiedlichen Zeitaufwand für ihre Behandlung im Unterricht. Bei der Behandlung der Themen ist es nicht sinnvoll, ein Thema über einen längeren Zeitraum in allen Aspekten zu erschöpfen.

Die einzelnen Themen sollten in Abständen wieder aufgenommen werden. Diese Wiederaufnahme sichert die Festigung und Verfügbarkeit der mit den einzelnen Themen verbundenen Bausteine der Sprache (Aussprache und Intonation, Wortschatz, Grammatik, Redemittel für Sprachfunktionen).

Bei jeder dieser Wiederaufnahmen wird das Thema um neue Gesichtspunkte ergänzt und erweitert. Dabei erfolgt neben der erneuten Übung der bekannten Bausteine der Sprache eine Ausweitung des Wortschatzes, der Grammatik sowie der Redemittel für Sprachfunktionen.

Durch diese Vorgehensweise treten neue Bausteine der Sprache systematisch zu den bereits erlernten hinzu. So verbindet sich die Übung und Festigung vorhandener Sprachbestände mit der Aufnahme neuer Bausteine der Sprache in einem zyklischen oder spiralförmigen Verfahren.

Verknüpfung mit Inhalten und Themen des Sachunterrichts

Ideal ist eine Verbindung mit den entsprechenden Themen und Inhalten des Sachunterrichts. Diese Anknüpfungspunkte sollen gezielt wahrgenommen werden. So können beispielsweise die in Darstellung 13.1 wiedergegebenen Verknüpfungen hergestellt werden.

Sachunterricht	**Englischunterricht**
Körper und Gesundheit	*My body*
Individuum und Gemeinschaft	*Family, People*
Zeit und Geschichte	*Time*
Heimat und Welt	*Location*
Arbeit und Freizeit	*School, Leisure*
Natur und Technik	*Nature, Things, Numbers*
Tiere und Pflanzen	*Nature*
Raum und Zeit	*Location, Time*

Darstellung 13.1: Inhaltliche und thematische Verknüpfungen von Sachunterricht und Englischunterricht

14 Der Unterricht

Die heutigen Lehrwerke weisen leider erhebliche Mängel auf. In Kapitel 5 „Die Lehrwerke" wurde gezeigt, dass die von den Lehrwerken verursachten Probleme des Unterrichts vor allem die folgenden Punkte betreffen:

- die Auswahl und Anordnung (Abstufung) der Sprachbestände
- die Beachtung des Zusammenspiels der Sprachbestände
- die Darbietung der Sprachbestände
- die nur teilweise Berücksichtigung der Bausteine der Sprache
- die fehlende Unterscheidung der Arten des Sprachenlernens.

Allgemeine Grundlagen der Unterrichtsplanung

Diese Mängel der Lehrwerke erklären sich durch die fehlende Beachtung der sprachwissenschaftlichen Grundlagen und die Nichtberücksichtigung elementarer Prinzipien der Unterrichtsplanung.

Fremdsprachenunterricht existiert seit über 2.000 Jahren (vgl. Kelly 1976). Die allgemeinen Grundlagen der Unterrichtsplanung sind im Verlauf von Jahrhunderten entstanden. Sie wurden immer wieder geprüft und erprobt und sind unter Berücksichtigung neuester Erkenntnisse der Unterrichtstheorie und Erfahrungen der Praxis über lange Zeiträume kontinuierlich verbessert und modernisiert worden.

Probleme des Fremdsprachenunterrichts in den Klassen 1 und 2

Der Fremdsprachenunterricht der Klassen 1 und 2 macht keinen erkennbaren Gebrauch von diesem Potential. Bezüglich der Grundlagen der Unterrichtsplanung beginnt er beim Punkt Null. Grund war die Annahme, beim Unterricht in den Klassen 1 und 2 handele es sich insgesamt um ein völlig neues Gebiet des Fremdsprachenlernens, das in allen Teilen neu zu entwickeln sei.

Allgemeine Grundlagen und spezielle Arbeitsformen

Das Defizit hat seine Ursache darin, dass man eine wichtige Unterscheidung nicht erkannte, die Trennung zwischen (a) den allgemeinen Grundlagen der Unterrichtsplanung und (b) den speziellen Arbeitsformen und Methoden, die sich aus den Besonderheiten der Kinder und des Lernumfeldes in den Klassen 1 und 2 ergeben.

Die allgemeinen Grundlagen der Unterrichtsplanung (a) stützen sich auf ein fundiertes theoretisches Wissen der Fremdsprachendidaktik und ein umfassendes Erfahrungspotential der Unterrichtspraxis.

Die speziellen Arbeitsformen und Methoden (b) sind dagegen für die Klassen 1 und 2 neu zu entwickeln. Hinweise dazu finden sich bereits in der Methodik des Fremdsprachenunterrichts für lernschwache Schüler (z. B. Englischunterricht der Hauptschule) und in der Methodik des Unterrichts der Klassen 3 und 4. Alle diese Hinweise müssen jedoch neu auf die Kinder der Klassen 1 und 2 bezogen werden, so dass unveränderte Übernahmen nicht in Frage kommen können. Alle anderen Aspekte der Methodik sind für Kinder dieses Alters neu zu entwerfen.

Bestandteile der Unterrichtsplanung

Die elementaren Prinzipien der Unterrichtsplanung (vgl. Mindt 1995) gelten für den Englischunterricht allgemein. Die Arbeitsformen und Methoden des Unterrichts für die einzelnen Schulstufen müssen sich an dem jeweils unterschiedlichen Bedingungsfeld orientieren.

Dieses Bedingungsfeld kann in die Bereiche (a) institutionelle Voraussetzungen und (b) Voraussetzungen der am Unterricht Beteiligten unterteilt werden. Die institutionellen Voraussetzungen und die Voraussetzungen der am Unterricht Beteiligten wirken von zwei verschiedenen Seiten auf den Unterricht ein. So ergibt sich das Bild in Darstellung 14.1.

Bedingungsfeld		**Unterricht**	**Bedingungsfeld**	
		Vorbereitung der Unterrichtsplanung		
	Schule		Lehrende	
Institutionelle Voraussetzungen		Unterrichtsplanung mit Lernziel-bestimmung		**Voraussetzungen der am Unterricht Beteiligten**
		Unterrichts-durchführung		
	Lehrpläne		Lernende	
		Ermittlung des Lernstandes		

Darstellung 14.1: Bedingungsfeld und Unterricht

Die Bereiche Schule und Lehrpläne sind in Kapitel 6 „Institutionelle Voraussetzungen" beschrieben. Die Bereiche Lehrende und Lernende sind in den Kapiteln 3 „Die Kinder" und 4 „Die Lehrkräfte" dargestellt.

Der Unterricht gliedert sich in folgender Weise: Die Vorbereitung der Unterrichtsplanung geschieht durch eine Sachanalyse. Die nachfolgende Unterrichtsplanung umfasst zwei Bereiche: die didaktische Analyse und die Lernzielbestimmung. Es folgt die Durchführung des Unterrichts, an die sich die Ermittlung des Lernstands anschließt. Der zentrale Bereich des Unterrichts ist in Darstellung 14.2 wiedergegeben.

Sachanalyse
Didaktische Analyse
Lernzielbestimmung
Unterrichtsdurchführung
Ermittlung des Lernstandes

Darstellung 14.2: Der Unterricht

Die Sachanalyse

Bevor die ersten Überlegungen zur Unterrichtsplanung vorgenommen werden können, müssen die Inhalte, die für den Unterricht in Frage kommen, einer fachwissenschaftlichen Analyse unterzogen werden. Diese Sachanalyse ist in erster Linie Aufgabe der Lehrwerkautoren, denn Lehrkräfte für die Primarstufe sind keine ausgebildeten Fachwissenschaftler. Umso wichtiger ist die Beherrschung dieser Grundlagen durch die Lehrwerkautoren.

Wenn es um die Aussprache und Intonation des Englischen geht, müssen vorher die Bereiche bekannt sein, die den Kindern besondere Schwierigkeiten bereiten. Wir wissen, dass beispielsweise die Aussprache des englischen [ð] und [θ] neu zu erlernen und von ähnlichen Konsonanten abzugrenzen ist. Es muss bekannt sein, wie diese im Deutschen nicht vorhandenen Laute gebildet werden. Ferner muss bekannt sein, welche Folgen eine unkorrekte Aussprache hat. Wenn deutsche Schüler das englische [θ] durch [s] ersetzen, wird aus dem englischen Wort *mouth* das Wort *mouse*. Die Nichtbeachtung solcher Punkte führt zu Lern- und Verstehensschwierigkeiten.

Auch die richtige Aussprache des englischen [r] bereitet erfahrungsgemäß Schwierigkeiten. Die Sachanalyse ergibt, dass es sich beim englischen [ð], [θ] und [r] um besonders schwierige Laute handelt, weil sie im Deutschen nicht vorhanden sind. Diese Einsicht führt dazu, diese Laute im Unterricht zunächst zu isolieren und in Wörtern einzuführen, in denen sie einzeln auftreten (z.B. [ð] in *the, father, mother* und [r] in *drink, friend, room*). Erst danach würde man sie in Wörtern verwenden, in denen sie gemeinsam auftreten (z.B. *three, brother*).

Probleme der Lehrwerke

Solche Sachanalysen werden im Allgemeinen nicht durchgeführt. So kommt es, dass im Lehrwerk *Ikuru* das Wort *three* eingeführt wird, das beide Schwierigkeiten gemeinsam enthält (Fröhlich-Ward et al. 2001:30f.). Dies geschieht, ohne dass [ð], [θ] und [r] zuvor in Wörtern aufgetreten sind, die nur eine dieser Schwierigkeiten enthalten. Die fehlende Sachanalyse führt fast zwangsläufig zu Häufungen von Schwierigkeiten im Unterricht.

Ebenso wie für die Aussprache sind für alle anderen Bereiche die vorbereitenden Sachanalysen unerlässlich für eine erfolgreiche Planung des Unterrichts. Ein Beispiel zum Zusammenspiel von Wortschatz und Grammatik: Zu den ersten Wörtern im Lehrwerk *Playway* gehören: *book, pencil case, scissors, pencil, schoolbag, glue* (Gerngross/Puchta 1997:41). Diese Wörter werden zunächst artikellos eingeführt. Später folgt die Verwendung von Nomen mit dem unbestimmten Artikel *a* und dem bestimmten Artikel *the*. Hier gibt es Probleme bei *scissors* und *glue*.

Das Wort *scissors* hat eine Pluralform und kann daher nicht im Singular verwendet werden. Das Bedürfnis der Lernenden, *scissors* im Singular zu verwenden wie *book* oder *pencil*, muss scheitern. Die dafür benötigte Singularform *a pair of scissors* taucht aber im Lehrwerk nicht auf.

Das Wort *glue* wird im Englischen überwiegend mit bestimmtem Artikel (*the glue is dry*) oder ohne bestimmten Artikel verwendet (*filled with glue*). Eine Überprüfung am *British National Corpus* zeigt, dass diese beiden Vorkommensweisen insgesamt 98 % aller Fälle ausmachen. Sehr selten und ungewöhnlich ist die Verwendung mit dem unbestimmten Artikel (*as a glue it is easy to use*).

Das Wort *glue* sollte in der Grundschule daher nicht mit dem unbestimmten Artikel verwendet werden. Es gehört zu der Gruppe der nicht zählbaren Nomen, die sich durch einen besonderen Artikelgebrauch auszeichnen. Davon ist aber keine Rede im Lehrwerk (auch nicht im Lehrerhandbuch). Dies lässt darauf schließen, dass die Autoren sich nicht einmal ansatzweise um eine Sachanalyse bemüht haben (Mindt 2008a:19f.).

Ein Unterricht ohne Berücksichtigung der fachwissenschaftlichen Grundlagen (hier die fehlende Berücksichtigung grammatischer Eigenschaften englischer Wörter) bringt erhebliche Probleme für die Kinder mit sich. Diese Vorgehensweise kann auch zu einer Überforderung der Lehrkräfte führen, die keine Hinweise auf diese fachwissenschaftlichen Sachverhalte im Lehrerhandbuch finden. Lehrkräfte, die mit diesen Unterscheidungen nicht vertraut sind, können keine geeigneten Abhilfen im Unterricht schaffen. Sie sind auch nicht in der Lage, auf Fragen von Kindern oder Eltern fachlich begründet einzugehen.

Die Sachanalyse ist der Teil der Unterrichtsplanung, der im Englischunterricht der Klassen 1 und 2 nahezu vollständig vernachlässigt worden ist.

Die didaktische Analyse

Die Sachanalyse betrachtet den Stoff unter dem Gesichtpunkt der Fachwissenschaft. In der didaktischen Analyse wird dieser vorher nur fachwissenschaftlich betrachtete Gegenstand zum Unterrichtsgegenstand. Die didaktische Analyse ist der komplexeste Teil der Unterrichtsplanung. Sie gliedert sich in drei Bereiche: Auswahl, Abstufung und Darbietung.

Die Gesamtgliederung der didaktischen Analyse ist in Darstellung 14.3 wiedergegeben.

Didaktische Analyse • Auswahl • Abstufung • Darbietung

Darstellung 14.3: Bestandteile der didaktischen Analyse

Auswahl

Nehmen wir an, wir planen die Behandlung von Farben (*colours*). Dies geschieht beispielsweise im Lehrwerk *Ikuru* unter *Painting a rainbow* (Fröhlich-Ward et al. 2001:44f.). Die folgenden sieben Farben werden behandelt: *red, green, blue, yellow, orange, purple, pink*. Für die Auswahl dieser Farbadjektive werden keine Gründe genannt. Sie ergeben sich offensichtlich aus dem Thema *rainbow*.

Der von uns ermittelte Wortschatz (s. Kapitel 7 „Der Wortschatz"), dem sprachwissenschaftliche und fremdsprachendidaktische Auswahlkriterien zugrunde liegen, enthält acht Farbadjektive: *red, green, blue, yellow, grey, white, black, brown*. Vier der von uns ermittelten Adjektive sind auch in *Ikuru* vorhanden: *red, green, blue, yellow*.

Anstelle der übrigen drei Farbadjektive von *Ikuru* (*orange, purple, pink*) kämen nach unserem Vorschlag die drei folgenden in Frage: *white, brown* und *grey*. Diese Adjektive sind für deutsche Kinder leichter lernbar als *purple* und *pink*.

Das Wort *orange* ist aus zwei Gründen komplizierter als andere Farbadjektive.

1. Es kommt auch als Nomen vor, z.B. *Give me an orange* und ist davon zu unterscheiden.
2. Farbadjektive werden häufig einem Nomen vorangestellt und folgen oft dem unbestimmten oder bestimmten Artikel. In dieser Verbindung (z.B. *an orange ball*) ändert sich der unbestimmte Artikel von *a* zu *an*, der bestimmte Artikel ändert seine Aussprache von [ðə] zu [ði] wegen des vokalischen Anlauts von *orange*.

Zu einer vorherigen Sachanalyse würde auch die Ermittlung der Häufigkeiten dieser Wörter gehören. Ein Wort, das häufig vorkommt, ist für das Verstehen von Sprachäußerungen wichtiger als ein seltenes Wort. Für die Entscheidung über die Auswahl ist die Häufigkeit nicht das einzige Kriterium, aber ein nicht zu vernachlässigendes. Darstellung 14.4 gibt die Häufigkeiten der genannten Adjektive in den 100 Millionen Wörtern des *British National Corpus* (*BNC*) an.

Farbadjektiv	**Häufigkeit**
black	23.883
white	23.445
red	14.562
green	14.251
blue	10.048
brown	8.428
grey, gray	6.537
yellow	4.354
pink	3.147
purple	1.255
orange	1.064

Darstellung 14.4: Häufigkeit von Farbadjektiven im *British National Corpus*

Es zeigt sich, dass die von uns ausgewählten Wörter *white*, *brown* und *grey* nicht nur leichter lernbar sind als die von *Ikuru* verwendeten Wörter *pink*, *purple* und *orange*. Sie sind auch wesentlich häufiger und eröffnen dadurch deutlich mehr kommunikative Möglichkeiten. Die Auswahl von *Ikuru* ist vermutlich deshalb zustande gekommen, weil an erster Stelle die Auswahl des Themas *rainbow* stand. Diese Auswahl ist aber offenbar ohne Berücksichtigung der dadurch gegebenen Einschränkungen bei der Auswahl der Farbadjektive erfolgt. Würde man sich nur auf die Häufigkeit beschränken und die Lernbarkeit unberücksichtigt lassen, müsste man neben *white* mit *black* beginnen, das im *BNC* in 23.883 Fällen auftritt.

Abstufung

Wenn die Entscheidungen über die Auswahl getroffen sind, geht es um Fragen der Abstufung. In welcher **Gruppierung** sollen z. B. einzelne Wörter (z. B. Farbadjektive) oder grammatische Strukturen (z. B. Langformen und Kurzformen des Verbs *be*) behandelt werden und welche Reihenfolge haben die Gruppen untereinander?

Die Ausführungen zu den Farbadjektiven könnten zur Bildung von drei **Gruppen** führen: (1) die leicht lernbaren und besonders häufigen Farbadjektive *white, red, green, blue,* (2) die leicht lernbaren Farbadjektive mittlerer Häufigkeit *brown, grey, yellow* und (3) die schwerer lernbaren und selteneren Adjektive *pink, purple, orange.* Diese drei Gruppen könnten zu verschiedenen Zeitpunkten mit unterschiedlichen Themen behandelt werden.

Eine andere **Gruppenbildung** (unter leichter Einschränkung des Gesichtspunktes Lernbarkeit) könnte mit *black* und *white* als Gegensatzpaar beginnen. Die Begründung wäre die besondere Häufigkeit beider Wörter. Überlegungen dieser Art sind in den Lehrwerken im Allgemeinen nicht erkennbar.

Eine wichtige Abstufungsentscheidung im Bereich der **Grammatik** betrifft die Unterscheidung zwischen Langformen und Kurzformen des Verbs *be.* Beide Formen treten in Sätzen auf wie *My name is Peter* oder *My name's Peter.* Es handelt sich um ein besonders schwieriges Problem, denn ein *-s* am Wortende kann im Englischen viele Bedeutungen haben: Plural von Nomen (*dogs, boys*), Genitiv von Nomen (*Linda's book*), Anzeige der dritten Person Singular bei Verben (*he sings*), Kurzform von *have* in der dritten Person Singular (*she's got a doll*), Kurzform von *be* in der dritten Person (*she's nice*). Der Unterricht muss darauf zielen, den Kindern den Weg durch das Dickicht dieser Vielfalt von Bedeutungen von *-s* zu ebnen.

Englische Kinder lernen zuerst die Langformen und dann die Kurzformen des Verbs *be* (Brown 1973:271). Aus diesem Grunde sollten auch die Langformen vor den Kurzformen im Unterricht eingeführt werden. Nachdem dies geschehen ist, sollten neben die Langformen auch die Kurzformen treten. Dabei sollten die Kinder erkennen, dass Lang- und Kurzformen austauschbar sind, d.h. dass die Äußerungen *My name is Peter* und *My name's Peter* dieselbe Bedeutung haben. Am Ende sollte z.B. für *is* im gesprochenen Englisch überwiegend die Kurzform *'s* verwendet werden, wie dies in der Sprache der Erwachsenen der Fall ist.

Eine solche Abstufung führt die Kinder in sorgfältig voneinander getrennten Schritten an die übliche Sprachverwendung heran. Sie folgt dem muttersprachlichen Lernprozess, isoliert die Schwierigkeiten, vermeidet irrtümliche Schlussfolgerungen der Lernenden und stellt sicher, dass auf jeder Stufe die volle Verständlichkeit gewährleistet ist.

In den heutigen Lehrwerken ist diese Vorgehensweise nicht einmal im Ansatz zu finden. Das Lehrwerk *Bumblebee 1* beginnt mit der Kurzform *What's your name*, um sofort darauf im Liedtext die Langform *My name is Bumblebee* einzuführen (Michailow-Drews/Schultz-Steinbach 2001a:7). Das Lehrwerk *Ikuru* beginnt mit der Langform *Breakfast is over*, um gleich danach mit *it's twelve o'clock* fortzufahren (Fröhlich-Ward et al. 2001a:15f.). Die Kinder stehen vor verwirrenden Sprachdaten, die das Verstehen erschweren und ihnen keine Grundlage für die Erschließung der Bedeutung und für verallgemeinernde Schlussfolgerungen bieten.

Darbietung
Wenn die Unterrichtsgegenstände ausgewählt und durch Abstufung in eine Reihenfolge gebracht sind, stellt sich die Frage der Darbietung. Die Darbietung gliedert sich in zwei Bereiche: (1) die sprachliche Darbietung und (2) die methodische Darbietung.

Die Sprache der Lehrwerke zeigt gelegentlich abweichenden Sprachgebrauch, der oft durch das vollständige Fehlen der notwendigen Sachanalysen entsteht. Dies gilt beispielsweise für die über Wochen praktizierte unnatürliche Verwendung von Nomen ohne unbestimmten oder bestimmten Artikel im Lehrwerk *Playway*. Auf die Frage *What is it?* antworten die Kinder lange in einem Wort: *banana, plum* statt *a banana* oder *a plum* (Gerngross/Puchta 1997:57). Bei der sprachlichen Darbietung finden wir nicht selten entscheidende sprachliche Mängel der Lehrwerke (s. auch Kapitel 5 „Die Lehrwerke").

Ganz anders die methodische Seite des Unterrichts. Dieser Bereich der Darbietung ist in den Lehrwerken sehr vielfältig und in nicht seltenen Fällen vorbildlich gelöst. Weitgehende Einsprachigkeit ist durchgehendes Unterrichtsprinzip. Die Methoden sind spielerisch und handlungsorientiert. Die Lehrwerke versuchen, alle Sinne anzusprechen, die Unterrichtsabschnitte sind kurz, und das Bemühen um einen ständigen Wechsel von Methoden, Medien, Arbeits- und Sozialformen ist überall vorhanden. Die Lehrwerke bemühen sich um Inhalte und Themen, die anregend sind und dem Erlebnishorizont der Kinder entsprechen.

Die methodische Vielfalt wird auch durch den Reichtum an Medien deutlich. Es gibt Schülerhefte mit ansprechenden Illustrationen. Hinzu treten Bildkarten sowie Karten, die Handlungsabläufe und kurze Geschichten veranschaulichen und als Sprechanlässe dienen können. Grundschultypisch ist mindestens eine Handpuppe, die jedem Lehrwerk zugeordnet ist. Daneben finden wir CDs mit Reimen, Liedern,

Chants und anderen Texten. Die Abrundung bilden Videos von z. T. hervorragender Professionalität (z. B. im Lehrwerk *Playway*).

Lernzielbestimmung

Der Unterricht soll zu erkennbaren Ergebnissen führen. Die Bestimmung von Lernzielen ist notwendig, um zu beschreiben, wohin der Unterricht führen soll. Die Bestimmung von Lernzielen ist ferner eine wichtige Voraussetzung für die Ermittlung des Lernstandes.

In den letzten Jahren ist eine Veränderung der Begriffsbildung eingetreten. Dies geschah beim Bemühen, Bildungsstandards für das Lernen in den einzelnen Schulfächern zu definieren.

Dabei sind neue Begriffe eingeführt worden. Lernziele werden jetzt als Kompetenzen bezeichnet. Darstellung 14.5 gibt einen Überblick über die allgemeinsprachlichen Bezeichnungen, die Bezeichnungen der klassischen Erziehungswissenschaft (Mindt/Wagner 2007:11 f.) und die Bezeichnungen der Kompetenzorientierung (Ziener 2006:17 f.).

Ziele von Unterricht allgemeinsprachlich	**Lernzieldimensionen der klassischen Erziehungswissenschaft**	**Dimensionen von Kompetenzen in Bildungsstandards**
Können	Pragmatische Lernziele Psychomotorische Lernziele	Fähigkeiten
Wissen	Kognitive Lernziele	Kenntnisse
Empfinden	Affektive Lernziele Emotionale Lernziele	Einstellungen

Darstellung 14.5: Lernziele und Kompetenzen

In neueren Veröffentlichungen steht der Oberbegriff „Kompetenzen“ nicht selten für die klassische Bezeichnung Lernziele. Allerdings lässt die Klarheit des Kompetenzbegriffs gelegentlich zu wünschen übrig. Auch die Untergliederungen des Kompetenzbegriffs lassen die Sorgfalt der bisherigen Abgrenzungen mitunter vermissen. Eine saubere begriffliche Klärung steht noch aus.[1]

[1] Der Begriff „Fähigkeiten" wird von Ziener 2006:17 f. mit dem Begriff „Fertigkeiten" gleichgesetzt. Im Fremdsprachenunterricht bezeichnet man mit Fertigkeiten, die vier *skills* Hörverstehen, Sprechen, Leseverstehen und Schreiben (vgl. Kapitel 2 „Sprache – Fertigkeiten – Unterricht"). Fähigkeiten wären dann die zugrundeliegenden Eigenschaften, die den Menschen befähigen, diese Fertigkeiten einzusetzen.

Unterrichtsdurchführung

Die Unterrichtsdurchführung ist die Folge aller vorhergehenden Planungsschritte. Sie erfordert ein großes Maß an Konzentration sowohl bei den Lehrenden als auch bei den Lernenden.

Ermittlung des Lernstandes

Die Ermittlung des Lernstandes liefert Aussagen über den Erfolg des Unterrichts. Sie ist die Grundlage für Schlussfolgerungen über die Schwerpunkte des nachfolgenden Unterrichts und seine Gestaltung. Ferner dient sie der Einschätzung der Lernenden und kann als Rückmeldung und Orientierungshilfe für die einzelnen Kinder dienen (Mindt/Wagner 2007:13f.). Die heutigen Lehrwerke machen kaum Äußerungen zu diesem wichtigen Bereich des Unterrichts.

Das vollständige Bild der Unterrichtsplanung

Der Unterricht beginnt mit einer Sachanalyse. Sie ist weitgehend frei von der Berücksichtigung der Faktoren des Bedingungsfeldes. Die Faktoren des Bedingungsfeldes beziehen sich jedoch auf alle übrigen Bereiche der Planung und Durchführung von Unterricht: auf die didaktische Analyse, auf die Lernzielbestimmung, die Unterrichtsdurchführung sowie die Ermittlung des Lernstandes.

In der didaktischen Analyse muss innerhalb der Darbietung zusätzlich zwischen Phasen des Unterrichts unterschieden werden: der Sprachaufnahme, der Sprachverarbeitung und der Sprachanwendung.

Sprachaufnahme
In der Phase der Sprachaufnahme erfolgt die erste Begegnung der Kinder mit neuen Sprachbeständen (neue Sprachlaute, neue Wörter, neue grammatische Strukturen, neue Redemittel für Sprachfunktionen, neue Schriftbilder).

Sprachverarbeitung
In der Phase der Sprachverarbeitung müssen die neuen Sprachbestände immer wieder auf vielfach unterschiedliche Weise geübt werden. Das Ziel der Phase der Sprachverarbeitung besteht darin, die neuen Sprachbestände in bekannten Situationen sicher verfügbar zu machen.

Sprachanwendung
In der Phase der Sprachanwendung werden die bisher erworbenen Sprachbestände in neuen und bisher unbekannten Situationen verfügbar gemacht. Das Ziel der Phase der Sprachanwendung besteht darin, dass die Sprachbestände auch in Situationen außerhalb des Unterrichts problemlos verwendet werden können (vgl. Mindt 1995:112f.).

Darstellung 14.6 gibt das vollständige Bild der Unterrichtsplanung. Die Faktoren des Bedingungsfeldes beziehen sich auf alle Bestandteile des Unterrichts.

<table>
<tr><th colspan="2">Bedingungsfeld</th><th>Unterricht</th><th colspan="2">Bedingungsfeld</th></tr>
<tr><td rowspan="2">Institutionelle Voraussetzungen</td><td>Schule</td><td>Vorbereitung der Unterrichtsplanung:
Sachanalyse
Unterrichtsplanung:
Didaktische Analyse
• Auswahl
• Abstufung
• Darbietung
– Sprachaufnahme
– Sprach-verarbeitung
– Sprach-anwendung</td><td>Lehrende</td><td rowspan="2">Voraussetzungen der am Unterricht Beteiligten</td></tr>
<tr><td>Lehrpläne</td><td>Lernziel-bestimmung
Unterrichts-durchführung
Ermittlung des Lernstandes</td><td>Lernende</td></tr>
</table>

Darstellung 14.6: Vollständiges Bild der Unterrichtsplanung

Stufen des Lernens
Die drei genannten Phasen sind bei der Planung von Unterricht mit den Stufen des Sprachenlernens (s. Kapitel 17 „Stufen des Sprachenlernens") zu verbinden. Verbindungen dieser Art werden in den hier vorgelegten Beispielen für die Unterrichtsplanung zum arbiträren Lernen und zum regelgeleiteten Lernen vorgenommen (Kapitel 19 und 20).

15 Allgemeine Arten des Sprachenlernens

Für das Lernen fremder Sprachen sind in jüngerer Zeit zwei Arten des Lernens besonders diskutiert worden: das selbstgesteuerte Lernen und das angeleitete Lernen.

Selbstgesteuertes Lernen

Selbstgesteuertes Lernen im Fremdsprachenunterricht soll in folgender Weise stattfinden: Die Lernenden werden mit großen Mengen von Sprachdaten konfrontiert (*input*). Für diese Vorgehensweise werden im frühen Fremdsprachenlernen die Bezeichnungen Sprachbad oder Immersion verwendet. Die dem Sprachbad ausgesetzten Lernenden müssen den Inhalt dieses *inputs* selbständig erschließen.

Dieses selbständige Erschließen wird auf die konstruktivistische Theorie des Sprachenlernens gestützt. Die Lehrkräfte nehmen dabei nur eine moderierende Randposition ein. Nach dieser Theorie erfolgt die Aneignung von Lernstoff in erster Linie durch die eigenständige Erschließung des Lernstoffs durch die Lernenden (Wendt 1996 und Wendt 2002).

Leistungen beim selbstgesteuerten Lernen

Um diese Aufgabe zu bewältigen, müssen die Kinder aus eigener Kraft und ohne Hilfe durch die Lehrkraft eine Fülle von komplexen Leistungen erbringen. Sie müssen erkennen, an welcher Stelle des Lautstroms Wortgrenzen liegen, sie müssen bekannte Wörter von unbekannten unterscheiden und den unbekannten Wörtern eine Bedeutung zuordnen. Aus der Form der Wörter (z. B. *dog* vs. *dogs*) müssen sie Schlussfolgerungen über Bedeutungsabstufungen ziehen. Aus der Anordnung der Wörter (Syntax) und der Intonation müssen sie erschließen, ob es sich beispielsweise um eine Aussage oder eine Frage handelt (*It is a lamp* vs. *Is it a lamp?*). Ferner müssen sie die Sprechabsichten durchschauen, um zu erkennen, welchem Handlungsziel die Äußerung dienen soll.

All dies soll von den Kindern eigenständig geleistet werden, ohne dass das Sprachmaterial zuvor einer Auswahl unterzogen wird. Ebenso unterbleibt eine Anordnung (Abstufung) des Sprachmaterials, die auf den Lernstand der Kinder bezogen ist und die vorherigen Lernfortschritte berücksichtigt. Lernen, das auf Auswahl und Abstufung der Lerngegenstände beruht, wird als lineares Lernen bezeichnet, das zu vermeiden sei (Bleyhl 2000:25).

Auch in Lehrwerken finden wir gelegentlich den Verzicht auf Auswahl und Abstufung des Sprachmaterials. Dies ist der Fall, wenn die Reihenfolge der Behandlung einzelner Unterrichtseinheiten (*steps, units, lessons*) nach Belieben gewählt werden kann. Beispiele sind die Lehrwerke *Bumblebee* (Michailow-Drews/Schultz-Steinbach 2001a) und *Ikuru* (Fröhlich-Ward et al. 2001 und Lehnert-Adler et al. 2002).

Anforderungen des selbstgesteuerten Lernens

Selbstgesteuertes Lernen erfordert die Fähigkeit, diese umfangreichen und komplexen Erkenntnisprozesse ohne fremde Hilfe erfolgreich zu durchlaufen. Selbstgesteuertes Lernen beruht auf einem hohen Maß an Spracherfahrungen und der Fähigkeit zu Abstraktionen, die auf vorhergehenden Sprachlernprozessen beruhen. Selbstgesteuertes Lernen gelingt durch Verallgemeinerung vorheriger Erfahrungen und eigenständige Übertragung auf eine neue Situation.

Verfahren des selbstgesteuerten Lernens

Selbstgesteuertes Lernen erfolgt in vielen Fällen durch Versuch und Irrtum. Die Lernenden erstellen immer neue Analysen des Sprachmaterials. Auf dieser Grundlage entwerfen sie Vermutungen für Lösungswege. Jeder neue *input* führt zur Bestätigung und noch öfter zur Ablehnung einzelner Hypothesen. Jede Ablehnung einer Hypothese macht neue Hypothesen zur Struktur der betrachteten Sprachdaten erforderlich.

Selbstgesteuertes Lernen ist zeitaufwendig und verlangt wegen der unvermeidbaren Wiederholung von Irrwegen und Fehlschlägen ein starkes Selbstvertrauen verbunden mit der Bereitschaft, vor Schwierigkeiten nicht vorzeitig zu kapitulieren.

In welchem Umfang können Kinder der ersten und zweiten Klasse selbstgesteuert lernen?

Das Sprachbad konfrontiert die Kinder mit der Gesamtheit der Merkmale der Aussprache und Intonation, einer großen Zahl von Formenvarianten (Morphologie) von Wörtern (z.B. *go* vs. *goes*), einer Vielfalt von bekannten und unbekannten Wörtern, einer anfangs unübersehbaren Fülle von Anordnungen von Wörtern (Syntax). Hinter allem stehen viele unbekannte Sprechabsichten.

Überforderungen

Wer mit dem Lernen einer fremden Sprache beginnt, ist mit dem unstrukturierten Sprachbad, in dem eine Vielzahl von sprachlichen Strukturen ohne Auswahl und Abstufung auftritt, völlig überfordert. Niemand außer einem Sprachgenie ist in der Lage, gleichzeitig alle Elemente der Aussprache und Intonation (Phonologie) korrekt zu erfassen, den Inhalt neuer Wörter (Semantik) zu verstehen, die unterschiedlichen Formabstufungen von Wörtern (Morphologie) zu erkennen sowie die Fülle von Anordnungsmöglichkeiten von Wörtern (Syntax) und die dahinterstehenden Sprechabsichten (Pragmatik) zu unterscheiden und zu durchschauen.

Mangel an Spracherfahrung

Die Kinder der Klassen 1 und 2 verfügen nicht annähernd über die Spracherfahrung, die es möglich machen würde, die notwendigen Verallgemeinerungen auf allen sprachlichen Ebenen von der Phonologie bis zur Pragmatik vorzunehmen und diese auf neue und unbekannte Sprachdaten zu übertragen. Sie können sich lediglich auf ihre Erfahrungen im Erwerb der Muttersprache stützen. Die Muttersprache hat in vielen wichtigen Punkten jedoch eine andere Struktur als die Fremdsprache.

Zeitbedarf

Der Englischunterricht in den Klassen 1 und 2 umfasst vielfach nur eine Unterrichtsstunde wöchentlich. Selbst bei zwei wöchentlichen Stunden wäre das Zeitbudget viel zu gering, um ernsthaft von einem „Sprachbad“ sprechen zu können. Es ist weder möglich, den *input* auf große Datenmengen der neuen Sprache zu stützen, noch haben die Kinder ausreichend Zeit, um zu haltbaren Ergebnissen zu gelangen.

Folgen von wiederholtem Versuch und Irrtum

Beim selbstgesteuerten Lernen führen die unvermeidlichen Irrtümer und die immer neu durchzuführenden Versuche, das Funktionieren der Sprache zu erfassen, zu einer Häufung von Misserfolgserlebnissen. Das von Erfolgen abhängige Selbstwertgefühl der Lernenden sinkt. Die hohe Irrtumsquote führt zur Entmutigung und schwächt die Bereitschaft zum Weiterlernen. Unlust und Demotivation stellen sich ein.

Beschränkung auf Hören und Verstehen

Selbstgesteuertes Lernen durch das Sprachbad betrifft in erster Linie die rezeptive Fertigkeit des Hörens und Verstehens. Die produktive Fertigkeit Sprechen wird durch das Sprachbad nicht direkt entwickelt. Das Sprachbad liefert im Allgemeinen keine konkreten Sprechanlässe. Das Sprachbad stellt weder Steuerungsimpulse für das Sprechen zur Verfügung, noch bietet es Möglichkeiten der Korrektur oder Abwandlung von Sprachäußerungen.

Fazit zum selbstgesteuerten Lernen

Das Sprachbad stellt in den meisten Fällen eine Überforderung der Kinder dar. Das selbstgesteuerte Lernen lässt die geringe Spracherfahrung der Kinder unberücksichtigt. Es verkennt den Zeitbedarf, der für die Verarbeitung großer Mengen von unbekannten Sprachdaten erforderlich ist und führt zu Demotivation und Desinteresse. Darüber hinaus betrifft die Verwendung des Sprachbades lediglich die Fertigkeit des Hörens und Verstehens und lässt das Sprechen weitgehend unberücksichtigt. Angesichts dieser Sachlage ist es erstaunlich, mit welcher Bestimmtheit die konstruktivistische Position für das frühe Fremdsprachenlernen vertreten wird (Bleyhl 2000:19 und Bleyhl 2004:230).

Angeleitetes Lernen

Alle Menschen helfen ihren Nachkommen bei den ersten Schritten der Lebensbewältigung durch intensive Unterstützung und Anleitung.

Es ist ein Merkmal der Kultur, dass Kinder durch gezielte elterliche und schulische Unterweisung in überschaubarer Zeit das Wissensniveau ihrer Vorfahren erreichen mit der Möglichkeit, es im Laufe des eigenen Lebens weiter auszubauen. Was für die Kultur im Allgemeinen gilt, gilt im Besonderen auch für die Sprache und die Sprachbeherrschung.

Das angeleitete Lernen stellt sachgemäße und gezielte Hilfen zur Verfügung, wo immer sie benötigt werden. Irrwege werden wirksam verhindert. Das Lernen wird erleichtert. Angeleitetes Lernen kommt besonders den lernschwächeren Kindern zugute (vgl. Kuhn 2006b:121). Der Zeitaufwand ist deutlich geringer als beim selbstgesteuerten Lernen. Dazu bedarf es professioneller Lehrkräfte, was beim selbstgesteuerten Lernen nicht notwendigerweise der Fall sein muss.

Fähigkeiten professioneller Lehrkräfte

Durch die Fähigkeiten ausgebildeter Lehrkräfte ist eine professionelle Unterrichtsplanung, -durchführung und -bewertung möglich. Diese Lehrkräfte verfügen über:

- Einsicht in die Sprachstruktur (Linguistik) der neu zu erlernenden Sprache einschließlich des Verhältnisses von Lautung und Schreibung
- Kenntnisse über Lernprozesse im Kindesalter und den Entwicklungsstand der Kinder (Spracherwerbsforschung und Entwicklungspsychologie)
- Kenntnisse über das Lehren und Lernen der eigenen und der fremden Sprache (Sprachdidaktik)
- die Fähigkeit, den Sprachstand der Kinder zu erkennen und zu bewerten (Diagnostik).

Leistungen professioneller Lehrkräfte

Aufgrund ihrer theoretischen Kenntnisse und praktischen Fähigkeiten können professionelle Lehrkräfte die Kinder zu Leistungen führen, die weit über die Ergebnisse des selbstgesteuerten Lernens hinausgehen.
Professionelle Lehrkräfte

- sind in der Lage, die Auswahl und Abstufung des Sprachmaterials so vorzunehmen, dass es dem Niveau der Lernenden entspricht und weder zu Überforderungen führt noch Unlust durch Unterforderungen auslöst

- können geeignete Verfahren zur Darbietung des Sprachmaterials einsetzen, die auf den jeweiligen Lernstand der Kinder bezogen sind
- sind in der Lage, kindgerechte Arbeitsformen für die Phasen der Sprachaufnahme, der Sprachverarbeitung und der Sprachanwendung einzusetzen
- praktizieren die Isolierung von Schwierigkeiten und vermeiden auf diese Weise die Entmutigungen und Frustrationen von Kindern, die beim selbstgesteuerten Lernen durch immerwährenden Versuch und Irrtum und erfolglose Hypothesenbildungen nicht zum gewünschten Ziel gelangen können
- erkennen Defizite der Lernenden und führen Unterrichtssequenzen durch, die diese Defizite für Gruppen oder einzelne Kinder gezielt ausgleichen
- können Aussagen darüber machen, welche Lerngegenstände bei einem bestimmten Sprachstand als nächste in Frage kommen, und stützen ihre Unterrichtsplanung auf diese Befunde
- üben Fehlertoleranz durch ihre Kenntnisse über abweichende Leistungen, die als Zwischenschritte zur Erreichung von sprachlichen Zielen zwangsläufig auftreten und daher nicht als abwegige Irrtümer anzusehen sind (z. B. *mouses* statt *mice*)
- wissen, bei welchem Lerngegenstand, zu welchem Zeitpunkt und mit welchen Verfahren bewusstmachende Hilfen verwendet werden können, und führen diese Maßnahmen in angemessener Form durch
- vermeiden die Beschränkung auf einzelne Fertigkeiten wie das Hören und Verstehen, sondern können mit Hilfe von spielerischen und handlungsorientierten Verfahren alle Fertigkeiten in der erforderlichen Abstufung entwickeln
- verfügen über eine Medienkompetenz, die es ermöglicht, unterschiedliche auditive und visuelle Medien kind- und sprachgerecht in den in Frage kommenden Situationen einzusetzen.

Die Lehrkraft als Sprachvorbild

Professionelle Lehrkräfte besitzen die Fähigkeit, als individuelles Sprachvorbild zu fungieren und sich den Bedürfnissen der Lernenden jederzeit anzupassen.

Das Sprachbad des selbstgesteuerten Lernens nimmt in der Regel darauf keine Rücksicht. Das Sprachbad kann auch durch auditive oder audiovisuelle Medien (Tonkassetten, CDs, DVDs) dargeboten werden, die in ihrer Form meist nicht veränderbar sind.

Anders als technische Medien kann sich die Lehrkraft ganz gezielt auf einzelne Laute, Wörter oder Sätze konzentrieren, die in ihrer Darbietung exakt an die Bedürfnisse größerer oder kleinerer Lerngruppen angepasst werden können. Darüber hinaus kann die Lehrkraft Steuerungsimpulse für das Sprechen bieten ebenso wie Möglichkeiten der Korrektur oder Abwandlung von Sprachäußerungen. All dies kann durch das Sprachbad nicht geleistet werden.

Allgemeine Vorzüge des angeleiteten Lernens

Das angeleitete Lernen vermeidet die Schwächen des selbstgesteuerten Lernens. Es verhindert Überforderungen, es gleicht den Mangel an Spracherfahrung der Kinder durch gezielte Hilfen der Lehrkräfte aus. Auf diese Weise kommt es trotz des geringen Zeitbudgets zu Ergebnissen, die ohne Anleitung nicht erreichbar wären. Das angeleitete Lernen vermeidet die immer wiederkehrenden Entmutigungen und die damit einhergehenden Demotivierungen des selbstgesteuerten Lernens. Darüber hinaus beschränkt es sich nicht auf die Fertigkeit des Hörens und Verstehens, sondern berücksichtigt alle Fertigkeiten in ihrer jeweiligen Gewichtung.

Vorzüge angeleiteten Lernens durch professionelle Lehrkräfte

Anders als im selbstgesteuerten Lernen erfordert das angeleitete Lernen den Einsatz professioneller Lehrkräfte. Ihre Kenntnisse der Fachdidaktik, der Linguistik, der Spracherwerbsforschung und Entwicklungspsychologie sowie ihre diagnostischen Fähigkeiten führen zu einem Unterricht, der anspruchsvolle Lernziele durch sorgfältige Planung in kurzen Zeitabschnitten mit kindgerechten Methoden erreichen kann.

Beim selbstgesteuerten Lernen stehen die Lehrkräfte in einer Randposition. Ihre Fähigkeiten spielen keine entscheidende Rolle für den Unterrichtserfolg.

Beim angeleiteten Lernen haben die Lehrkräfte eine Schlüsselrolle für das Erreichen von Zielen und Ergebnissen des Unterrichts. Ihre Fähigkeiten sind ausschlaggebend für die Ergebnisse des Unterrichts.

Ausgleich unterschiedlicher Begabungen

Beim selbstgesteuerten Lernen entscheidet die natürliche Begabung der Kinder maßgeblich über den Erfolg und die eigenen Lernergebnisse. Begabte und lernstarke Kinder finden ihren Weg in vielen Fällen trotz zahlreicher Irrwege und Frustrationen. Lernschwächere Kinder bleiben ohne Unterstützung. Sie fallen immer weiter zurück, die Kluft zwischen lernstarken und lernschwachen Kindern wird durch selbstgesteuertes Lernen zunehmend vertieft.

Beim angeleiteten Lernen erfahren auch lernschwächere Kinder die für sie erforderliche Unterstützung. Umfangreiche Hilfen werden ihnen zuteil. Art und Umfang der Hilfen orientieren sich an ihrem Lernstand. Die dadurch bedingten Erfolge ermutigen sie und stärken ihr Selbstwertgefühl. Die Kinder erfahren, dass Anstrengungen sich lohnen. Die Freude am Lernen wächst mit jedem kleinen Erfolg. Durch angeleitetes Lernen wird die Kluft zwischen lernstarken und lernschwachen Kindern spürbar verringert.

Auch lernstärkere Kinder erreichen Leistungen, die beim selbstgesteuerten Lernen nicht möglich sind. Die Lernwege werden für alle verkürzt. Der Zeitaufwand ist geringer. Die Kommunikationsfähigkeit wird deutlich erweitert, ohne dass eine unzumutbare Kluft zwischen lernstärkeren und lernschwächeren Kindern entsteht.

16 Spezielle Arten des Sprachenlernens

Das Lernen einer Sprache vollzieht sich auf zwei Weisen: durch arbiträres (willkürliches) Lernen und durch regelgeleitetes Lernen. Auf keine der beiden Arten des Lernens kann beim Sprachenlernen verzichtet werden. Beide Arten des Sprachenlernens gelten für unterschiedliche Bausteine der Sprache.

Die beiden Arten des Sprachenlernens

Arbiträres (willkürliches) Lernen findet dort statt, wo eine sprachliche Erscheinungsform einmalig und nicht logisch erschließbar ist und nur für einen einzelnen Baustein der Sprache gilt.

Regelgeleitetes Lernen treffen wir dort an, wo die Form sprachlicher Äußerungen nicht einmalig ist, sondern in gleicher Art bei anderen sprachlichen Elementen anzutreffen ist.

Arbiträre Sprachbeziehungen

Der Körperteil des Menschen, an dem sich Mund, Nase, Augen und Ohren befinden, wird in unterschiedlichen Sprachen durch unterschiedliche Lautfolgen bezeichnet: englisch [hed], deutsch [kɔpf], italienisch ['tɛsta], spanisch [ka'βeθa].

Zwischen der Lautform und dem dadurch bezeichneten Körperteil besteht keine erklärbare Beziehung. Niemand kann erklären, warum dieser Körperteil in den einzelnen Sprachen mit genau dieser Lautfolge bezeichnet wird. Die Beziehung zwischen Lautform und Bedeutung ist willkürlich (arbiträr).

Eine meist zweckfreie Aktivität, die für Handlungen von Kindern charakteristisch ist, wird im Englischen durch das Verb *play* bezeichnet, im Deutschen durch *spielen*, im Italienischen durch *giocare*, im Spanischen durch *jugar*.

Zwischen der Laut- und Schriftform von englisch *play*, deutsch *spielen*, italienisch *giocare*, spanisch *jugar* und der dadurch bezeichneten Handlung ist keine Regel erkennbar. Es gibt keine Begründung dafür, warum nur diese und keine andere Laut- oder Schriftform die gemeinte Handlung bezeichnet.

Arbiträres Lernen

Solche willkürlichen Verbindungen von Bedeutungen mit Laut- und Schriftformen müssen arbiträr gelernt werden. Arbiträres Lernen bedeutet: Die Lernenden müssen sich die sprachliche Form einprägen. Zuvor müssen sie die Verbindung von Form und Bedeutung erkannt haben.

Dieses Einprägen erfolgt durch Auswendiglernen, das sich in erster Linie auf häufige Wiederholungen stützt. Wenn die Wiederholungen erfolgreich waren, kann das neue Sprachelement produktiv verwendet werden.

Regelgeleitete Sprachbeziehungen

Die Bezeichnungen für Nomen treten im Englischen in unterschiedlichen Formen auf: *an arm, my arms, my hand, two hands, one finger, three fingers*. Der Gebrauch der verschiedenen Formen ist aber nicht willkürlich, sondern der Unterschied kann durch die in Darstellung 16.1 wiedergegebene Regel beschrieben werden.

Singular der Nomen kein -*s* am Ende des Wortes		**Plural der Nomen** -*s* am Ende des Wortes	
an	*arm*	*my*	*arms*
my	*hand*	*two*	*hands*
one	*finger*	*three*	*fingers*

Darstellung 16.1: Singular und regelmäßiger Plural englischer Nomen

Im Englischen treten Adjektive in folgenden Formen auf: *happy, friendly, unhappy, unfriendly*. Zwischen den unterschiedlichen Formen dieser Adjektive besteht eine geregelte Beziehung: die Vorsilbe *un-* bedeutet die Verneinung oder Abwesenheit der Eigenschaft, die durch das Adjektiv ausgedrückt wird. Diese Regel ist in Darstellung 16.2 wiedergegeben.

nicht verneintes Adjektiv keine Vorsilbe am Beginn des Wortes	**verneintes (negatives) Adjektiv** Vorsilbe *un-* am Beginn des Wortes
happy *friendly*	*unhappy* *unfriendly*

Darstellung 16.2: Nicht verneinte und verneinte Adjektive

Regelgeleitetes Lernen

Regelgeleitetes Lernen bedeutet, dass die Kenntnis der Regel eine Übertragung auf andere Bausteine der Sprache möglich macht. Die Übertragung auf andere Bausteine der Sprache stützt sich auf eine vorherige Einsicht.

Wenn erkannt worden ist, dass die Hinzufügung von *-s* bei Nomen im Allgemeinen die Bedeutung ‚mehr als einer' enthält, kann diese Regel auf alle Nomen mit regelmäßiger Pluralbildung angewandt werden. Zu *one car* kann die Pluralform *two cars* gebildet werden, zu *a dog* kann die Pluralform *many dogs* gebildet werden. Umgekehrt kann das Wort *elephants* als Pluralform von *elephant* erkannt werden.

Eine Ausnahme bilden die wenigen Nomen mit unregelmäßiger Pluralbildung, z.B. *man – men, child – children, foot – feet, mouse – mice.* Von diesen geringfügigen Ausnahmen abgesehen, gilt die Regel für alle übrigen Nomen, auch für solche, die den Lernenden zur Zeit noch gar nicht bekannt sind und die erst später gelernt werden.

Dasselbe gilt für die Vorsilbe *un-* bei anderen Adjektiven. Wenn erkannt worden ist, dass die Vorsilbe *un-* die Verneinung oder Abwesenheit der Eigenschaft des Adjektivs bezeichnet, können auch neue unbekannte Adjektive verstanden und auch produziert werden.

Wenn *fair* bekannt ist, erschließt sich die Bedeutung von *unfair* ohne weitere Mühe. Später können weitere Bildungen erkannt und produziert werden: *cool – uncool, attractive – unattractive.* Auch die umgekehrte Schlussfolgerung ist möglich, z.B. von *unusual* zu *usual.* Die Übertragbarkeit ist nur bei wenigen Ausnahmen eingeschränkt wie *correct – incorrect.*

Bausteine der Sprache, die arbiträr gelernt werden

Die folgenden Bausteine der Sprache müssen überwiegend arbiträr gelernt werden: Aussprache und Intonation, umfangreiche Teile des Schriftbildes, der größte Teil des Wortschatzes sowie die meisten Redemittel für Sprachfunktionen.

Aussprache und Intonation

Im Englischen gibt es eine größere Zahl von bedeutungsunterscheidenden Lauten, die mit dieser Aussprache nicht im Deutschen vorhanden sind, z. B. der Konsonant [ð] in *the* oder *this*, der Vokal [æ] in *apple* oder *have* oder der Halbvokal [w] in *week* oder *well*.

Das Lernen der Aussprache und Intonation erfolgt überwiegend durch Nachahmung und Wiederholung. Gelingt die Aussprache wichtiger Laute nicht durch Nachahmung allein, müssen zusätzlich bewusstmachende Hilfen für die Lautbildung gegeben werden. Für die richtige Bildung des [ð] kann beispielsweise der Hinweis gegeben werden, dass die Zungenspitze die vorderen Schneidezähne berührt.

Schriftbild

Das englische Schriftbild zeigt weniger Regelmäßigkeiten als das deutsche. Dies gilt vor allem im Bereich der Vokale. Bei Vokalen lassen sich nur in seltenen Fällen Regeln für das Verhältnis von Aussprache und Schrift feststellen. So kann der Vokal [uː] durch unterschiedliche Schreibungen wiedergeben werden wie *true, shoe, lose, loose*. Der Lautung [eɪ] können unterschiedliche Schreibungen entsprechen wie *break, make, say, grey*.

Umgekehrt haben gleiche Schreibungen oft unterschiedliche Aussprachen, z.B kann die Schreibung *a* die unterschiedlichsten Aussprachen haben: [ə] in *a book*, [æ] in *apple*, [eɪ] in *make*. Anders als im Deutschen müssen viele Schriftbilder des Englischen einzeln gelernt werden.

Im Bereich der englischen Konsonanten gibt es jedoch eine Reihe von Schreibungen, die durch regelgeleitetes Lernen erworben werden können, z. B. *m, n, p, b, t, d* etc. (vgl. Kapitel 11 „Das Schriftbild“).

Wortschatz

Die meisten Wörter des Englischen unterscheiden sich so fundamental vom Wortschatz des Deutschen, dass direkte Beziehungen zwischen den Wörtern beider Sprachen nicht erkennbar sind, z.B. *car, dog, story*.

Ein kleinerer Teil des englischen Wortschatzes ist wegen der Sprachverwandtschaft mit dem Deutschen leichter erlernbar, z.B. *house, door, apple, finger, arm, father, mother*. Leicht erlernbar sind auch Wörter, die in ähnlicher Form in verschiedenen Sprachen gebraucht werden wie *radio, coffee, tea*. Bei diesen Wörtern gibt es lediglich bestimmte Unterschiede der Aussprache und Schreibung.

Die Ähnlichkeiten der Sprachverwandtschaft und des Vorhandenseins in anderen Sprachen machen wir uns bei der Auswahl unseres Wortschatzes für die Klassen 1 und 2 zunutze (vgl. Kapitel 7 „Der Wortschatz"). Wir beginnen mit einem Teil des Wortschatzes, der nur geringe Lernschwierigkeiten bietet.

Je weiter wir jedoch mit dem Sprachenlernen fortfahren, desto geringer sind die Anknüpfungsmöglichkeiten an Wörter, die sich durch die Sprachverwandtschaft mit dem Deutschen oder den Gebrauch in anderen Sprachen ergeben. In späteren Stadien des Sprachenlernens haben wir es in den meisten Fällen mit willkürlich zu erlernenden Wörtern zu tun.

Alle diese Wörter müssen arbiträr gelernt werden. Dazu ist ständige kontrollierte Wiederholung erforderlich. Dieses mühsame und zeitaufwendige Lernen kann nicht abgekürzt werden. Jedes Wort muss für sich gelernt werden. Der Ertrag gilt nur für das eine erlernte Wort. Hilfen, die auf Einsicht beruhen, stehen nicht zur Verfügung, da es keine Regeln für den Zusammenhang von Wortform und Bedeutung gibt.

Redemittel für Sprachfunktionen

Die Bedeutung der meisten Redemittel für Sprachfunktionen lässt sich nicht aus den Bedeutungen ihrer einzelnen Bestandteile erschließen. Selbst wenn man die Bedeutung der Wörter *here, you* und *are* kennt, ist es nicht möglich, aus den Einzelwörtern die Bedeutung des Ausdrucks *Here you are* (‚bitte sehr‘) zu erschließen.

Die meisten Redemittel für Sprachfunktionen müssen daher als Einheit verstanden und verwendet werden. Dies bedeutet, dass sie arbiträr wie Vokabeln zu lernen sind. So muss man z. B. lernen, dass eine Aufforderung durch *Come on* ausgedrückt werden kann oder eine bestimmte Form der Verabschiedung durch *See you (later)*.

Bausteine der Sprache, die regelgeleitet gelernt werden

Die folgenden Bausteine der Sprache können regelgeleitet gelernt werden: die Grammatik, die Wortbildung und die Einordnung von Wörtern in Bedeutungsfelder.

Grammatik

Verbformen treten im Englischen in unterschiedlichen Formen auf: *I play, she plays, we sing, he sings*. Dahinter steht eine Regel für Verbformen im Präsens (s. Darstellung 16.3).

Subjekt **nicht in der 3. Person Singular** kein *-s* am Ende des Verbs		**Subjekt** **in der 3. Person Singular** *-s* am Ende des Verbs	
I	*play*	*he*	*plays*
you	*sing*	*she*	*sings*
we	*play*	*it*	*plays*
they	*sing*		
the girls	*play*	*the girl*	*plays*
my friends	*sing*	*my friend*	*sings*

Darstellung 16.3: Verbformen in Abhängigkeit vom Subjekt

Das Verhältnis von Subjekt und folgender Verbform gilt nicht nur für die Verben *play* und *sing*. Es ist vielmehr übertragbar auf alle anderen Verben, auch auf solche, die erst später gelernt werden, z. B. *I make – he makes, we read – she reads, the boys dance – the girl dances*.

In vielen Lehrwerken wird regelgeleitetes Lernen vermieden, manchmal sogar ausdrücklich abgelehnt. Das Lehrwerk *Sunshine* führt dazu aus: „Die Kinder müssen sich kein explizites Wissen über Struktur oder Grammatik aneignen." (Norman/L'Estrange 2007:5).

Das Lernen stützt sich stattdessen auf arbiträre Verfahren. Wenn das Lernen der Grammatik arbiträr erfolgt und sich ausschließlich auf Nachahmung und Wiederholung stützt, können nur die Formen von *play* und *sing* mit den vorher eingeführten Subjekten gebildet werden. Alle anderen Subjektverbindungen müssen einzeln gelernt werden. Eine Übertragung auf andere Verben ist nicht möglich.

Wenn das Lernen sich jedoch auf die Einsicht von der festen Verbindung eines bestimmten Subjekts mit der nachfolgenden Verbform stützt, verkürzen sich die Lernwege erheblich. Die einmal erkannte Regel kann auf alle regelmäßigen Verbformen angewandt werden. Das regelgeleitete Lernen erfordert daher eine deutlich geringere Gedächtnisleistung und hat zeitsparende Wirkung.

Wortbildung

Im Englischen treffen wir auf Wortpaare wie die folgenden: *rain* – *rainy*, *wind* – *windy*. Wir haben es hier mit einer Regelhaftigkeit der Wortbildung zu tun. Von Nomen können Adjektive abgeleitet werden, welche die Bedeutung des Nomens ausdrücken (s. Darstellung 16.4).

Nomen Form: Nomen endungslos	**abgeleitetes Adjektiv** Form: Nomen + *-y*
rain *storm* *wind*	*rainy* *stormy* *windy*

Darstellung 16.4: Nomen und abgeleitete Adjektive

Das Verhältnis von Nomen und abgeleitetem Adjektiv gilt nicht nur für die Formen *rain* – *rainy*, *storm* – *stormy*, *wind* – *windy* und für das Bedeutungsfeld *weather*. Es kann auf viele andere Wortpaare in anderen Bedeutungsfeldern übertragen werden wie *sleep* – *sleepy*, *health* – *healthy*, *dirt* – *dirty*.

Wenn die Regel einmal erkannt ist, sind mit dieser Art des Lernens alle bisher genannten Vorzüge und Erleichterungen des Verstehens, Anwendens und Behaltens verbunden. Die Einsicht in die Regel erlaubt das Verstehen und die Produktion bisher unbekannter Adjektive, wenn das zugehörige Nomen bekannt ist und umgekehrt. Regelgeleitetes Lernen erlaubt die Meisterung neuer Sprachsituationen und führt zu einer sprachlichen Produktivität und Kreativität, die mit arbiträrem Lernen nicht erreichbar ist.

Einordnung von Wörtern in Bedeutungsfelder

In Wörterbüchern erfolgen die Einträge üblicherweise in alphabetischer Reihenfolge, z.B. *apple, bear, bed, cat, chair, hamster, lamp, orange, pear*. Das Alphabet nimmt keine Rücksicht auf den bedeutungsmäßigen Zusammenhang von Wörtern. Tatsächlich lassen sich die o.g. Wörter drei Bedeutungsfeldern zuordnen (s. Darstellung 16.5).

fruit	***animals***	***my room***
apple *orange* *pear*	*bear* *cat* *hamster*	*bed* *chair* *lamp*

Darstellung 16.5: Wörter und Bedeutungsfelder

Die Zugehörigkeit von Wörtern zu Bedeutungsfeldern folgt den regelhaften Abgrenzungen von Bedeutungsfeldern im Wortschatz einer Sprache. Die Kenntnis des Bedeutungszusammenhangs ist eine wichtige Stütze für das Merken und Abrufen von Wörtern. „Die Wortschatzelemente eines Feldes stützen sich gegenseitig durch ihren gemeinsamen Bedeutungsrahmen" (Möglich 2006:87). Regelgeleitetes Lernen durch Zuordnung von Wörtern zu Bedeutungsfeldern führt zu einer Verbesserung des Behaltens, des Wiedererkennens und der Verwendung von Wörtern.

Bausteine der Sprache, die arbiträr und regelgeleitet gelernt werden

Bei diesen Bausteinen handelt es sich um bestimmte Teile des englischen Schriftbildes und bestimmte Redemittel für Sprachfunktionen.

Schriftbild

Bei den englischen Vokalen gibt es so geringfügige Übereinstimmungen zwischen Lautbild und Schriftbild, dass das Schriftbild der meisten Vokale arbiträr zu lernen ist (mit Ausnahme weniger Kurzvokale).

Dagegen zeigt eine größere Zahl von Konsonanten starke Übereinstimmungen von Lautbild und Schriftbild. Diese Übereinstimmungen sind in vielen Fällen identisch mit dem Deutschen, so dass hier regelgeleitete Verfahren sinnvoll eingesetzt werden können (vgl. Kapitel 11 „Das Schriftbild").

Redemittel für Sprachfunktionen

Bei den Redemitteln für Sprachfunktionen gibt es feste Wendungen und abwandelbare Redemittel.

Die Bedeutung von festen Wendungen lässt sich nicht aus den Bedeutungen ihrer Einzelteile erschließen. So wird die Wendung *You're welcome* als Reaktion auf eine Danksagung verstanden. Im Deutschen würde man Wendungen wie *bitte* oder *gern geschehen* benutzen. Ein Versuch, die Bedeutung der englischen Wendung aus den Bedeutungen der Einzelwörter *you*, *are* und *welcome* zu erschließen, funktioniert nicht. Diese festen Wendungen müssen arbiträr wie Einzelwörter gelernt werden.

Wenn ich Personen vorstellen möchte, kann ich das abwandelbare Redemittel *This is* ... benutzen. Mit dieser Wendung kann ich unterschiedliche Personen vorstellen, z. B. *This is* *<u>my mother</u>*. *This is* *<u>my friend Tom</u>* etc. Der abwandelbare Teil der Redemittel für Sprachfunktionen kann daher regelgeleitet gelernt werden.

Gegenüberstellung von arbiträrem Lernen und regelgeleitetem Lernen

Darstellung 16.6 gibt eine vergleichende Gegenüberstellung der Hauptmerkmale des arbiträren Lernens und des regelgeleiteten Lernens (vgl. Mindt 2008a:17).

Arbiträres Lernen	Regelgeleitetes Lernen
gilt nur für ein sprachliches Einzelelement	ist übertragbar auf alle Mitglieder einer Klasse von Sprachelementen
erfordert in jedem Fall einen eigenen Lernweg	verkürzt Lernwege bei gleichartigen Fällen
erfordert eine hohe Gedächtnisleistung	erfordert eine geringe Gedächtnisleistung
ist zeitaufwendig	ist zeitsparend
ist nur für eine Sprachsituation anwendbar	erlaubt die Meisterung neuer Sprachsituationen
ist nur im Wiederholungsfall anwendbar	führt zu sprachlicher Produktivität und Kreativität

Darstellung 16.6: Arbiträres Lernen vs. regelgeleitetes Lernen

Trotz der Vorteile des regelgeleiteten Lernens finden sich dafür kaum Anwendungen in den vorhandenen Lehrwerken für den Englischunterricht der Klassen 1 und 2. Das Lernen einer fremden Sprache wird vielfach mit dem Wortschatzlernen gleichgesetzt. Durch die Beschränkung auf arbiträres Lernen ergeben sich erhebliche Erschwerungen des Lernens und bedeutende Zeitverluste.

Neuere Positionen lassen diese Vorbehalte nicht mehr erkennen. Sie stützen sich auf die Methodik anderer Lernbereiche der Klassen 1 und 2 sowie die Berücksichtigung von Ergebnissen der Entwicklungspsychologie und der Spracherwerbsforschung. Es ergibt sich, dass bewusstmachende Verfahren, die sich auf Regeln stützen, wirksame Lernhilfen für die Kinder darstellen (Teubner 2006:67).

Die nahezu überall verlangte Berücksichtigung von Sprachbewusstheit (*language awareness*) ist ohne regelgeleitetes Lernen nicht erreichbar. Nur wenn die Kinder Funktionen der Sprache zumindest stückweise in Einzelbereichen durchschauen, sind sie zu ersten Schritten der Selbsteinschätzung in der Lage. Zur Entwicklung der notwendigen

Sprachbewusstheit sind Verfahren notwendig, die auf Einsicht beruhen. Diese Verfahren sind dosiert und kindgerecht einzusetzen (Sauer 2006a:5).

Regelgeleitetes Lernen ist von besonderem Wert für lernschwächere Kinder. Die ungehinderte Einsicht in das Funktionieren der Sprache verhindert mühevolles Raten mit allen damit verbundenen Unsicherheiten. Die Orientierung an einfachen und verständlichen Regeln führt zu einem schnelleren und erfolgreicheren Sprachverstehen und erleichtert die Bereitschaft, sich sprachlich produktiv zu äußern. Dies erhöht den Lernerfolg und ist eine starke Motivation für das weitere Lernen.

Form der Regeln

Es versteht sich von selbst, dass die Regeln in kindgerechter Form erarbeitet und bereitgestellt werden. Der Weg zur Regel ist induktiv: Vom Sprachmaterial zum möglichst eigenständigen Herausfinden der sprachlichen Regel. Wir verzichten auf erklärungsbedürftige grammatische Begriffe wie Singular oder Plural oder *present tense* und *past tense*. Wir machen starken Gebrauch von signalgrammatischen Verfahren. So benutzen wir für das *-s* der 3. Person Singular die signalgrammatische Verbindung von *he*, *she* oder *it* mit der entsprechenden Verbform. Die Zusammenhänge machen wir farbig oder durch Unterstreichung klar (Darstellung 16.7).

he	*plays*
she	*sings*
it	*plays*

Darstellung 16.7: Signalgrammatische Darstellung der Abhängigkeit der Verbform von Subjekten in der 3. Person Singular

Bevor das Schriftbild soweit eingeführt ist, dass die in Darstellung 16.7 verwendete Übersicht gegeben werden kann, ist die folgende Vorstufe möglich:

Wortkarte für ***he*** an linke Tafelhälfte.

Buchstabenkarte für -**s** an rechte Tafelhälfte bei gleichzeitigem Aussprechen der Verbindung von *he* + Verbform (z. B. *plays*).

Fazit

Sprachenlernen kann nur dann schnell und problemlos erfolgen, wenn es sich sowohl auf das arbiträre Lernen als auch auf das regelgeleitete Lernen stützt. Die beiden unterschiedlichen Lernweisen gelten für unterschiedliche Bausteine der Sprache.

Viele Lehrwerke vermeiden regelgeleitetes Lernen und stützen sich ausschließlich auf Nachahmung und Wiederholung. Sie verkennen die Leistungsfähigkeit und die sprachliche Neugier der Kinder dieses Alters. Entgegen früheren Annahmen wissen wir, dass die Kinder in den Klassen 1 und 2 über die notwendigen Voraussetzungen verfügen, nicht nur arbiträr, sondern auch regelgeleitet zu lernen (vgl. Kapitel 3 „Die Kinder").

Die noch heute häufig praktizierte Beschränkung auf arbiträres Lernen erschwert und verlangsamt den Lernprozess bei gleichzeitiger Überforderung lernschwächerer Kinder. Beide Lernweisen müssen auf die im Einzelfall zutreffenden Sprachbausteine bezogen werden. Dieser unterschiedliche und sich gegenseitig ergänzende Einsatz von arbiträrem Lernen und regelgeleitetem Lernen verkürzt und erleichtert die Lernwege. Er führt zu einer sprachlichen Produktivität und Kreativität, die bei Ausschluss regelgeleiteter Verfahren nicht erreichbar ist (vgl. Mindt 2008b:8).

Durch die Einbeziehung regelgeleiteter Verfahren verliert der Unterricht nichts von seinem altersangemessenen Charakter. Der Unterricht bleibt anschaulich, handlungsorientiert und spielerisch und verwendet durchgehend kindgemäße Arbeitsformen (für Beispiele vgl. Kuhn 2006a:159–248).

17 Stufen des Sprachenlernens

Im vorigen Kapitel haben wir festgestellt, dass es zwei spezielle Arten des Sprachenlernens gibt: arbiträres Lernen und regelgeleitetes Lernen. Wir wissen, dass diese beiden Arten des Sprachenlernens für unterschiedliche Bausteine der Sprache gelten. Für bestimmte Teile des Schriftbildes und für Teile der Redemittel für Sprachfunktionen kommen beide Arten des Sprachenlernens in Frage (Darstellung 17.1).

Arbiträres Lernen	**Regelgeleitetes Lernen**
Aussprache und Intonation Wortschatz	Grammatik Wortbildung Einordnung von Wörtern in Bedeutungsfelder
Schriftbild Redemittel für Sprachfunktionen	

Darstellung 17.1: Arten des Sprachenlernens und Bausteine der Sprache

Ein Modell des Sprachenlernens

Lernen vollzieht sich in Stufen. Wir benötigen eine Beschreibung der einzelnen Stufen und der Arten des Wissens, die diesen Stufen zugeordnet sind. Abschließend muss eine Beziehung der Stufen zum Unterricht und den methodischen Maßnahmen hergestellt werden.

Dazu brauchen wir ein Modell, das für alle Bausteine der Sprache anwendbar ist. Darüber hinaus sollte es sich um ein Modell des Lernens handeln, das nicht nur für das Sprachenlernen gilt. Ein solches Modell ist von Karmiloff-Smith 1992 vorgestellt worden.

Die Erforschung von Lernprozessen bei Kindern hat ergeben, dass bestimmte Stufen des Lernens nicht nur für das Sprachenlernen gelten, sondern auch für andere Wissensgebiete.

Kinder lernen neben der Sprache die Objekte ihrer Umgebung kennen und handhaben (Physik), sie ordnen und zählen Dinge in ihrem Erfahrungsbereich (Mathematik), sie beobachten Menschen und ziehen

Schlussfolgerungen aus ihrem Verhalten (Psychologie), und sie machen Aufzeichnungen über ihre Beobachtungen (Notation).

In allen diesen Bereichen lassen sich gleichartige Stufen des Lernens beobachten (Karmiloff-Smith 1992:18). Diese Stufen haben eine geordnete Reihenfolge. Jede dieser Stufen kann erst beschritten werden, nachdem zuvor die Lernprozesse der vorhergehenden Stufen erfolgreich gemeistert worden sind.

Arten des Wissens

Jedes beobachtbare Können von Menschen beruht auf zwei Arten des Wissens: auf implizitem Wissen und auf explizitem Wissen (für sprachliches Können vgl. auch Bialystok 1978). Implizites Wissen geht dem expliziten Wissen voraus.

Implizites Wissen

Unter implizitem Wissen verstehen wir die Fähigkeit, Sprache zu verstehen und zu gebrauchen, ohne dass wir erklären können, welche Prozesse wir für das Verstehen oder den Gebrauch der Sprache verwenden. Implizites Wissen besteht aus den unbewussten Steuerungsmechanismen für das Verstehen und Produzieren von Sprache.

Explizites Wissen

Unter explizitem Wissen verstehen wir die Fähigkeit, Sprache auf Grund von vorherigen Einsichten zu verstehen und zu gebrauchen. Explizites Wissen beruht auf Einsicht in die Regeln, die dem Sprachgebrauch zugrunde liegen.

Durch explizites Wissen werden viele zunächst willkürlich erscheinende Phänomene der Sprache durchschaubar und erklärbar. Einzelne Phänomene wie das *-s* am Ende von Nomen (z. B. *boys, tigers, fingers*) werden dann nicht mehr als isolierte Einzelerscheinungen wahrgenommen, die einzeln für sich erlernt werden müssen. Sie werden vielmehr erkannt als individuelle Fälle einer allgemeinen Regel, die für die meisten englischen Nomen gilt (*-s* als Merkmal des regelmäßigen Plurals).

Explizites Regelwissen gilt nicht nur für den Einzelfall, sondern für eine große Zahl gleichartiger Fälle. Die Regel kann auf die anderen Fälle problemlos übertragen werden und gilt über den Einzelfall hinaus. Explizites Wissen ist verbunden mit dem Aufbau einer Theorie des Wahrgenommenen (Karmiloff-Smith 1992:17). Explizites Wissen kann zu implizitem Wissen werden, wenn es so lange praktiziert wird, dass der Gebrauch der Regel automatisiert ist.

Die Stufen des Modells

Das Modell umfasst vier Stufen.[1] Es geht von der konkreten Wahrnehmung und Wiederholung einzelner sprachlicher Elemente aus (Stufe 1). Es endet bei der Formulierung einer abstrakten Regel, die für eine große Zahl von Einzelfällen gilt (Stufe 4).

Auf jeder der Stufen haben wir es zunächst mit der Wahrnehmung von Sprache zu tun. Auf jeder Stufe wird die Wahrnehmung durch die Lernenden neu und auf jeweils höherem (abstrakterem) Niveau verarbeitet. Jede verstandesmäßige (mentale) Verarbeitung führt zu einer Neubeschreibung.

Die Bezeichnungen für die vier Stufen und die Art der Verarbeitung von Sprache sind in Darstellung 17.2 wiedergegeben.

Stufe	Art der Verarbeitung von Sprache
Implizit 1	Wahrnehmung und Wiederholung
Implizit 2	Wahrnehmung und Wiederbeschreibung auf erster Abstraktionsebene
Explizit 1	Wahrnehmung und Wiederbeschreibung auf zweiter Abstraktionsebene
Explizit 2	Wahrnehmung und Wiederbeschreibung auf dritter Abstraktionsebene

Darstellung 17.2: Stufen des Modells und Arten der Verarbeitung

Nach der allgemeinen Wiedergabe der Stufen des Modells stellt sich die Frage, welche konkreten Sprachverwendungen auf den einzelnen

[1] Das Modell ist von Karmiloff-Smith 1992 entworfen worden. Die erste auf den Englischunterricht der Primarstufe bezogene Darstellung findet sich in Mindt 2006. Eine Kurzdarstellung des Modells findet sich in Mindt/Schlüter 2007:32 f.

Stufen stattfinden. Es geht um die sprachlichen Aktivitäten der Lernenden, die den Stufen des Modells zuzuordnen sind.

Die Arten der Sprachverwendung der Lernenden sind in Darstellung 17.3 wiedergegeben.

Stufe	Sprachverwendung der Lernenden
Implizit 1	Sprachbegegnung mit Wiederholung
Implizit 2	erste produktive Wiederverwendung
Explizit 1	regelgeleitete Wahl von Sprachmitteln
Explizit 2	verbale Nennung der sprachlichen Regel

Darstellung 17.3: Stufen des Modells und Sprachverwendung der Lernenden

Implizit 1

Auf der Stufe Implizit 1 hören die Lernenden bestimmte Wörter, Wortverbindungen oder Sätze und wiederholen sie. Diese einfach aussehende Stufe verlangt bereits sehr komplexe Leistungen von den Lernenden.

Die Lernenden müssen das Gehörte verstehen und seine Bestandteile (z. B. bedeutungsunterscheidende Laute, Wörter) erkennen. Erst wenn dies abgeschlossen ist, können sie das Gehörte reproduzieren. Für diese Reproduktion ist die Fähigkeit erforderlich, die fremdsprachlichen Laute richtig auszusprechen und die aus diesen Lauten bestehende größere Einheit (z. B. ein Wort, ein kurzer Satz) mit der richtigen Betonung (Wortakzent, Satzakzent) und der zutreffenden Intonation zu versehen.

Beispiele:
- Die Lernenden hören *Hello* und reproduzieren das Wort.
- Die Lernenden hören *a dog* und reproduzieren die Wortverbindung.
- Die Lernenden hören *See you later* und reproduzieren dieses Redemittel für die Sprachfunktion ‚Sich verabschieden'.

Implizit 2

Auf der Stufe Implizit 2 erfolgt die erste produktive Wiederverwendung. Dies bedeutet, dass die Äußerung eines Wortes, einer Wortverbindung oder eines kurzen Satzes nicht als Wiederholung erfolgt, sondern ohne unmittelbare Vorgabe.

Voraussetzung ist, dass die Lernenden ein Abbild, eine Repräsentation des zu produzierenden sprachlichen Elements mental gespeichert haben und dieses Element bei Bedarf produktiv aus dem mentalen Speicher abrufen können. Die höhere Abstraktionsebene gegenüber Implizit 1 ergibt sich aus der vorherigen mentalen Speicherung des Sprachelements.

Beispiele:
- Die Lernenden hören die Frage *Can you hear me?* und antworten *Yes* oder *No* (die Wörter *Yes* und *No* haben davor die Stufe Implizit 1 durch Wiederholung durchlaufen).
- Die Lernenden sehen die Bildkarte eines Tieres und sprechen die zutreffende Wortverbindung: *a bear.*
- Der Lernende erhält einen gewünschten Gegenstand mit den Worten *Here you are* und sagt *Thank you.*

Explizit 1

Auf der Stufe Explizit 1 erfolgt die erste regelgeleitete Wiederverwendung. Die Lernenden können eine unbewusste Übertragung auf neue Elemente vornehmen. Dabei sind sie jedoch nicht in der Lage, die Regel verbal auszudrücken, die sie unbewusst verwenden.

Voraussetzung ist, dass die Lernenden eine Regel erkannt und mental gespeichert haben. Die Regel beruht auf einer Theorie zu diesem Teilbereich der Sprache, die die Lernenden selbständig oder mit Hilfe des Unterrichts entwickelt haben. Die unbewusste Kenntnis dieser Regel ermöglicht die Übertragung auf neue Fälle. Die höhere Abstraktionsebene gegenüber Implizit 2 ergibt sich aus der theoriegeleiteten Einsicht in die Regel.

Beispiele:
- Englische Kinder produzieren Äußerungen wie *we rided* oder *one of them runned* (Mindt 2008b:7). Deutsche Kinder im Vorschulalter produzieren Äußerungen wie *ich habe geschlaft* (vgl. Kapitel 3 „Die Kinder"). Alle diese Äußerungen sind nicht durch Wiederholung zustande gekommen, sondern beruhen auf eigener Regelbildung der Kinder.[1]

[1] Diese Äußerungen wurden in Mindt 2006:71 und Mindt/Schlüter 2007:33 irrtümlich der Stufe Implizit 2 zugeordnet.

- Die Lernenden haben die Pluralbildung der Nomen im Unterricht durch Wiederholung bei den Wörtern *pen, pencil, book, schoolbag* geübt (Implizit 1) und waren in der Lage, die Pluralformen der vorher geübten Wörter ohne unmittelbare Vorgabe abzurufen: *pens, pencils, books, schoolbags* (Implizit 2). Sie lernen jetzt die neuen Nomen *arm, hand, finger*. Sie sind durch die unbewusste Einsicht über die Pluralbildung in der Lage, bei Vorgabe von Zahlen die richtigen Singular- und Pluralformen der neuen Wörter zu produzieren: *one arm, two hands, one hand, three fingers*.
- Die Lernenden kennen die Wörter *happy* und *unhappy* sowie *friendly*. Das bisher unbekannte Wort *unfriendly* wird von ihnen problemlos als Verneinung von *friendly* verstanden.

Explizit 2

Auf der Stufe Explizit 2 ist es möglich, das auf der Stufe Explizit 1 erworbene unbewusste Wissen in sprachlicher Form auszudrücken. Die zuvor erkannte Regel kann jetzt auch verbal formuliert werden. Es handelt sich um die höchste Stufe der Abstraktion. Die Regel ist bewusst und kann auch benannt werden.

Die Benennung der Regel hat bei Kindern allerdings nicht dieselbe Form, die wir in professionellen Sprachlehrbüchern antreffen. Sie verzichtet immer auf die fachsprachlichen Begriffe der Grammatik und ist nicht selten unvollständig.

Beispiele:
- Für die regelmäßige Pluralbildung von Nomen: „In der Mehrzahl steht immer ein *-s*."
- Für das *-s* der 3. Person Singular von Verben im Präsens: „Bei *he, she, it* muss das *-s* mit."

Die Stufen des Modells im Unterricht

Mit Hilfe des vierstufigen Modells kann der Unterricht unmittelbar auf den jeweiligen Lernstand der Kinder bezogen werden. Für jede Stufe des Lernens gelten charakteristische Methoden. Die methodischen Maßnahmen können so gewählt werden, dass mit ihrer Hilfe das Lernziel der jeweiligen Stufe erreicht wird. Mit dem Erreichen des Lernziels einer Stufe sind gleichzeitig die Voraussetzungen für die Arbeit der nächsthöheren Stufe geschaffen.

Darstellung 17.4 nennt die methodischen Maßnahmen des Unterrichts, die den einzelnen Stufen des Lernens zugeordnet sind.

Stufe	Methodische Maßnahmen
Implizit 1	Präsentation von Vorgaben und Wiederholung durch die Lernenden
Implizit 2	Zielgerichtete Impulse der Lehrkraft zur Produktion der zuvor wiederholten Sprachelemente durch die Lernenden ohne unmittelbare Vorgabe der zu produzierenden Sprachelemente
Explizit 1	Präsentation der wiederholten und selbständig produzierten Sprachelemente durch die Lehrkraft in einer Form, welche die Bildung einer unbewussten Regel durch die Lernenden ermöglicht. Zielgerichtete Impulse der Lehrkraft zur Übertragung der Regel auf andere Sprachelemente
Explizit 2	Nennung der Regel durch die Lernenden

Darstellung 17.4: Stufen des Lernens und methodische Maßnahmen

Dieses Modell hat sich sowohl bei der Planung als auch bei der Durchführung von Unterricht bewährt. Eine Unterrichtsplanung zum Thema Grammatik (Modalverb *can*) ist von Dudek 2006 vorgelegt worden. Möglich 2006 hat eine Unterrichtsplanung zur Einordnung von Wörtern in Bedeutungsfelder vorgelegt. Beide Unterrichtsplanungen sind mit Erfolg in der Praxis erprobt worden.

Kuhn hat mehrere Unterrichtsplanungen zur Grammatik auf der Grundlage dieses Modells vorgelegt (Kuhn 2006a:159–248). In den Unterrichtsbeispielen der Kapitel 19 und 20 dieses Buches wird systematischer Gebrauch von diesem Stufenmodell des Lernens gemacht.

Fazit

Das vierstufige Modell beschreibt beide Arten des Lernens sowie sämtliche Bausteine der Sprache. Gegenüber bisherigen Ansätzen zeigt es deutliche Vorzüge. So können methodische Unterrichtsmaßnahmen den einzelnen Stufen ziel- und zweckentsprechend zugeordnet werden. Ein besonders wichtiger Vorzug liegt darin, dass das Modell Wege eröffnet, um das Lernen zu lernen.

Arten des Lernens

Mit dem vierstufigen Modell des Lernens können die beiden Arten des Sprachenlernens beschrieben werden: das arbiträre Lernen und das regelgeleitete Lernen. Darstellung 17.5 nennt die Stufen, auf die sich die beiden Arten des Lernens beziehen.

Stufen	Arten des Sprachenlernens
Implizit 1 Implizit 2	Arbiträres Lernen
Explizit 1 Explizit 2	Regelgeleitetes Lernen

Darstellung 17.5: Stufen und Zuordnung von Arten des Sprachenlernens

Bausteine der Sprache

Gleichzeitig können sämtliche Bausteine der Sprache den Arten und den Stufen des Sprachenlernens zugeordnet werden (Darstellung 17.6). Damit ist eine lückenlose Berücksichtigung aller Bausteine der Sprache gewährleistet.

<table>
<tr><th>Bausteine der Sprache</th><th>Arten des Lernens</th><th>Stufen des Lernens</th></tr>
<tr><td>Aussprache und Intonation
Wortschatz
Schriftbild (ohne Übereinstimmung von Phonem und Graphem)
Redemittel für Sprachfunktionen (feste Wendungen)</td><td>arbiträr</td><td>Implizit 1
Implizit 2</td></tr>
<tr><td rowspan="2">Grammatik
Wortbildung
Einordnung von Wörtern in Bedeutungsfelder
Schriftbild (bei regelhafter Übereinstimmung von Phonem und Graphem)
Redemittel für Sprachfunktionen (abwandelbare Redemittel)</td><td>arbiträr</td><td>Implizit 1
Implizit 2</td></tr>
<tr><td>regelgeleitet</td><td>Explizit 1
Explizit 2</td></tr>
</table>

Darstellung 17.6: Bausteine der Sprache, Arten und Stufen des Lernens

Die Bausteine der Sprache sind unterschiedlich auf die Stufen und die Arten des Lernens verteilt. Das Lernen der Aussprache und Intonation, des Wortschatzes, von Teilen des Schriftbildes und der Redemittel für Sprachfunktionen betrifft nur das arbiträre Lernen und erstreckt sich lediglich auf die Stufen Implizit 1 und Implizit 2.

Das Lernen der Grammatik, der Wortbildung, der Einordnung von Wörtern in Bedeutungsfelder, von Teilen des Schriftbildes und der Redemittel für Sprachfunktionen betrifft alle Stufen des Modells und alle Arten des Lernens. Allerdings müssen nicht alle Lernenden zur Stufe des formulierbaren Wissens (Explizit 2) geführt werden. Schon das Erreichen der Stufe Explizit 1 sichert ein produktives und kreatives Sprachhandeln.

Vorzüge des Stufenmodells

Der bisherige Unterricht in den Klassen 1 und 2 berücksichtigt überwiegend nur die Stufen Implizit 1 und Implizit 2 und macht lediglich Gebrauch vom arbiträren Lernen. Durch den Verzicht auf regelgeleitetes Lernen können die Bausteine Grammatik und Wortbildung sowie die Einordnung von Wörtern in Bedeutungsfelder und Teile des Schriftbildes und der Redemittel für Sprachfunktionen nicht angemessen gelehrt und gelernt werden.

Das Lernen dieser Bausteine der Sprache konnte durch den Ausschluss der Stufen Explizit 1 und Explizit 2 nicht mit der notwendigen Effizienz erfolgen. Der bisherige Unterricht hat aus diesem Grunde die Lernwege verlängert und für dasselbe sprachliche Ergebnis eine höhere Gedächtnisleistung der Lernenden verlangt. Damit war gleichzeitig ein größerer Zeitaufwand verbunden. Durch den Mangel an Übertragbarkeit war es schwieriger, neue Sprachsituationen schnell zu meistern.

Das Lernen lernen

„Das Lernen lernen“ gilt als übergeordnetes Ziel jedes Unterrichts. Dazu stellen sich zwei Fragen:

1. Inwieweit kann dieses Ziel durch den bisherigen Unterricht verwirklicht werden?
2. Welche Leistungen kann das vierstufige Modell des Sprachenlernens dafür erbringen?

Bisherige Verfahren
Der bisherige Unterricht beschränkt sich weitgehend auf arbiträres Lernen und somit auf Sprachbegegnung mit Wiederholung sowie eine erste produktive Wiederverwendung der neuen Sprachelemente.

Die Wiederholung von Lerngegenständen und ihr späterer Abruf aus dem Gedächtnisspeicher sind Verfahren des Lernens, die für die Kinder weitgehend selbstverständlich sind. Sie treffen auf viele andere Lernbereiche zu.

Im Lernbereich Deutsch werden kurze Texte auswendig gelernt. In der Musik geht es anfangs um die Erzeugung von Tönen auf Musikinstrumenten mit Hilfe von Wiederholung und der richtigen Neuverwendung der Töne aus dem Gedächtnis. Auch die Mathematik macht Gebrauch von solchen Verfahren, wenn es z. B. um das Lernen von Zahlentabellen (kleines Einmaleins) geht.

Diese arbiträren Verfahren der Stufen Implizit 1 und Implizit 2 erlauben wenig Variation. Sie führen nur zu geringfügigen weiteren Einsichten.

Lernen mit Einsicht
Ganz anders die Stufen Explizit 1 und Explizit 2. In beiden Stufen geht es um die Gewinnung von Einsichten. Einsichten in sprachliche Zusammenhänge machen deutlich, dass es logische Beziehungen zwischen bestimmten Sprachelementen gibt.

Diese Einsichten eröffnen neue Zugänge zur Sprache. Kinder lernen regelhafte Zusammenhänge zu entdecken und können sie für ihren Sprachgebrauch produktiv nutzbar machen. Sie lernen, dass bestimmte Einsichten den Prozess des Erlernens einer Sprache erleichtern und verkürzen können.

Dies regt sie dazu an, ein Wissen über diese Regeln zu erwerben oder sogar selbst auf die Suche nach sprachlichen Regeln zu gehen. Jede vorherige Einsicht kann dabei als Grundlage für das Erkennen oder selbständige Herausfinden neuer bisher nicht bekannter Zusammenhänge dienen. So entwickelt sich ein zunehmendes Sprachbewusstsein der Kinder.

Durch die Stufen Explizit 1 und Explizit 2 erhalten die Kinder einen ersten und ausbaufähigen Zugang zu einem besonders wichtigen Ziel des Unterrichts: Das Lernen lernen. Die Kinder werden zunehmend frei vom Vorbild der Lehrkraft. Sie entdecken Strategien zum selbständigen Finden von sprachlichen Gesetzmäßigkeiten. Das so entstehende Sprachlernbewusstsein führt zu einer immer sicherer werdenden Selbstbewertung. Damit einher geht eine wachsende Unabhängigkeit vom Unterricht. Es eröffnen sich Wege zu einer Mündigkeit und Selbstbestimmung, die durch arbiträres Lernen allein nicht erreichbar sind.

Methoden und Medien

18

Für den Englischunterricht der Klassen 1 und 2 gibt es keine einheitliche Methode. Die Unterrichtsgegenstände sind inhaltlich und sprachlich so vielfältig, dass sie mit einer einzigen Methode nicht bewältigt werden können. Notwendig ist eine Methodenvielfalt, die den Entwicklungsstand der Kinder berücksichtigt, den jeweiligen Besonderheiten der sprachlichen Elemente entspricht und den wechselnden Inhalten des Unterrichts gerecht werden kann.

Bei den Methoden unterscheiden wir zwischen Lehrformen und Lernformen. Lehrformen betreffen in erster Linie die Tätigkeiten der Lehrkräfte. Lernformen sind zwar ebenfalls von den Impulsen der Lehrkräfte abhängig, sie beziehen sich aber vor allem auf die daraus entstehenden Tätigkeiten der Lernenden und die damit verbundenen Lernprozesse der Kinder.

Die **Lehrformen** umfassen drei Bereiche:
1. die Rolle der Muttersprache
2. die Arbeitsformen
3. die Sozialformen.

Daneben unterscheiden wir sechs **Lernformen**:
1. Nachahmende Lernformen
2. Musisch-ästhetische Lernformen
3. Handlungsorientierte Lernformen
4. Spielerisch-kreative Lernformen
5. Einsichtsfördernde Lernformen
6. Sprachproduktionsfördernde Lernformen.

Lehrformen

Die Rolle der Muttersprache

Für den Englischunterricht der Klassen 1 und 2 gilt das Prinzip der Einsprachigkeit. Das bedeutet, dass die Fremdsprache immer dort verwendet werden sollte, wo man ohne muttersprachliche Erklärungen auskommen kann. Auf diese Weise steht der allergrößte Teil der knappen Unterrichtszeit für die Fremdsprache zur Verfügung.

Die Muttersprache kann zur Verständniskontrolle und zur Vermeidung von Missverständnissen eingesetzt werden. Bewusstmachende Hilfen sollten in der Muttersprache gegeben werden.

Durch den überwiegenden Gebrauch der Fremdsprache erkennen die Kinder, welche Fülle an Ausdrucksmöglichkeiten auch bei begrenzten sprachlichen Mitteln zur Verfügung steht. Sie werden ermutigt, zunehmend Gebrauch von diesen Sprachmitteln zu machen. Die Kinder erfahren die Muttersprache als unterstützende Hilfe für das Verstehen und die Verwendung der neuen Sprache.

Die Arbeitsformen

Die wichtigsten Bereiche der Arbeitsformen werden durch die folgenden Gesichtspunkte erfasst:
- Berücksichtigung der Aufmerksamkeitsspanne der Kinder
- Progression
- Aufteilung des Lernstoffes in kleine Lernschritte
- Spiralförmige Wiederholung des Lernstoffes
- Behandlung von Fehlern
- Beachtung der Unterrichtsphasen
- Berücksichtigung der Stufen des Lernens
- Wechsel der Inhalte
- Wechsel der Fertigkeiten
- Wechsel der Arbeitsformen
- Lehren unterhalb der Bewusstseinsschwelle.

Berücksichtigung der Aufmerksamkeitsspanne der Kinder
Der vorwiegend mündliche Unterricht in den Klassen 1 und 2 erfordert ein hohes Maß an Konzentration. Die Aufmerksamkeitsspanne der Kinder ist in diesem Alter sehr begrenzt (vgl. Rauh 2002:180 ff.). Die Länge der Zeiteinheiten des Unterrichts sollte 20–25 Minuten nicht überschreiten.

Wenn aus organisatorischen Gründen Zeiteinheiten von 45 Minuten unvermeidlich sind, muss der eigentliche Sprachunterricht durch Tätigkeiten wie Ausmalen, Kleben, Basteln oder einfache Formen von Beschriftungen so unterbrochen werden, dass die Konzentrationsfähigkeit der Kinder nicht überbeansprucht wird.

Auch bei Zeiteinheiten von 20–25 Minuten ist durch einen häufigen Wechsel von Inhalten, Medien und Sozialformen sicherzustellen, dass die Kinder nicht überlastet werden und am Unterricht mit Freude teilnehmen können.

Progression
Progression bedeutet das allmähliche Fortschreiten vom Elementaren zum Weiterführenden, das oft mit dem Übergang vom Einfachen zum Komplexen verbunden ist.

Es ist falsch zu glauben, Kinder könnten die gesamte Komplexität einer Fülle von gleichzeitig präsentierten sprachlichen Elementen in ihrer Gesamtheit analysierend verstehen und aus dieser Analyse eigene Regeln zum selbständigen Verstehen und zur eigenständigen Produktion von Sprache ableiten. Schon der geringe zeitliche Umfang des Englischunterrichts der Klassen 1 und 2 steht dem entgegen. Darüber hinaus wird die begrenzte Aufnahmekapazität der Kinder bei diesem Vorgehen in hohem Maße überschritten.

Aus diesem Grunde ist eine sorgfältige Abstufung von Schwierigkeiten vorzunehmen. Das Ausmaß an präziser Planung des Unterrichts für die Klassen 1 und 2 muss wesentlich stärker sein als in späteren Unterrichtsjahren. Kinder der Klassen 1 und 2 haben weniger Sprachlernerfahrung als ältere Kinder und brauchen mehr Zeit zum Verstehen und Produzieren von Sprache als in späteren Schuljahren.

Aufteilung des Lernstoffes in kleine Lernschritte
Die Notwendigkeit einer Progression schließt die Aufteilung des Lernstoffes in kleine Schritte ein. Nur eine solche Aufteilung stellt sicher, dass auch lernschwächere Kinder die notwendigen Erfolgserlebnisse haben und dem Unterricht mit Freude folgen können.

Die Aufteilung des Lernstoffes in kleine Schritte ist ein charakteristisches Merkmal des Englischunterrichts in den Klassen 1 und 2. Dazu ist eine genaue Sachanalyse der zu vermittelnden Sprachbestände erforderlich. Die Untersuchung zu den Lehrwerken für den Englischunterricht der Klassen 1 und 2 (vgl. Kapitel 5 „Die Lehrwerke“) hat gezeigt, dass an dieser Stelle besondere Defizite des heutigen Unterrichts liegen. Durch mehr Sorgfalt in diesem Bereich können erhebliche Verbesserungen des Unterrichts erreicht werden.

Spiralförmige Wiederholung des Lernstoffes
Die einmalige Begegnung mit dem Lernstoff ist auch für sprachbegabte Kinder nicht ausreichend. Damit diese Sprachbestände dauerhaft und

sicher beherrscht werden können, muss der Lernstoff permanent wiederholt werden.

Die Begegnung mit neuen Sprachelementen sollte so gestaltet werden, dass zuvor gelernte Sprachmittel den Rahmen für das Neue bieten. Dies geschieht durch Wiederholung bekannter Sprachmittel in neuen Zusammenhängen. Durch diese spiralförmige Vorgehensweise werden bekannte Sprachmittel in abgewandelten Kontexten wieder aufgenommen und um neue Anwendungsmöglichkeiten bereichert.

Behandlung von Fehlern

Fehler sind sehr oft Zwischenstadien auf dem Weg zur korrekten Sprachbeherrschung. Ein Kind, das die Äußerung macht *What's shes name?* (Kahl/Knebler 1996:52), hat eine regelgeleitete Bildung vorgenommen. In Analogie zu *What's Peter's name?* hat das Kind einen eigenen Genitiv vom Personalpronomen *she* abgeleitet: *she's*. Ein solches Kind wird keine Schwierigkeit mit der Verwendung von *her* haben, weil es die besitzanzeigende Eigenschaft des richtigen Possessivpronomens *her* klar erkannt hat.

Notwendige Korrekturen dürfen die Kinder nicht unsicher machen. Sensible Kinder dürfen keine Hemmungen entwickeln, sich in der fremden Sprache zu äußern. Korrekturen sind behutsam anzubringen. Sie sollten ohne Unterbrechung des Sprech- und Gedankenflusses erfolgen. Vorbeugend kann von der Technik des Einflüsterns Gebrauch gemacht werden. Besonders wichtig sind Rückmeldungen bei richtigen Leistungen. Diese Anerkennung führt zu Freude am Sprachenlernen und stärkt die Motivation (Mindt/Schlüter 2007:38f.).

Beachtung der Unterrichtsphasen

Auch für den Englischunterricht der Klassen 1 und 2 gilt, dass das Lernen sich in drei große Phasen gliedert: die Sprachaufnahme, die Sprachverarbeitung und die Sprachanwendung. Für jede dieser Phasen gelten besondere Darbietungs- und Übungsformen.

Berücksichtigung der Stufen des Lernens

Neben die Unterrichtsphasen treten die vier Stufen des Lernens (vgl. Kapitel 17 „Stufen des Sprachenlernens"). Jeder Lerngegenstand wird zunächst unbewusst erfasst (Implizit 1). Dieser unbewussten Erfassung folgt die erste produktive Wiederverwendung (Implizit 2). Diese Stufen gelten besonders für den Erwerb der Aussprache und Intonation und das Lernen des Wortschatzes.

Für einige Bereiche der Sprache (z. B. Grammatik, Wortbildung und Einordnung von Wörtern in Bedeutungsfelder) müssen alle Kinder danach zur regelgeleiteten Wahl von Sprachmitteln (Explizit 1) geführt werden. Die Formulierung der Regel durch die Lernenden (Explizit 2) ist meist nicht erforderlich. Sie kann jedoch in vielen Fällen als wirksame Lernhilfe zur regelgeleiteten Übertragung auf neue Gebiete genutzt werden.

Wechsel der Inhalte
Ein einziges Thema oder ein einziger Unterrichtsinhalt sollte niemals erschöpfend als Ganzes behandelt werden. Vielmehr sollten einzelne Inhalte und Themen so aufgegliedert werden, dass sie zu späteren Zeitpunkten erneut aufgenommen und dabei immer wieder erweitert und ergänzt werden. Auf diese Weise gelingt es, Eintönigkeit und Gleichförmigkeit zu vermeiden. Der Unterricht wird abwechslungsreich und farbig, ohne dass es inhaltliche Einschränkungen gibt.

Wechsel der Fertigkeiten
Die mündlichen Fertigkeiten Hörverstehen und Sprechen stehen in dieser Reihenfolge. Selbst wenn Verstehen und Sprechen durch visuelle Medien (Realgegenstände, Bilder) erleichtert werden, stellen zu lange Unterrichtsabschnitte, die nur einer Fertigkeit gewidmet sind, eine starke Belastung für die Lernenden dar. Aus diesem Grunde müssen solche Unterrichtsabschnitte kurz sein und sich häufig abwechseln.

Eine erhebliche Erleichterung des Lernens ist mit der frühen Einführung des Schriftbildes verbunden. Durch die Möglichkeiten des Lesens und Schreibens wächst die Zahl der Varianten der Unterrichtsgestaltung erheblich. Ein häufiger Wechsel der Fertigkeiten kommt besonders den lernschwächeren Kindern zugute.

Wechsel der Arbeitsformen
Der Unterricht schreitet vom rezeptiven Wahrnehmen zum produktiven Handeln voran. Dies bezieht sich sowohl auf Handlungen ohne Sprache als auch auf Handlungen mit Sprache. Das Handeln umfasst dabei alle im Unterricht sinnvollen Aktivitäten, die sich in angemessener Häufigkeit ablösen sollten.

Dabei können Kinder zunehmend die Rolle der Lehrkraft einnehmen. Darüber hinaus können Hilfen nicht nur von der Lehrkraft gewährt werden. Lernstärkere Kinder können zunehmend als Helfer für Lernschwächere fungieren. Langsamer lernende Kinder nehmen die Unterstützung von schneller Lernenden in Anspruch.

Das Lehren unterhalb der Bewusstseinsschwelle
Ein wichtiges Ziel des Unterrichts besteht darin, dass die Lernenden ein Bewusstsein für die Sprache (*language awareness*) entwickeln. Dieses Bewusstsein ist die Grundlage für die Wahrnehmung eigener Fortschritte beim Sprachenlernen. Die Entwicklung dieses Sprachbewusstseins und des darauf beruhenden Sprachlernbewusstseins ist ein langjähriger Prozess, der oft erst bei jungen Erwachsenen seinen Abschluss findet. Sprachbewusstsein und Sprachlernbewusstsein sind die Voraussetzungen für eine fundierte Selbsteinschätzung und die spätere Arbeit mit dem Sprachenportfolio.

Zur Vorbereitung der Entwicklung des Sprachbewusstseins ist ein frühes Lehren unterhalb der Bewusstseinsschwelle der Kinder sinnvoll. Diese Art des Lehrens kann als *subliminal teaching* bezeichnet werden. Unter *subliminal teaching* verstehen wir die Verwendung von Botschaften, die einen späteren Lernprozess unbewusst vorbereiten. Beispiel: Bei der Pluralbildung der Nomen wird dem Nomen ein *-s* hinzugefügt (z.B. durch Hinzufügung der Buchstabenkarte *-s* zur Bildkarte des jeweiligen Nomens).

Selbst wenn die Kinder das *-s* noch nicht als Buchstaben kennen, kann bei der Pluralbildung das in Darstellung 18.1 wiedergegebene Tafelbild verwendet werden. Es bildet die Grundlage für die Aussagen *three dogs, two cats.*

Darstellung 18.1: Tafelbild zur regelmäßigen Pluralbildung der Nomen

Durch die Einführung der Buchstabenkarte *-s* wird unbewusst eine Brücke zum späteren Erkennen der Regel für den regelmäßigen Plural der Nomen gebaut.

Die Sozialformen

Für den Unterricht der Klassen 1 und 2 unterscheiden wir drei Sozialformen: (1) den gemeinsamen Unterricht, (2) die Gruppen- und Partnerarbeit und (3) die Individualarbeit. Während am Anfang der gemeinsame Unterricht dominiert, ist der spätere Wechsel der Sozialformen von großer Bedeutung.

Der gemeinsame Unterricht

Nach einer aktuellen Tendenz der Erziehungswissenschaft wird der gemeinsame von der Lehrkraft gestaltete Unterricht nicht selten als überständiges Relikt der Vergangenheit angesehen. Als modern gelten offene Lernformen. Der Fremdbestimmung durch die Lehrkraft wird die Selbstbestimmung der Lernenden gegenübergestellt. Die geringe Wertschätzung des gemeinsamen Unterrichts gewinnt an Gewicht, je weiter man sich von den Kindern und der täglichen Praxis entfernt.

In der Lehrerbildung wird der gemeinsame Unterricht nicht selten als „Schreckensbild aller Grundschulpädagogen“ (Schründer-Lenzen 2007:4) betrachtet. Diese Auffassung steht im Widerspruch zur Unterrichtsforschung. Die direkte Instruktion durch lehrergeleiteten, formellen und strukturierten Unterricht führt nach den Ergebnissen der Unterrichtsforschung zu signifikant besseren Leistungen als Lehrformen mit gemischtem oder informellem (offenem, progressivem) Lehrstil (Hofer 1997:235f.).

Die abwertende Bezeichnung Frontalunterricht, die zur Warnung vor dieser Unterrichtsform erfunden wurde, wird gelegentlich auch von Schulbehörden verwendet. In der Presse wird der Begriff gern aufgenommen, um die heutige Schulpraxis als rückständig und reformbedürftig zu kennzeichnen. In der Erziehungswissenschaft hat dagegen ein Prozess des Umdenkens stattgefunden, der zu einer Neubewertung dieser Unterrichtsform geführt hat (Gudjons 2007).

Die Abwertung des gemeinsamen Unterrichts verkennt auch die Situation der Kinder am Beginn des Fremdsprachenunterrichts. Am Anfang der Klasse 1 ist den Kindern üblicherweise kein einziges Element der neuen Sprache in authentischer Form begegnet. Sehr oft ist auch das im Kindergarten gelernte Englisch keine brauchbare Grundlage für den Unterricht in der Klasse 1.

Die Kinder müssen in der Klasse 1 überwiegend völlig neue Aussprachen wahrnehmen, unterscheiden und selber produzieren. Die Kinder wissen im Allgemeinen nicht, wie man sich in der neuen Sprache begrüßt und verabschiedet, wie man sich bedankt und auf Dank reagiert. Wenn die Kinder die ersten Wörter kennengelernt haben, besitzen sie keine Vorstellung davon, wie die Wörter sich verändern, wenn sie auf andere Wörter treffen. Warum heißt es *a ball* aber *an apple*?

Wie sollen alle diese Gegebenheiten durch eigene Erkundung in offenen Unterrichtsformen ermittelt werden? Wie sollen neue Aussprachen von den Kindern eigenständig erkannt und von ähnlichen Aussprachen unterschieden werden? Wie spricht man unbekannte Laute aus? Welche Wörter verändern ihre Form, wenn sich ihre Bedeutung ändert? Warum heißt es *I play* aber *Anne plays*?

Die Kinder sind keine mündigen Erwachsenen, die als ausgebildete Sprachwissenschaftler solche Erkundungen am Material einer neuen Sprache durchführen können, das zudem am Anfang nur in mündlicher Form vorhanden ist. Sie können nicht in Abstraktionen denken, die sich erst nach langjährigen Spracherfahrungen erschließen.

Die Kinder können nicht alles gleichzeitig lernen, sondern müssen Stück für Stück mit neuen Elementen der fremden Sprache vertraut gemacht werden. Dazu benötigen wir gut ausgebildete Lehrkräfte und einen sorgfältig und sachkundig geplanten Unterricht, der alle Kinder schrittweise unter Berücksichtigung ihres Kenntnisstandes und ihrer Bedürfnisse an die fremde Sprache heranführt. Dies kann am Anfang nur im gemeinsamen Unterricht geschehen.

Die Gruppen- und Partnerarbeit

Der Beginn des Sprachunterrichts ist durch große Anteile von gemeinsamem Unterricht gekennzeichnet. Wenn die ersten Grundlagen des Sprachsystems beherrscht werden, können Einzelaufgaben in Gruppen durchgeführt werden. Dies gilt nicht nur für die Erstellung von Produkten wie Bilder und Zeichnungen. Gruppen oder Partner können Objekte nach gemeinsamen sprachlichen Merkmalen sortieren, die Ergebnisse mündlich üben und Dialoge oder Teile von Dialogen vorbereiten, die später der ganzen Klasse präsentiert werden.

Mit zunehmender Beherrschung des Schriftbildes können Wörter aus Einzelbuchstaben erstellt werden, aus Bildkarten und Wortkarten können Sätze erstellt werden, kurze Sätze können zu kleinen Ereignisketten zusammengefügt werden.

Im Verlauf des Unterrichts stellt sich heraus, dass der Lernstand einzelner Kinder unterschiedlich ist. Kinder mit vergleichbarem Lernstand können in Gruppen- oder Partnerarbeit an einzelnen Problemen arbeiten. Dabei werden lernschwache Kinder von schneller Lernenden unterstützt und gefördert.

Die Individualarbeit
Wir unterscheiden zwei Formen von Individualarbeit. Die erste besteht darin, dass die Kinder bestimmte Aufgaben in der Klasse allein bearbeiten. Hierbei kann es sich um eine gemeinsame Aufgabe für alle Kinder handeln oder um unterschiedliche Aufgaben für bestimmte Gruppen, die von jedem Kind der Gruppe einzeln bearbeitet werden.

Die zweite Form der Individualarbeit besteht darin, dass jedes Kind einzelne Aufgaben erhält, die sich an seinem Lernstand orientieren und das einzelne Kind zu ganz individuellen Lernergebnissen führen. Diese Art der Individualarbeit ist im Klassenraum selten. Sie ist eine Aufgabe, die sehr oft Erziehern oder Eltern obliegt. Dafür ist eine intensive Zusammenarbeit der Lehrkräfte mit Erziehern und Eltern erforderlich.

Eine wichtige Hilfestellung für diese Art der Individualarbeit sind Medien (CDs, Videos, Arbeitsblätter). Der erfolgreiche Einsatz solcher Medien ist in besonderem Maß von der Sachkunde der Lehrkräfte abhängig.

Lernformen

Nachahmende Lernformen

Lernen durch Wiederholung ist die einfachste und älteste Art des Sprachenlernens. In Kapitel 16 „Spezielle Arten des Sprachenlernens“ haben wir gesehen, dass das Lernen durch Wiederholung sich auf bestimmte Bausteine der Sprache bezieht, die arbiträr gelernt werden: die Aussprache und Intonation, der Wortschatz, Teile der Redemittel für Sprachfunktionen sowie Teile des Schriftbildes. Andere Bausteine der Sprache werden regelgeleitet gelernt (s. unten „Einsichtsfördernde Lernformen“).

Wiederholungen im mündlichen Bereich tragen in starkem Maß zur Einprägung bei. Dabei sind gemeinsame Wiederholungen wie das Chorsprechen von besonderer Bedeutung. Schüchterne und ängstliche Kinder gewinnen durch das gemeinschaftliche Sprechen an Selbstvertrauen und werden zur eigenständigen Wiederholung geführt.

Musisch-ästhetische Lernformen

Auch hier handelt es sich überwiegend um nachahmendes Lernen. Allerdings haben die sprachlichen Elemente eine besondere Form, z. B. *Chants*, Reime, Lieder.

Bei ***Chants*** handelt es sich um kurze Textpassagen mit rhythmischer Gestaltung. Der Rhythmus trägt zur Einprägung bei und fördert das Behalten.

Reime haben alle Eigenschaften, die für *Chants* genannt wurden. Aber sie bieten noch mehr. Jede Zeile eines Reims ist metrisch gestaltet und enthält zusätzlich den Reim am Zeilenende. Diese Gestaltung ist enorm behaltensfördernd. In der Kindheit gelernte Reime stehen den Menschen noch im hohen Alter zur Verfügung.

Hier bieten sich durch die Verwendung englischer Kinderreime und später durch Gedichte bedeutsame Brücken zur sprachlichen Kultur des anderen Landes.

Für **Lieder** gilt Ähnliches wie für Reime, besonders bezüglich des Behaltens und der kulturellen Verbindung mit dem anderen Land.

Chants, Reime und Lieder sollten auf Tonträgern vorhanden sein. Sie sollten auch in Playback-Versionen vorliegen, auf denen lediglich der Rhythmus oder die Melodie vorgegeben sind. Die Kinder sprechen oder singen die zugehörigen Texte nach der rhythmischen oder melodischen Vorgabe, bevor sie sie allein sprechen oder singen.

Rhythmus, Reimschema und Melodie können in Bewegungen umgesetzt werden. Diese Verbindung von Gehörtem, Gesprochenem und/ oder Gesungenem mit Bewegungen des Körpers stellt eine emotionale Tiefe her, die mit anderen Textformen nicht erreichbar ist.

Handlungsorientierte Lernformen

Eine der häufig genannten Methoden ist *Total Physical Response* (TPR). Sie zählt zu den alternativen Methoden des Fremdsprachenunterrichts, die oft von Nichtfachleuten entworfen und mit dem Versprechen auf müheloses Lernen verbunden werden.

Urheber dieser Methode ist der Psychologe James C. Asher, der sich selbst auf der Titelseite seines Buches als „originator of the stress-free Total Physical Response (TPR) approach“ bezeichnet. TPR beruft sich darauf, den Erwerb der Muttersprache nachzuahmen (Asher 1988:2-3).

Die Lernenden sollen das Hörverstehen durch Körperbewegungen nachweisen, z. B. bei Aufforderungen wie: *Point to the door. Point to the chair. Point to the table* (Asher 1988:2-4 und 4-3). Nach dem Hörverstehen werden die Anweisungen durch die Lernenden gegeben (Asher 1988:4-20).

Die Methode geht davon aus, dass später Handlungen nachgespielt und gespielte Handlungen kommentiert werden. Die Vorzüge der Methode liegen bei der Handlungsorientierung und Anschaulichkeit. Sie beachtet die Reihenfolge der Fertigkeiten.

Die Grenzen der Methode liegen bei sprachlichen Äußerungen, die nicht durch Realgegenstände, Abbildungen oder andere für die Methode speziell konzipierte Objekte und damit verbundene Handlungen darstellbar sind. Die Methode führt nicht zu sprachlichen Wertungen oder Ratschlägen (z. B. *a good answer, it's time to go*).

Ebenso wenig eignet sich die Methode zu Berichten und Darstellungen von Begebenheiten, die sich nicht als Handlung darstellen lassen. In Verkennung der Lernprozesse, die Kinder beim Erwerb der Muttersprache durchlaufen, stützt sich die Methode ausschließlich auf arbiträres Lernen. Sie hat keinen Platz für das effiziente und zeitsparende regelgeleitete Lernen.

Spielerisch-kreative Lernformen

Bewegungsspiele, Ratespiele, Wettspiele spielen eine besondere Rolle im Englischunterricht der Klassen 1 und 2. Sie tragen dem Bewegungsdrang der Kinder Rechnung. Ratespiele sprechen die natürliche Neugier der Kinder an (vgl. Oerter/Montada 2002:559f.). Wettspiele stützen sich auf die Freude an vergleichenden Leistungen.

Alle diese Spiele haben fremdsprachliche Auslöser (Impulse) oder Ziele. Oft kann beides verbunden werden. Die Frage *What is in my bag*? kann zu vielfältigen Antworten führen. Dabei können sowohl der sprachliche Impuls (hier die Frage) als auch die Antworten von den Kindern gegeben werden.

Spielerisch-kreative Lernformen stützen sich auf Lernweisen von Kindern beim Erwerb der Muttersprache. Muttersprachliche Kinder machen sich sprachliche Beziehungen oft in Bettmonologen verfügbar, z. B. *Take the money. Take it. Stop the ball. Stop it* (Kuhn 2006a:60 f.).

Es handelt sich hier um eine klassische Übungsform des Fremdsprachenunterrichts, die als *substitution table* bezeichnet wird. Das in Objektposition stehend Nomen (*money, ball*) wird durch das zugehörige Possessivpronomen *it* an der syntaktisch richtigen Stelle ersetzt.

Bei spielerisch-kreativen Lernformen kann die gesamte Aktivität nach kurzer Vorbereitung ausschließlich durch die Kinder ausgeübt werden. Die Möglichkeiten spielerisch-kreativer Lernformen sind außerordentlich groß und sollten soweit wie möglich ausgeschöpft werden.

Einsichtsfördernde Lernformen

Die einsichtsfördernden Lernformen stehen in engem Zusammenhang mit dem regelgeleiteten Lernen (vgl. Kapitel 16 „Spezielle Arten des Sprachenlernens"). Regelgeleitetes Lernen entwickelt das Sprachbewusstsein und das Sprachlernbewusstsein. Das regelgeleitete Lernen ist damit eine wichtige Voraussetzung für Selbstbeurteilung und Fremdbeurteilung. Darüber hinaus erschließen sich für die Kinder immer neue Formen des allgemeinen Lernens.

Die einsichtsfördernden Lernformen müssen das Alter und den Entwicklungsstand der Kinder in vollem Umfang berücksichtigen. Einsichtsfördernde Lernformen beginnen mit dem Lernen unterhalb der Bewusstseinsschwelle (s. o.). Die Einsichten können zunehmend erweitert werden durch Präsentationen, in denen die sprachliche Systematik durch die Anordnung der einzelnen Elemente, durch Unterstreichungen, durch farbige Markierungen etc. verdeutlicht wird.

Im Unterrichtsbeispiel zum regelgeleiteten Lernen (vgl. Kapitel 20 „Unterrichtsbeispiel: Regelgeleitetes Lernen") erscheint das Subjekt für das endungslose Verb (*I take, I go, I buy*) immer auf der linken Seite der Tafel, während das Subjekt für das Verb mit der Endung *-s* (*Anne takes Anne goes, Anne buys*) immer auf der rechten Seite der Tafel steht. Gleichzeitig befindet sich auf der linken Seite der Tafel eine leere Buchstabenkarte, die die Endungslosigkeit des Verbs ausdrückt. Auf der rechten Tafelseite befindet sich die Buchstabenkarte *-s*. Auf diese Weise wird das Erkennen sprachlicher Zusammenhänge vorbereitet.

Das einsichtsfördernde Lernen verzichtet auf abstrakte Begriffe. Stattdessen verwendet es Signalwörter, mit deren Hilfe Wenn-Dann-Beziehungen auf einfache Weise gegenübergestellt werden können (Darstellung 18.2).

I	→	*take*	*Anne*	→	*takes*
I	→	*go*	*Anne*	→	*goes*
I	→	*buy*	*Anne*	→	*buys*

Darstellung 18.2: Signalwörter für Subjekte und Verbformen

Sprachproduktionsfördernde Lernformen

Dazu gehört in erster Linie die Reihenmethode Gouins. Diese Methode war im Fremdsprachenunterricht der ersten Hälfte des 20. Jahrhunderts weit verbreitet. Sie wird im Englischunterricht der Grundschule häufig verwendet, obwohl Gouin 1884 als Urheber dieser Methode heute kaum noch bekannt ist.

Bei der Beobachtung von Kindern beim Erlernen der Muttersprache stellt Gouin eine Tendenz zur Reihenbildung fest. Die Kinder machen Aussagen zu Ereignisreihen, die nicht aus isolierten Einzelsätzen bestehen. Dabei bildet das Verb das Zentrum der Aussage. Innerhalb der Reihe stellt Gouin eine natürliche Ordnung als Abfolge fest.

Das oft in französischer Sprache zitierte Beispiel für eine Reihe, das hier in vereinfachter Form in englischer Sprache wiedergegeben ist, lautet (Gouin 1884:187):

I go to the door.
I arrive at the door.
I stop at the door.
I open the door.
etc.

Gouin geht über Asher (TPR) hinaus, indem er die „objektive Sprache" der Reihen durch die „subjektive Sprache" von Wertungen ergänzt. Hinzu tritt die Darstellung von Bestrebungen, Überzeugungen, Anstrengungen und Gefühlen (Gouin 1884:213) bis hin zum metaphorischen Sprachgebrauch (Gouin 1884:263 ff.).

Für den Englischunterricht der Klassen 1 und 2 ist die Methode Gouins eine Grundlage für Berichte, Darstellungen und Erzählungen, die auch subjektive Wahrnehmungen und Wertungen einschließen. Sie geht deutlich über die Grenzen von Ashers *Total Physical Response* (TPR) hinaus.

Medien

Es ist notwendig, möglichst viele Sinne durch Medien anzusprechen. So können die Lernenden auf den Wahrnehmungskanälen erreicht werden, die für sie am besten geeignet sind. Medien vermitteln Authentizität und stärken die Motivation der Kinder (Mindt/Schlüter 2007:39).

Der Unterricht der Klassen 1 und 2 verwendet eine große Bandbreite von Medien, die sich in großem Umfang auch in Lehrwerken finden. Dazu gehören: Spielsachen, Stofftiere, Bilder, Bildserien, Spiele, Buchstabenkarten, *Flashcards*, Wortkarten, Satzstreifen, *Big Books*, OH-Folien, Haftelemente. Im visuellen Bereich können *PowerPoint*-Präsentationen hinzutreten.

Besonders typisch ist der Einsatz der Handpuppe. In der Hand der Lehrkraft handelt es sich um eine fiktive Person, die nur Englisch versteht und spricht. Wenn Kinder durch die Handpuppe sprechen, können Hemmungen vermieden werden, die durch den Gebrauch neuer Wörter mit vom Deutschen abweichender Aussprache leicht entstehen. Die Handpuppe ist so von besonderer Bedeutung für die Vermeidung und den Abbau von Ängsten und Hemmungen der Kinder.

Bei den auditiven Medien handelt es sich um CDs oder Kassetten mit Texten, *Chants*, Liedern. Die Tonträger bieten unterschiedliche Stimmen, die nach Geschlecht und Alter differenziert sind. Die Sprechgeschwindigkeit nimmt allmählich zu. Später treten Stimmen mit unterschiedlicher geographischer Herkunft (amerikanisch, australisch, indisch etc.) hinzu. Je sicherer die Kinder im Englischen sind, desto mehr können Hintergrundgeräusche hinzukommen, um das Hörverstehen unter realistischen Bedingungen sicherzustellen (Mindt/Schlüter 2007:39).

Für Handlungsabläufe mit Bild und Ton können Filmsequenzen auf DVDs oder auf Videokassetten zum Einsatz kommen.

Unterrichtsbeispiel: Arbiträres Lernen

19

In diesem Unterrichtsbeispiel geht es um ein Teilgebiet des englischen Wortschatzes: Adjektive zur Bezeichnung von Farben.

Begründung des Unterrichtsgegenstandes

Adjektive dienen zur näheren Bestimmung von Nomen. Adjektive sind eine wichtige Grundlage für einen differenzierten Sprachgebrauch. Farbadjektive beziehen sich auf anschauliche und konkrete Erscheinungsformen der Umgebung der Kinder.

Adjektive treten selten isoliert auf. Sie sind fast immer in Kontexte eingebettet. Die folgende Unterrichtsplanung beginnt mit dem arbiträren Lernen der Farbadjektive. Um der Sprachwirklichkeit gerecht zu werden, schließt sich die Einbettung von Adjektiven in Kontexte an.

Kontexte sind Bestandteil der Syntax und gehören dem Bereich der Grammatik an. Bei den Kontexten handelt es sich um regelgeleitetes Lernen.

Das Unterrichtsbeispiel verbindet das arbiträre Lernen der Farbadjektive mit dem regelgeleiteten Lernen der Kontexte von Adjektiven.

Sachanalyse

Formen von Adjektiven

Im Deutschen verändert sich die Form von Adjektiven nach verschiedenen Kriterien: (1) Numerus (Zahl), (2) Kasus (Fall), (3) Genus (grammatisches Geschlecht), (4) Flexion (Beugung). Darstellung 19.1 gibt Beispiele für die unterschiedlichen Formen des deutschen Adjektivs.

1	Numerus	Singular	*der*	*schöne*	*Baum*
		Plural	*die*	*schönen*	*Bäume*
2	Kasus	Nominativ	*der*	*schöne*	*Baum*
		Genitiv	*des*	*schönen*	*Baumes*
3	Genus	maskulinum	*ein*	*schöner*	*Baum*
		femininum	*eine*	*schöne*	*Frau*
4	Flexion	schwach	*der*	*schöne*	*Baum*
		stark	*ein*	*schöner*	*Baum*

Darstellung 19.1: Formen des deutschen Adjektivs

Im Gegensatz zum Deutschen werden englische Adjektive nicht nach diesen Kriterien verändert. In diesen Punkten ist das Englische erheblich leichter als das Deutsche. Es beschränkt sich auf eine einzige Form (s. Darstellung 19.2).

1	Numerus	Singular	*the*	*beautiful*	*tree*
		Plural	*the*		*trees*
2	Kasus	Nominativ	*the*		*tree*
		Genitiv	*the*		*tree's*
3	Genus	maskulinum	*a*		*tree*
		femininum	*a*		*girl*
4	Flexion	schwach	*the*		*tree*
		stark	*a*		*tree*

Darstellung 19.2: Die Form des englischen Adjektivs

Ein anderer Bereich der formalen Veränderung von Adjektiven betrifft die **Komparation** (Steigerung). Hier ist das Englische komplizierter als das Deutsche. Die wichtigsten Formen der regelmäßigen Komparation sind die Steigerung auf *-er* und *-est* (*young – younger – youngest*) und die Steigerung durch vorangestelltes *more* oder *most* (*beautiful – more beautiful – most beautiful*) (für Einzelheiten s. Quirk et al. 1985:458ff.).

Syntax von Adjektiven

Adjektive können in zwei Anordnungsformen auftreten: (1) attributiv und (2) prädikativ. Die attributive Verwendung ist dann gegeben, wenn das Adjektiv vor dem Nomen steht, das es näher bestimmt: *a beautiful girl*. Im Fall der prädikativen Verwendung folgt das Adjektiv auf das Nomen, das es näher bestimmt: *the girl is beautiful*.

Bei der prädikativen Verwendung steht zwischen dem Nomen und dem Adjektiv eine Form des Verbs *be*: *I am happy*.

Adjektive können durch Adverbien näher bestimmt werden: *a very happy girl* oder *She is very happy*.

Unterrichtszusammenhang

Methodik

Bis zu diesem Zeitpunkt sind lediglich Nomen als Einzelwörter semantisiert worden. Die Einführung der Nomen erfolgte in zwei Schritten:

1. Semantisierung des Einzelwortes (z. B. *pencil* durch Zeigen eines Bleistifts, mehrfache Nennung des englischen Wortes, erneutes Zeigen des Bleistifts mit Nachsprechen des neuen Wortes durch die Kinder).
2. Einbetten des neuen Nomens in einen kleinen syntaktischen Zusammenhang (z. B. *a pencil, a book*). Durch die Verbindung mit dem unbestimmten Artikel *a* wird den Kindern unbewusst verdeutlicht, um welche Wortklasse es sich beim nachfolgenden Wort handelt. Gleichzeitig wird demonstriert, dass Englisch sich beim Artikelgebrauch ähnlich verhält wie das Deutsche, aber anders als Sprachen ohne Artikel wie Türkisch oder slawische Sprachen.

Die Erfahrung hat gezeigt, dass die Kinder diese über Wochen praktizierten Schritte auf andere neue Wörter übertragen (hier: Adjektive). Wenn die Kinder die Bedeutung der neuen Farbadjektive verstanden haben, neigen sie dazu, auf das Zeigen von Bildkarten mit Farben Antworten zu geben wie: *a green, a blue* etc. Der Unterricht muss diesem Problem so weit wie möglich entgegenwirken.

Inhalte

Die Nomen *bag, ball, book, pencil, pencil case, schoolbag* haben vor dieser Unterrichtseinheit die Phase der Sprachaufnahme durchlaufen (Vermittlung der Bedeutung der neuen Wörter und Anbahnung des Erkennens des grammatischen Verhaltens) mit der Fähigkeit, die Wörter hörend zu verstehen und sprechend zu produzieren (Mindt

1995:152). Ebenso haben sie die Phase der Sprachverarbeitung durchlaufen (Einübung: Übung im hörenden Verstehen und Sprechen) (Mindt 1995:157 f.).

Didaktische Analyse

Auswahl

Wir wählen die folgenden Farbadjektive aus: *blue, green, red, white*. Aufgrund der Sprachverwandtschaft mit dem Deutschen handelt es sich um leicht lernbare Adjektive.

Auf die Steigerungsformen der Adjektive wird hier vollständig verzichtet. Es ist daher lediglich eine Form des Adjektivs zu lernen.

Die Verbindung mit Adverbien ist ebenfalls kein Gegenstand des Unterrichts. Diese Entscheidung wird durch natürliche Einschränkungen der Farbadjektive gestützt. Die Verbindung von Farbadjektiven mit bestimmten Adverbien ist ungewöhnlich und daher sehr selten, z. B. *The pencil is very green*.

Abstufung

Im ersten Schritt erfolgt die Vermittlung der Bedeutung (Semantisierung) der Farbadjektive. Hier geht es nur um die Erfassung der Lautform und ihre Verbindung mit der jeweiligen Farbe. Die Reihenfolge der Einführung der Adjektive ist: *blue, white, red, green*. Diese Reihenfolge ergibt sich daraus, dass Wörter mit dem schwer zu sprechenden [w] (*white*) und [r] (*red, green*) nicht am Anfang stehen sollten.

Anschließend werden die Farbadjektive attributiv mit Nomen verbunden (z. B. *a blue pencil*). Die prädikative Verwendung (z. B. *the pencil is blue*) wird später behandelt.

Darbietung

Der Unterrichtsabschnitt 1 dient der Semantisierung der Farbadjektive (Verbindung von Lautform und Bedeutung) mit Hilfe von Farbkarten. Hier geht es ausschließlich um die Fertigkeit des Hörens und Verstehens.

Die Unterrichtsabschnitte 2 und 3 führen vom gelenkten Sprechen zum freien Sprechen der Farbadjektive. Das arbiträre Lernen der Farbadjektive ist damit im Wesentlichen (bis auf die Sprachanwendung) abgeschlossen.

Die Phase der Sprachanwendung der Farbadjektive wird verbunden mit der Syntax der Farbadjektive (unbestimmter Artikel *a* + Adjektiv + Nomen). Hierbei handelt es sich um einen Bereich der Grammatik. An dieser Stelle beginnt das regelgeleitete Lernen der Syntax der Adjektive. Dieser Bereich wird in Unterrichtsabschnitt 4 mit der Bereitstellung der Wortfolge unbestimmter Artikel *a* + Nomen vorbereitet.

Unterrichtsabschnitt 5 bildet die Sprachaufnahme für das regelgeleitete syntaktische Problem. Die Farbadjektive, die zum arbiträren Bereich der Sprache gehören, durchlaufen hier wie in den folgenden Unterrichtsabschnitten die Phase der Sprachanwendung.

Unterrichtsabschnitt 6 stellt die Phase der Sprachverarbeitung für die Syntax von Adjektiven dar. Unterrichtsabschnitt 7 enthält die Sprachanwendung für die Syntax von Adjektiven.

Unterrichtsabschnitt 8 dient der Anbahnung der Bewusstmachung der Syntax von Adjektiven. Am Ende steht ein Tafelbild, das in Darstellung 19.3 wiedergegeben ist.

Wortkarte	**Farbkarte**	**Bildkarte: schwarz/weiß**
a	blue	bag
a	red	ball
a	green	book
a	white	pencil

Darstellung 19.3: Tafelbild zur Wortfolge: unbestimmter Artikel + Adjektiv + Nomen.

Die Unterrichtsabschnitte 8 und 9 sind der Vorbereitung der Bewusstmachung gewidmet. Die Kinder erkennen hier, in welcher Position attributive Adjektive stehen, ohne dass sie in der Lage sein müssen, dies verbal zu formulieren. Die verbale Formulierung der Regel ist nicht erforderlich, wenn die Kinder durch ihr sprachliches Verhalten nachweisen, dass sie diese Struktur beherrschen. Die Struktur stellt wegen der Ähnlichkeit mit dem Deutschen kein besonderes Lernproblem dar.

Lernziele, Kompetenzen

Das Lernziel, die angestrebte Kompetenz im Bereich des Sprachkönnens, ist die mündliche Beherrschung der Lautform der Adjektive *blue, green, red, white* für die entsprechenden Farben und ihrer Verbindung mit Nomen in attributiver Form. Das Verhältnis von Lernzielen und Kompetenzen ist in Kapitel 14 „Der Unterricht" dargestellt.

Dieses Lernziel gliedert sich in die folgenden aufeinander aufbauenden Teile: Hörverstehen der vier Farbadjektive, nachahmendes Sprechen, gelenktes Sprechen, freies Sprechen der Farbadjektive. Es folgen das Hörverstehen der vier Farbadjektive in attributiver Verbindung mit unbestimmtem Artikel + Nomen, nachahmendes Sprechen, gelenktes Sprechen, freies Sprechen der Verbindung unbestimmter Artikel + Adjektiv + Nomen.

Diese Unterrichtssequenz ist nicht begleitet von einer Ermittlung des Lernstandes zu diesem Gebiet. Aus diesem Grunde verzichten wir hier auf eine Darstellung der Lernziele in operationalisierter Form. Eine solche Darstellung lässt sich jedoch problemlos aus der vorliegenden Verlaufsplanung ableiten. Zur Erstellung operationalisierter Lernziele s. Mindt/Wagner 2007:24 ff.

Verlaufsplanung

Die einzelnen Unterrichtsabschnitte dieser Verlaufsplanung verteilen sich auf Zeiteinheiten, die nicht länger als 20 Minuten sein sollten. Zwischen den Unterrichtsabschnitten 1 bis 3 sollte es keine Unterbrechung geben. Ebenso sollten die Unterrichtsabschnitte 4 bis 7 eine zusammenhängende Einheit bilden.

Wenn die Zeit für den Englischunterricht an einem Tag 20 Minuten in Folge übersteigt, können in der zusätzlichen Zeit Tätigkeiten wie Basteln, Kleben, Ausmalen ausgeführt werden. Diese Tätigkeiten beziehen sich sämtlich auf Inhalte des Englischunterrichts. Die Farbadjektive eignen sich in besonderer Weise dafür.

1. Unterrichtsabschnitt: Hören und Verstehen der Farbadjektive

Geplantes Lehrerverhalten	**Erwartetes Verhalten der Kinder**	**Didaktischer Kommentar Fertigkeiten**
L zeigt Farbkarte und spricht: *blue* L zeigt Farbkarte und spricht: *white* L zeigt Farbkarte und spricht: *red* L zeigt Farbkarte und spricht: *green*	Kinder hören und verbinden Lautform mit der Bedeutung	Sprachaufnahme der Farbadjektive Hören und Verstehen

2. Unterrichtsabschnitt: Gelenktes Sprechen der Farbadjektive

Geplantes Lehrerverhalten	**Erwartetes Verhalten der Kinder**	**Didaktischer Kommentar Fertigkeiten**
L zeigt blaue Farbkarte. *What colour is it?* L zeigt gelbe Farbkarte. *What colour is it?* L zeigt rote Farbkarte. *What colour is it?* L zeigt grüne Farbkarte. *What colour is it?*	Kinder antworten: *blue* *white* *red* *green*	Sprachverarbeitung der Farbadjektive (Einübung) Sprechen

3. Unterrichtsabschnitt: Vom gelenkten Sprechen zum freien Sprechen der Farbadjektive

Geplantes Lehrerverhalten	Erwartetes Verhalten der Kinder	Didaktischer Kommentar Fertigkeiten
L gibt einzelne Farbkarten an Kinder. Kinder rufen andere zur Nennung der Farbe auf.	*blue* *white* *red* *green*	Sprachverarbeitung der Farbadjektive (Einübung mit Beginn des Transfers) Sprechen
Die Reihenfolge der Farben wird verändert	*red* *blue* *green* *white*	

4. Unterrichtsabschnitt: Wiederholung der Nomen in der Verbindung: *a* + Nomen

Geplantes Lehrerverhalten	Erwartetes Verhalten der Kinder	Didaktischer Kommentar Fertigkeiten
What is it?	*a bag*	Sprachanwendung von bekanntem Wortschatz
What is it?	*a schoolbag*	
What is it?	*a pencil*	
What is it?	*a pencil case*	Sprechen
What is it?	*a book*	
What is it?	*a ball*	

5. Unterrichtsabschnitt: Gelenktes Sprechen der Verbindung: *a* + Farbadjektiv + einzelnes Nomen

Geplantes Lehrerverhalten	Erwartetes Verhalten der Kinder	Didaktischer Kommentar Fertigkeiten
L zeigt rote Tasche. *What is it? a red bag*	*a red bag*	Sprachaufnahme der Syntax von Adjektiven Vorgabe der Antwort durch L
L zeigt blaue Tasche. *What is it? a blue bag*	*a blue bag*	Hören und Verstehen Sprechen
L zeigt weiße Tasche. *What is it?*	*a white bag*	Sprachverarbeitung der Syntax von Adjektiven (Einübung)
L zeigt grüne Tasche. *What is it?*	*a green bag*	Antwort ohne Vorgabe
		Sprachanwendung von Farbadjektiven
		Sprechen

6. Unterrichtsabschnitt: Gelenktes Sprechen der Verbindung: *a* + Farbadjektiv + verschiedene Nomen

Geplantes Lehrerverhalten	Erwartetes Verhalten der Kinder	Didaktischer Kommentar Fertigkeiten
L zeigt blauen Bleistift: *What is it?*	*a blue pencil*	Sprachverarbeitung der Syntax von Adjektiven (Einübung + Transfer)
weiter mit anderen Nomen	*a white book* *a blue schoolbag* *a red ball* *a green bag*	Sprechen

7. Unterrichtsabschnitt: Freies Sprechen der Verbindung: *a* + Farbadjektiv + verschiedene Nomen

Geplantes Lehrerverhalten	Erwartetes Verhalten der Kinder	Didaktischer Kommentar Fertigkeiten
L lässt Kinder einzelne Gegenstände wählen. Kinder rufen andere zur Nennung der Gegenstände und Farben auf.		Sprachanwendung der Farbadjektive Sprachanwendung der Syntax von Adjektiven
What is it?	*a red book*	Sprechen
What is it?	*a green schoolbag*	
What is it?	*a blue pencil case*	
What is it?	*a white ball*	

8. Unterrichtsabschnitt: Freies Sprechen mit Anbahnung der Bewusstmachung der Syntax von unbestimmtem Artikel *a* + Farbadjektiv + Nomen

Geplantes Lehrerverhalten	Erwartetes Verhalten der Kinder	Didaktischer Kommentar Fertigkeiten
Aufbau eines Tafelbildes: links: Wortkarte *a* rechts: Bildkarte (schwarz/weiß) für Nomen Mitte: Farbkarte für Adjektiv Tafelbild s. o. (Darstellung 19.3)	Kind spricht: *a blue bag* Kind spricht: *a red ball* Kind spricht: *a green book* Kind spricht: *a white pencil*	Sprachanwendung der Syntax von Adjektiven + Vorbereitung der Bewusstmachung Sprachanwendung Farbadjektive Sprechen

9. Unterrichtsabschnitt: Austausch der Farben,
Austausch der Nomen

Geplantes Lehrerverhalten	**Erwartetes Verhalten der Kinder**	**Didaktischer Kommentar Fertigkeiten**
Aufbau eines Tafelbildes mit Austausch der Farben und der Nomen (kann durch Kinder erfolgen, die andere zur Antwort aufrufen)	Kind spricht: *a white bag* Kind spricht: *a green ball* Kind spricht: *a blue book* Kind spricht: *a red pencil* etc.	Sprachanwendung der Syntax von Adjektiven + Vorbereitung der Bewusstmachung Sprechen

Verlaufsplanung, Phasen und Stufen des Lernens

In Kapitel 14 „Der Unterricht" haben wir zwischen drei Phasen des Unterrichts unterschieden: der Sprachaufnahme, der Sprachverarbeitung und der Sprachanwendung.

In Kapitel 17 „Stufen des Sprachenlernens" haben wir vier Stufen des Sprachenlernens unterschieden: Implizit 1, Implizit 2, Explizit 1 und Explizit 2.

Wir können jetzt aufzeigen (Darstellung 19.4), welche Phasen des Unterrichts und welche Stufen des Lernens in den einzelnen Unterrichtsabschnitten realisiert werden. Unterrichtsabschnitt 4, der der Bereitstellung des vorher Gelernten dient, entfällt daher.

Die Verlaufsplanung betrifft am Beginn ausschließlich die Farbadjektive (arbiträres Lernen). Das ausschließlich arbiträre Lernen umfasst die Unterrichtsabschnitte 1 bis 3.

Anschließend folgen die Unterrichtsabschnitte 5 bis 9 zur Syntax der Adjektive (regelgeleitetes Lernen). In diesen Unterrichtsabschnitten sind beide Arten des Lernens miteinander verbunden.

Darstellung 19.4 gibt als erstes die Zahl des Unterrichtsabschnitts an (Spalte 1). Daneben stehen die Unterrichtsphasen (Spalte 2) und die Stufen des Sprachenlernens (Spalte 3). Zur Unterscheidung zwischen dem arbiträren Lernen der Farbadjektive und dem regelgeleiteten Lernen der Syntax wird das regelgeleitete Lernen einschließlich seiner arbiträren Vorstufen (Implizit 1 und Implizit 2) schattiert dargestellt.

	Unterrichtsphase	**Stufe des Sprachenlernens**
1	Sprachaufnahme Farbadjektive	Adjektive: Implizit 1: Sprachbegegnung
2	Sprachverarbeitung Farbadjektive (Einübung)	Adjektive: Implizit 1: Sprachbegegnung mit Wiederholung
3	Sprachverarbeitung Farbadjektive (Einübung/Transfer)	Adjektive: Implizit 2: Produktive Wiederverwendung
5	Sprachanwendung Farbadjektive	Adjektive: Implizit 2: Produktive Wiederverwendung
	Sprachaufnahme und Sprachverarbeitung Syntax	Syntax: Implizit 1: Sprachbegegnung mit Wiederholung Syntax: Implizit 2: Produktive Wiederverwendung
6	Sprachanwendung Farbadjektive	Adjektive: Implizit 2: Produktive Wiederverwendung
	Sprachverarbeitung Syntax (Einübung + Transfer)	Syntax: Implizit 2: Produktive Wiederverwendung
7	Sprachanwendung Farbadjektive	Adjektive: Implizit 2: Produktive Wiederverwendung
	Sprachanwendung Syntax	Syntax: Implizit 2: Produktive Wiederverwendung
8	Sprachanwendung Farbadjektive	Adjektive: Implizit 2: Produktive Wiederverwendung
	Sprachanwendung Syntax	Syntax: Explizit 1: Regelgeleitete Wahl von Sprachmitteln
9	Sprachanwendung Farbadjektive	Adjektive: Implizit 2: Produktive Wiederverwendung
	Sprachanwendung Syntax	Syntax: Explizit 1: Regelgeleitete Wahl von Sprachmitteln

Darstellung 19.4: Unterrichtsabschnitte, Unterrichtsphasen und Stufen des Sprachenlernens

Unterrichtsbeispiel: Regelgeleitetes Lernen

20

In diesem Unterrichtsbeispiel geht es um ein wichtiges Teilgebiet der englischen Grammatik: Verbformen. Es gibt kaum Sätze ohne Verben. Das Verb bildet das Zentrum des Satzes. Nur wenige einfache Äußerungen können auf Verbformen verzichten.

Begründung des Unterrichtsgegenstandes

Zu den elementarsten Sprachäußerungen gehören Aussagen über Ereignisse, die jetzt oder immer so sind oder regelmäßig auftreten. Es kann sich sowohl um einzelne Geschehnisse handeln als auch um wiederholt auftretende gewohnheitsmäßige Handlungen. Dazu gehören Subjekte, die die Ausführenden der Handlung bezeichnen und Verben, die die Tätigkeit ausdrücken. Dieses Unterrichtsbeispiel befasst sich schwerpunktmäßig mit den Verbformen.

Sachanalyse des Formensystems

Englische Verben haben fünf Gruppen von Formen (Mindt 2000:31):

- die Grundform
  be in *to be*, *give* in *to give*, *play* in *to play*
- die Präsensformen
  am in *I am*, *is* in *she is*, *are* in *we are*
  give in *I give*, *gives* in *he gives*
  play in *we play*, *plays* in *he plays*
- die Formen des Präsenspartizips
  being, *giving*, *playing*
- die Vergangenheitsformen
  was in *I was*, *were* in *they were*
  gave in *we gave*
  played in *they played*
- die Formen des Vergangenheitspartizips
  been, *given*, *played*.

Didaktische Analyse des Formensystems

Auswahl

Von den fünf Gruppen der Verbformen beschränkt sich der Unterricht auf zwei dieser Gruppen: auf die Grundform und die Präsensformen.

Innerhalb der Präsensformen erfolgt eine Beschränkung auf die regelmäßige Formenbildung. Dies bedeutet, dass Formen bestimmter unregelmäßiger Verben wie von *be* (z. B. *I am, she is, they are*), von *have* (z. B. *you have, he has*), von *do* (z. B. *I do* [du:], *she does* [dʌz]) oder von *say* (z. B. *I say* [seɪ], *he says* [sez]) hier nicht Gegenstand des Unterrichts sind.

Nicht ausgeschlossen werden Verben wie *give, take, see, know*. Diese Verben sind unregelmäßig bezüglich ihrer Vergangenheitsformen (*gave, took, saw, knew*) oder ihrer Formen des Vergangenheitspartizips (*given, taken, seen, known*). Im Präsens weisen sie jedoch eine regelmäßige Bildung auf (*give – gives, take – takes, see – sees, know – knows*).

Sachanalyse der regelmäßigen Präsensformen

Bildung der Form

Die Präsensform eines englischen Verbs kann endungslos sein. In diesem Fall ist sie von der Grundform (Infinitiv) nicht zu unterscheiden: *play, give, take, see, know*.

Die Präsensform eines englischen Verbs kann mit der Endung *-s* gebildet werden: *plays, gives, takes, sees, knows*.

Aussprache

Wenn die Endung *-s* hinzugefügt wird, unterscheiden wir drei Aussprachen (Quirk et al. 1985:99):

1. [-z] nach Vokal oder stimmhaftem Konsonanten, z. B. *knows, comes, tells*
2. [-s] nach stimmlosem Konsonanten, z. B. *gets, wants, puts*
3. [-ɪz] nach Zischlauten, z. B. *catches, pushes, kisses*.

Die Aussprachen [-z] oder [-ɪz] stellen ein Lernproblem dar. Deutsche Kinder neigen dazu, [-z] oder [-ɪz] durch [-s] oder [-ɪs] zu ersetzen. Im Deutschen verliert ein stimmhafter Konsonant seine Stimmhaftigkeit, wenn er an das Ende des Wortes tritt (Auslautverhärtung). So wird das stimmhafte [-z] in *lesen* zu einem stimmlosen [-s] in *lies* oder *las*. Die Kinder übertragen die Auslautverhärtung des Deutschen auf das Englische. Im Englischen bleibt dagegen die Stimmhaftigkeit am Wortende erhalten.

Schreibung

Hier gibt es unterschiedliche Schreibungen (Mindt 2000:50 ff.). Zu den wichtigsten gehören:

1. Auslautendes *-y* des Verbs wird zu *-ie-*: *try* > *tries*; *carry* > *carries*, *study* > *studies*.
2. Ein *-e-* wird der Grundform hinzugefügt: *go* > *goes*, *miss* > *misses*, *push* > *pushes*.

Syntax

Die Präsensformen englischer Verben hängen vom Subjekt ab. Bei Subjekten in der 3. Person Singular (*Peter, the girl, a car, he, she, it*) wird der Verbform ein *-s* angefügt. Bei allen übrigen Subjekten finden wir die endungslose Verbform (Darstellung 20.1).

Subjekt nicht in der 3. Person Singular kein *-s* am Ende des Verbs		**Subjekt in der 3. Person Singular** *-s* am Ende des Verbs	
I	*play*	*he*	*plays*
you	*give*	*she*	*gives*
we	*take*	*it*	*takes*
they	*sing*		
the girls	*see*	*the girl*	*sees*
my friends	*know*	*my friend*	*knows*

Darstellung 20.1: Verbformen in Abhängigkeit vom Subjekt

Bedeutung

Präsensformen haben vier wichtige temporale Bedeutungen (Mindt 2000:156f.):

- erweiterte Gegenwart — *he lives in California*
- aktuelle Gegenwart — *here comes your drink*
- Zeitlosigkeit — *children learn by example*
- Zukunft — *we come back here as soon as it's finished*

Vom Standpunkt der Dauer, Ausdehnung oder Wiederholung einer Handlung ist zu beachten, dass mehrere aufeinanderfolgende Handlungen der Gegenwart nicht durch die progressive Form (*I am getting up, I am washing*), sondern durch die einfache Form (*I get up, I wash* etc.) ausgedrückt werden. Dies bezieht sich besonders auf Kommentare, die Handlungen begleiten, z.B. Sportreportage, Fernsehkoch (Quirk et al. 1985:180). Dasselbe gilt für wiederholt auftretende gewohnheitsmäßige Handlungen (Quirk et al. 1985:179).

Didaktische Analyse der regelmäßigen Präsensformen

Die didaktische Analyse gliedert sich in die Unterpunkte Auswahl, Abstufung und Darbietung. Es folgen die Abschnitte Auswahl und Abstufung. Sie beziehen sich auf die sprachwissenschaftlichen Grundlagen.

Die Darbietung muss über die sprachwissenschaftlichen Gesichtspunkte hinaus weitere unterrichtliche Faktoren beachten. Diese werden in dem Teilkapitel „Gegenwartsformen und *storytelling*" und in den Teilkapiteln „Eine abgewandelte Situation als Grundlage für den Unterricht" und „Unterrichtszusammenhang" dargestellt. Erst vor diesem Hintergrund folgt dann der letzte Teil der didaktischen Analyse mit den Überlegungen zur Darbietung.

Auswahl

Nach dem Kriterium der **Aussprache** verschieben wir die Behandlung von Verben, die auf Zischlaut enden, auf einen späteren Zeitpunkt. Die Endung dieser Verben zeigt eine deutliche Besonderheit der Aussprache: [-ɪz] in *catches, pushes, kisses*.

Die Aussprachen [-z], z. B. *knows, comes, tells* oder [-s], z. B. *gets, wants, puts* stellen zu diesem Zeitpunkt keine besonderen Schwierigkeiten dar. Denn dieselben Aussprachen sind bereits von den Pluralformen der Nomen bekannt: *eye – eyes* [-z], *hand – hands* [-z], *lip – lips* [-s]. Auch die in der Sachanalyse genannte Ersetzung der Aussprache von [-z] durch [-s] bei deutschen Kindern (Auslautverhärtung) ist bekannt, muss aber auch hier erneut beachtet werden.

Um das **Schriftbild** zur Unterstützung nutzen zu können (Hinzufügung einer Buchstabenkarte mit *-s*), können auch Verben verwendet werden, die auf *-y* oder *-o* enden (z. B. *carry* oder *go*). Bei diesen Verben gilt die Änderung nur für die Grundform (*carries*, *goes*), nicht aber für die Endung *-s*. Für die Grundform wird kein Schriftbild gegeben, sie wird lediglich gesprochen. Die Aussprache der Grundform dieser Verben erfährt keine Veränderung durch die Hinzufügung von *-s*. Das Schriftbild wird daher nur für die Endung benutzt.

Aus der Sicht der **Syntax** beschränken wir die Subjekte der dritten Person Singular auf Eigennamen (z. B. *Anne, Peter*). Die Pronomen *he* und *she* können später an die Stelle der Eigennamen treten.

Bezüglich der **Bedeutung** wählen wir Kommentare über Abfolgen von Handlungen. Möglich sind daneben Aussagen über gewohnheitsmäßige Handlungen, die erweiterte Gegenwart, die aktuelle Gegenwart, die Zeitlosigkeit und die Zukunft.

Abstufung

Für die getrennte Behandlung von Verben mit stimmhafter Endung und stimmloser Endung in zwei Gruppen besteht keine Notwendigkeit, denn dieses Problem ist bereits von den Pluralformen der Nomen bekannt. Sollten die Kinder dazu neigen, die stimmhafte Endung [-z] stimmlos auszusprechen [-s], ist eine besondere Übung für solche Verben angebracht.

Die Pronomen *he* und *she* können später verwendet werden. Bei den Bedeutungsvarianten konzentrieren wir uns zunächst auf Abfolgen von Handlungen. Andere Bedeutungsvarianten können später verwendet werden.

Gegenwartsformen und *storytelling*

Als Situationen für die Verwendung von Gegenwartsformen kommen wiederholt auftretende, aufeinanderfolgende Geschehnisse in Frage. Aufeinanderfolgende Geschehnisse bilden den Kern von Geschichten (*stories*). In vielen Lehrwerken wird das Erzählen von Geschichten (*storytelling*) als wichtiger Bestandteil des Englischunterrichts der Klassen 1 und 2 genannt. In den Lehrwerken treffen wir auf zwei völlig gegensätzliche Positionen zum *storytelling*: (1) *Storytelling* ohne Bereitstellung der sprachlichen Grundlagen und (2) Handlungsabläufe ohne Erzählung.

Storytelling ohne Bereitstellung der sprachlichen Grundlagen

Nicht selten werden Geschichten verwendet, ohne dass die Kinder zuvor mit den dafür notwendigen sprachlichen Grundlagen vertraut gemacht wurden. So soll z. B. bereits im ersten Schuljahr ein Märchen behandelt werden, das so beginnt: „Once upon a time there was a little girl [...] One day, her mother gave her a basket." (Norman/L'Estrange 2007:133 ff.).

Hier finden sich typische Merkmale von Erzählungen: Ein ungenannter Erzähler berichtet über Personen in der dritten Person Singular, die Erzählzeit ist die Vergangenheit: *there <u>was</u> a little girl, her mother <u>gave</u> her a basket*. Im Stoffverteilungsplan des gesamten ersten Schuljahres dieses Lehrwerks (Norman/L'Estrange 2007:133 ff.) findet sich kein Hinweis auf Verbformen der Vergangenheit (übrigens auch nicht auf Verbformen der Gegenwart).

Es gibt keine unterrichtliche Vorbereitung für die Probleme, die z. B. durch die Verwendung von Vergangenheitsformen der Verben entstehen. Stattdessen erhalten die Lehrkräfte den Hinweis: „Lesen Sie beim ersten Hören der Geschichte die deutsche Fassung parallel zur englischen Version von der CD vor." (Norman/L'Estrange 2007:134). Folgt man dem Vorschlag, dann müssen die Kinder einen unbekannten Handlungsablauf mit einer Fülle von neuem englischen Wortschatz und einer großen Zahl unbekannter grammatischer Strukturen gleichzeitig in beiden Sprachen hören und verstehen.[1]

---

[1] Die gleiche Nichtberücksichtigung der sprachlichen Grundlagen von *storytelling* findet sich in den Beiträgen in Bleyhl 2002.

Handlungsabläufe ohne Erzählung

Eine entgegengesetzte Vorgehensweise für den Bereich *storytelling* findet sich bei sogenannten *action stories*. Die Kinder hören die folgenden Anweisungen: "Get out of bed. Wash your face. Clean your teeth. Bend your knees [...]. Jump [...]. Have a glass of milk." (Gerngross/Puchta 1997:155f.). Aufgrund des Gehörten sollen die Kinder das Geschehen durch eigenes Handeln veranschaulichen.

Natürlich ist dies keine Geschichte (*story*), sondern ein Handlungsablauf (*action*), der von sechs Verbformen im Imperativ ausgelöst wird (*get, wash, clean, bend, jump, have*). Damit aus diesem Handlungsablauf der Vorläufer einer Geschichte werden kann, müssten drei Merkmale einer Erzählung verwendet werden:
1. Ein Erzähler müsste über die Handlungen berichten.
2. Die Handelnden müssten in der dritten Person Singular genannt werden.
3. Die Verbformen müssten in der dritten Person Singular stehen.

Eine solche Umwandlung von Handlungsablauf zu Geschichte ist nicht vorgesehen. Sie würde den Kindern ein erhebliches zusätzliches Maß an Verstehens- und Ausdrucksmöglichkeiten erschließen. Die Umwandlung in eine Erzählung würde ferner dazu beitragen, den Kindern eine neue Perspektive auf denselben Handlungsablauf zu eröffnen. Der Unterricht wäre abwechslungsreicher und würde an sprachlicher Kreativität gewinnen. Die Erzählung in der Gegenwart würde spätere Erzählungen in der Vergangenheit vorbereiten.

Eine abgewandelte Situation als Grundlage für den Unterricht

Eine *action story* nach dem oben genannten Muster könnte Ausgangspunkt einer ersten echten Geschichte (*story*) sein. Die *action story* lautet:

Take a basket.
Go to the supermarket.
Buy a banana.
Go home.
Sit down.
Take the banana.
Eat the banana.
Yummy.[1]

Durch die Umwandlung eines Handlungsablaufs (*action*) in eine Geschichte (*story*) tritt die in Darstellung 20.2 wiedergegebene Veränderung des Verbs ein.

Handlungsablauf *(action)*	**Geschichte *(story)***
Kein Subjekt Verb in der Grundform (Imperativ)	Subjekt: Eigenname, z. B. *Anne* Verb mit der Endung *-s*
Take ...	*Anne takes ...*
Go ...	*Anne goes ...*
Buy ...	*Anne buys ...*
etc.	etc.

Darstellung 20.2: Subjektabhängige Veränderung des Verbs

Es handelt sich um sieben Sätze mit fünf verschiedenen Verben (die Verben *take* und *go* treten je zweimal auf).

Der Handlungsablauf (*action*) wird durch Imperativformen von Verben ausgelöst. Ein Subjekt ist nicht vorhanden.

Die Verben der Geschichte (*story*) haben dasselbe Subjekt der 3. Person Singular mit den entsprechend veränderten Verbformen.

1 Wegen der Anlehnung an das Lehrwerk *Playway* werden vier Wörter verwendet, die nicht in Kapitel 7 „Der Wortschatz" genannt sind: *basket, buy, take, supermarket*.

Unterrichtszusammenhang

Die fünf Verben (*take, go, buy, sit, eat*) haben vor dieser Unterrichtseinheit die Phase der Sprachaufnahme durchlaufen (Vermittlung der Bedeutung der neuen Wörter und Anbahnung des Erkennens des grammatischen Verhaltens) mit der Fähigkeit, die Wörter hörend zu verstehen und sprechend zu produzieren (Mindt 1995:152). Ebenso haben diese fünf Verben die Phase der Sprachverarbeitung durchlaufen (Einübung: Übung im hörenden Verstehen und Sprechen) (Mindt 1995:157f.).

Didaktische Analyse unter Berücksichtigung aller unterrichtlichen Gesichtspunkte

Darbietung

Am Anfang der Unterrichtssequenz steht eine *action story*. Solche Reihungen von Handlungen (vgl. Gouin 1884) sind den Kindern bekannt. Der gesamte Wortschatz der *action story* ist ebenfalls bekannt.

Die Unterrichtsabschnitte 1 und 2 dienen der Einführung in die neue Situation (Sprachaufnahme) und der Übung der Situation (Sprachverarbeitung). Am Beginn stehen Hörverstehen und Handeln, es folgt das Sprechen der bekannten endungslosen Verbformen.

Der Unterrichtsabschnitt 3 ist der Sprachaufnahme der neuen Verbformen mit *-s* gewidmet. Es handelt sich um Sprechen der bekannten Sprachmittel durch die Lehrkraft und um Hörverstehen und Handeln durch die Kinder bei den neuen Verbformen. Die Stufe des Lernens ist der Beginn von Implizit 1.

Der Unterrichtsabschnitt 4 geht über zur Sprachverarbeitung (Einübung). Es handelt sich um Hörverstehen und Sprechen der neuen Verbformen mit *-s* durch die Kinder. Die Stufe des Lernens ist die Fortsetzung von Implizit 1 (Sprachbegegnung mit Wiederholung).

Der Unterrichtsabschnitt 5 erweitert die Sprachverarbeitung um den Transfer. Die Kinder erkennen die Situation und sprechen unter Verwendung der neuen Verbformen mit *-s*. Die Stufe des Lernens ist Implizit 2 (produktive Wiederverwendung).

Der Unterrichtsabschnitt 6 erweitert den Transfer der Verbformen mit *-s* im Rahmen der Sprachverarbeitung. Die Weiterführung liegt in der neuen Reihenfolge der Handlungen. Die Kinder erkennen die veränderte Situation und sprechen. Die Stufe des Lernens ist Explizit 1 (regelgeleitete Wahl von Sprachmitteln).

Der Unterrichtsabschnitt 7 führt über den Transfer zur Sprachanwendung mit dem Subjekt *I* und der darauf folgenden endungslosen Verbform. Die Stufe des Lernens ist Explizit 1 für die endungslose Verbform.

Der Unterrichtsabschnitt 8 führt über den Transfer zur Sprachanwendung mit Namen als Subjekten, denen eine Verbform mit *-s* folgt. Die Stufe des Lernens ist Explizit 1 für die Verbform mit *-s*.

Der Unterrichtsabschnitt 9 führt von der Sprachverarbeitung zum Beginn der Sprachanwendung. Die Kinder sprechen sowohl die endungslose Form der Verben (erste Person Singular) als auch die Form der Verben in der dritten Person Singular mit *-s*. Die Stufe des Lernens ist Explizit 1 (regelgeleitete Wahl von Sprachmitteln). Gleichzeitig wird durch die Anbahnung der Einsicht die Grundlage für die nächste Stufe (Explizit 2: eigenständige Formulierung der Regel) geschaffen.

Der Unterrichtsabschnitt 10 betrifft die Sprachanwendung. Die Kinder sprechen beide Verbformen. Am Ende steht die eigenständige Formulierung der Regel. Damit ist die Stufe Explizit 2 erreicht.

Lernziele, Kompetenzen

Das Lernziel, die angestrebte Kompetenz im Bereich des Sprachkönnens, ist die mündliche Beherrschung der regelmäßigen Präsensformen des englischen Verbs (endungslos und mit *-s* in der dritten Person Singular). Das Verhältnis von Lernzielen und Kompetenzen ist in Kapitel 14 „Der Unterricht“ dargestellt.

Dieses Lernziel gliedert sich in die folgenden aufeinander aufbauenden Teile: Hörverstehen der regelmäßigen Präsensformen, nachahmendes Sprechen, gelenktes Sprechen, freies Sprechen, Einsicht in die Regel.

Diese Unterrichtssequenz ist nicht begleitet von einer Ermittlung des Lernstandes zu diesem Gebiet. Aus diesem Grunde verzichten wir hier auf eine Darstellung der Lernziele in operationalisierter Form. Eine solche Darstellung lässt sich jedoch problemlos aus der vorliegenden Verlaufsplanung ableiten. Zur Erstellung operationalisierter Lernziele s. Mindt/Wagner 2007:24 ff.[1]

Verlaufsplanung

Die einzelnen Unterrichtsabschnitte dieser Verlaufsplanung verteilen sich auf Zeiteinheiten, die nicht länger als 20 Minuten sein sollten. Um Überforderungen zu vermeiden, folgen nicht alle diese Unterrichtsabschnitte unmittelbar aufeinander.

Die Unterrichtsabschnitte werden durch andere handlungsorientierte und spielerische Aktivitäten ergänzt und unterbrochen wie *Chants*, Reime, Lieder. Als Ergänzungen können auch Wiederholungen und Festigungen anderer Sprachelemente hinzutreten.

Wenn die Zeit für den Englischunterricht an einem Tag 20 Minuten in Folge übersteigt, können in der zusätzlichen Zeit Tätigkeiten wie Basteln, Kleben, Ausmalen ausgeführt werden. Diese Tätigkeiten beziehen sich sämtlich auf Inhalte des Englischunterrichts.

1. Unterrichtsabschnitt: Einführung einer neuen Handlungsreihe

Geplantes Lehrerverhalten	Erwartetes Verhalten der Kinder	Didaktischer Kommentar Fertigkeiten
Take a basket.	Kind nimmt Korb	Darstellung
Go to the supermarket.	Kind geht zum	der Situation
	„Supermarkt"	Sprachaufnahme
Buy a banana.	Kind sagt:	
	A banana, please.	Hören und Verstehen
Go home.	Kind geht weg	
Sit down.	Kind setzt sich	Handeln nach
Take the banana.	Kind nimmt Banane	Hörverstehen
Eat the banana.	Kind isst Banane	
Yummy.		

1 Kuhn 2006a:206 ff. liefert operationalisierte Lernziele für einzelne Unterrichtsschritte.

2. Unterrichtsabschnitt: Übung der neuen Handlungsreihe

Geplantes Lehrerverhalten	Erwartetes Verhalten der Kinder	Didaktischer Kommentar Fertigkeiten
L lässt einzelne Kinder die Aufforderungen an andere Kinder geben.	Kind 1: *Take a basket.* Kind 2 nimmt Korb	Sprachverarbeitung Sprechen Hören und Verstehen Handeln
Je nach Übungsbedarf durch unterschiedliche Kinder wiederholen lassen.	Kind 1: *Go to the supermarket.* Kind 2 geht zum „Supermarkt" etc.	Sprechen Hören und Verstehen Handeln nach Hörverstehen

3. Unterrichtsabschnitt: Umwandlung der Handlungsreihe in eine Erzählung mit Subjekten der 3. Person Singular und Verben mit der Endung *-s*

Geplantes Lehrerverhalten	Erwartetes Verhalten der Kinder	Didaktischer Kommentar Fertigkeiten
L: lässt das Kind Peter die Aufforderungen an ein anderes Kind geben. Während das andere Kind die Handlung ausführt, spricht L den zugehörigen Satz		Sprachaufnahme des *-s* der 3. Person Singular
L: *Anne takes a basket.*	Peter: *Take a basket.* Kind 2 nimmt Korb	Sprechen Hörverstehen und Handeln
L: *Anne goes to the supermarket.*	Peter: *Go to the supermarket.* Kind 2 geht zum „Supermarkt"	Sprechen Hörverstehen und Handeln
L: *Anne buys a banana.*	Peter: *Buy a banana.* Kind 2 sagt: *A banana, please.*	Sprechen Hörverstehen und Handeln

Geplantes Lehrerverhalten	Erwartetes Verhalten der Kinder	Didaktischer Kommentar Fertigkeiten
L: *Anne goes home.*	Peter: *Go home.* Kind 2 geht weg	Sprechen Hörverstehen und Handeln
L: *Anne sits down.*	Peter: *Sit down.* Kind 2 setzt sich	Sprechen Hörverstehen und Handeln
L: *Anne takes the banana.*	Peter: *Take the banana.* Kind 2 nimmt Banane	Sprechen Hörverstehen und Handeln
L: *Anne eats the banana.*	Peter: *Eat the banana.* Kind 2 isst Banane	Sprechen Hörverstehen und Handeln

4. Unterrichtsabschnitt: Erste Erzählung durch die Kinder (imitativ) mit Subjekten der 3. Person Singular und Verben mit der Endung *-s*

Geplantes Lehrerverhalten	Erwartetes Verhalten der Kinder	Didaktischer Kommentar Fertigkeiten
L deutet Kindern an, welche Handlungen auszuführen sind und spricht zu den Handlungen	Kinder sprechen nach dem Vorbild der Lehrkraft	Sprachverarbeitung (Einübung)
Susan takes a basket.	Susan nimmt Korb *Susan takes a basket.*	Hörverstehen Sprechen
Mike goes to the supermarket.	Mike geht zum „Supermarkt" *Mike goes to the supermarket.*	Hörverstehen Sprechen
etc.		

Geplantes Lehrerverhalten	Erwartetes Verhalten der Kinder	Didaktischer Kommentar Fertigkeiten
Buchstabenkarte *-s* an rechter Tafelseite Je nach Übungsbedarf durch unterschiedliche Kinder mit unterschiedlichen Namen wiederholen lassen.		Lehren unterhalb der Bewusstseinsschwelle

5. Unterrichtsabschnitt: Zweite Erzählung durch die Kinder (angeleitet produktiv) mit Subjekten der 3. Person Singular und Verben mit der Endung *-s*

Geplantes Lehrerverhalten	Erwartetes Verhalten der Kinder	Didaktischer Kommentar Fertigkeiten
L lässt Alex Korb nehmen.	Einzelne Kinder sprechen zu den Handlungen.	Sprachverarbeitung (Einübung/Transfer)
	Alex nimmt Korb *Alex takes a basket*	Erkennen der Situation Sprechen
	Alex geht zum „Supermarkt“	Erkennen der Situation
	Alex goes to the supermarket.	Sprechen
etc. Buchstabenkarte *-s* an rechter Tafelseite Je nach Übungsbedarf durch unterschiedliche Kinder mit unterschiedlichen Namen wiederholen lassen.		Lehren unterhalb der Bewusstseinsschwelle

6. Unterrichtsabschnitt: Dritte Erzählung durch die Kinder (selbständig produktiv) mit Subjekten der 3. Person Singular und Verben mit der Endung *-s*

Geplantes Lehrerverhalten	Erwartetes Verhalten der Kinder	Didaktischer Kommentar Fertigkeiten
Ein Kind führt eine einzelne Handlung aus. Die Reihenfolge der Handlungen einzelner Kinder ist frei.	Einzelne Kinder sprechen zu den Handlungen.	Sprachverarbeitung (Transfer)
	Justin nimmt die Banane	Erkennen der Situation
	Justin takes the banana.	Sprechen
	Justin geht nach Hause *Justin goes home.*	Erkennen der Situation Sprechen
	Justin geht zum „Supermarkt"	Erkennen der Situation
	Justin goes to the supermarket.	Sprechen
etc. Buchstabenkarte *-s* an rechter Tafelseite		Lehren unterhalb der Bewusstseinsschwelle
Je nach Übungsbedarf durch unterschiedliche Kinder mit unterschiedlichen Namen wiederholen lassen.		

7. **Unterrichtsabschnitt:** Vierte Erzählung durch die Kinder (selbständig produktiv) mit Subjekten der 1. Person Singular und Verben ohne Endung

Geplantes Lehrerverhalten	Erwartetes Verhalten der Kinder	Didaktischer Kommentar Fertigkeiten
L lässt ein Kind über die eigene Handlung in der Ich-Form sprechen.	Kind 1: *I take a basket.*	Sprachverarbeitung (Transfer) + Sprachanwendung
Kind 1 steht vor der linken Tafelseite (leere Buchstabenkarte an dieser Seite).	Kind 1: *I go to the supermarket.* Kind 1: *I buy a banana.* Kind 1: *I go home.*	Sprechen: Versprachlichung der Situation (1. Pers. Sing.)
etc. Leere Buchstabenkarte an linker Tafelseite		etc. Lehren unterhalb der Bewusstseinsschwelle

8. Unterrichtsabschnitt: Fünfte Erzählung durch die Kinder (selbständig produktiv) mit Subjekten der 3. Person Singular und Verben mit der Endung *-s*

Geplantes Lehrerverhalten	Erwartetes Verhalten der Kinder	Didaktischer Kommentar Fertigkeiten
Ein Kind führt eine einzelne Handlung aus.	Einzelne Kinder sprechen zu den Handlungen.	Sprachverarbeitung (Transfer) + Sprachanwendung
Die Reihenfolge der Handlungen entspricht dem logischen Ablauf.		
	Anne nimmt Korb *Anne takes a basket.*	Erkennen der Situation Sprechen
	Anne geht zum „Supermarkt" *Anne goes to the supermarket.*	Erkennen der Situation Sprechen
	Anne kauft eine Banane *Anne buys a banana.*	Erkennen der Situation Sprechen
etc. Buchstabenkarte *-s* an rechter Tafelseite		Vorbereitung der Bewusstmachung
Je nach Übungsbedarf durch unterschiedliche Kinder mit unterschiedlichen Namen wiederholen lassen.		

9. Unterrichtsabschnitt: Variation der Erzählung durch die Kinder (selbständig produktiv): Verben ohne Endung vs. Verben mit der Endung *-s*

Geplantes Lehrerverhalten	Erwartetes Verhalten der Kinder	Didaktischer Kommentar Fertigkeiten
L lässt ein Kind über die eigene Handlung in der Ich-Form sprechen.	Kind 1: *I take a basket.*	Sprachverarbeitung (Transfer) + Sprachanwendung
Ein zweites Kind beschreibt dieselbe Handlung mit dem Namen des handelnden Kindes.	Kind 2: *Emily takes a basket.*	
	Kind 1: *I go to the supermarket.*	Sprechen: Versprachlichung der Situation (1. Pers. Sing.)
	Kind 2: *Emily goes to the supermarket.*	Versprachlichung der Situation (3. Pers. Sing.)
Kind 1 steht vor der linken Tafelseite (später keine Buchstabenkarte an dieser Seite).	Kind 1: *I buy a banana.*	Versprachlichung der Situation (1. Pers. Sing.)
	Kind 2: *Emily buys a banana.*	Versprachlichung der Situation (3. Pers. Sing.)
Kind 2 (Emily) steht vor der rechten Tafelseite (später die Buchstabenkarte *-s* an dieser Seite).	Kind 1: *I go home.*	Versprachlichung der Situation (1. Pers. Sing.)
	Kind 2: *Emily goes home.*	Versprachlichung der Situation (3. Pers. Sing.)
etc.		etc.
Leere Buchstabenkarte an linker Tafelseite Buchstabenkarte *-s* an rechter Tafelseite		Vorbereitung der Bewusstmachung
Je nach Übungsbedarf durch unterschiedliche Kinder mit unterschiedlichen Namen wiederholen lassen.		

Geplantes Lehrerverhalten	Erwartetes Verhalten der Kinder	Didaktischer Kommentar Fertigkeiten
Dabei werden an der Tafel die Subjekte *I* (links) und *Emily, Justin* etc. (rechts) hinzugefügt.		

10. Unterrichtsabschnitt: Wiederholung der Erzählung durch die Kinder (selbständig produktiv) mit Verben ohne Endung vs. Verben mit der Endung *-s* + Formulierung der Regel

Geplantes Lehrerverhalten	Erwartetes Verhalten der Kinder	Didaktischer Kommentar Fertigkeiten
L lässt ein Kind über die eigene Handlung in der Ich-Form sprechen.	Kind 1: *I take a basket.*	Sprachanwendung Erkennen der Regel
Ein zweites Kind beschreibt dieselbe Handlung mit dem Namen des handelnden Kindes.	Kind 2: *David takes a basket.*	Sprechen
Kind 1 (David) steht vor der linken Tafelseite (leere Buchstabenkarte mit Subjekt *I* an dieser Tafelseite).	Kind 1: *I go to the supermarket.*	Vorbereitung des Erkennens der Regel durch Tafelbild und gleichzeitigen Verweis von L auf endungslose Verbform mit Subjekt *I* und Verbform mit *-s* mit Namen als Subjekt
Kind 2 steht vor der rechten Tafelseite (die Buchstabenkarte *-s* wird an dieser Seite angeheftet mit Subjekt *David*).	Kind 2: *David goes to the supermarket.*	

Geplantes Lehrerverhalten	**Erwartetes Verhalten der Kinder**	**Didaktischer Kommentar Fertigkeiten**
L zeigt auf linke Tafelseite	Kind 1: *I buy a banana.*	
L zeigt auf rechte Tafelseite	Kind 2: *David buy<u>s</u> a banana.*	
L zeigt auf linke Tafelseite	Kind 1: *I go home.*	
L zeigt auf rechte Tafelseite	Kind 2: *David goe<u>s</u> home.*	
L zeigt auf linke Tafelseite	Kind 1: *I sit down.*	
L zeigt auf rechte Tafelseite	Kind 2: *David sit<u>s</u> down.*	
etc. (mehrfache Wiederholung des ganzen Ablaufs mit unterschiedlichen Namen)		
L fragt auf Deutsch: „Was ist rechts und links verschieden?"	„Rechts ein *-s*, links kein *-s*." Oder: „Bei Name ein *-s*. Bei *I* kein *-s*." Oder: „Bei Namen immer *-s*. Sonst kein *-s*."	Sprachliche Formulierung der Regel durch die Kinder

Verlaufsplanung, Phasen und Stufen des Lernens

In Kapitel 14 „Der Unterricht“ haben wir zwischen drei Phasen des Unterrichts unterschieden: der Sprachaufnahme, der Sprachverarbeitung und der Sprachanwendung.

In Kapitel 17 „Stufen des Sprachenlernens“ haben wir vier Stufen des Sprachenlernens unterschieden: Implizit 1, Implizit 2, Explizit 1 und Explizit 2.

	Unterrichtsphase	**Stufe des Sprachenlernens**
3	Sprachaufnahme	Implizit 1: Sprachbegegnung mit Wiederholung (Verb mit *-s*)
4	Sprachverarbeitung (Einübung)	Implizit 1: Sprachbegegnung mit Wiederholung (Verb mit *-s*)
5	Sprachverarbeitung (Einübung/Transfer)	Implizit 2: Produktive Wiederverwendung (Verb mit *-s*)
6	Sprachverarbeitung (Transfer)	Explizit 1: Regelgeleitete Wahl von Sprachmitteln (Verb mit *-s*)
7	Sprachverarbeitung (Transfer) + Sprachanwendung (Beginn)	Explizit 1: Regelgeleitete Wahl von Sprachmitteln (endungsloses Verb)
8	Sprachverarbeitung (Transfer) + Sprachanwendung (Beginn)	Explizit 1: Regelgeleitete Wahl von Sprachmitteln (Verb mit *-s*)
9	Sprachverarbeitung (Transfer) + Sprachanwendung	Explizit 1: Regelgeleitete Wahl von Sprachmitteln (Verb mit *-s* + endungsloses Verb)
10	Sprachanwendung	Explizit 1: Regelgeleitete Wahl von Sprachmitteln (Verb mit *-s* + endungsloses Verb) Explizit 2: Verbale Nennung der sprachlichen Regel

Darstellung 20.3: Unterrichtsabschnitte, Unterrichtsphasen und Stufen des Sprachenlernens

Wir können jetzt aufzeigen, welche Phasen des Unterrichts und welche Stufen des Lernens in den einzelnen Unterrichtsabschnitten realisiert werden. Darstellung 20.3 gibt als erstes die Zahl des Unterrichtsabschnittes an (Spalte 1). Daneben stehen die Unterrichtsphasen (Spalte 2) und die Stufen des Sprachenlernens (Spalte 3).

Die Unterrichtsabschnitte 1 und 2 dienen der Bereitstellung des vorher Gelernten. Das Lernen der neuen Verbformen beginnt mit dem Unterrichtsabschnitt 3. Darstellung 3 beginnt daher mit Unterrichtsabschnitt 3.

Tafelbild

Das Tafelbild (Darstellung 20.4) umfasst vier Stadien, die sich auf unterschiedliche Unterrichtsabschnitte beziehen.

Im ersten Stadium (Unterrichtsabschnitte 4, 5, 6) wird auf der rechten Tafelhälfte die Buchstabenkarte *-s* angeheftet (Kennzeichnung der Endung des Verbs mit Subjekten der 3. Person Singular).

Im zweiten Stadium (Unterrichtsabschnitt 7) wird auf der linken Tafelhälfte eine leere Buchstabenkarte angeheftet (Kennzeichnung der Endungslosigkeit des Verbs mit anderen Subjekten). Bei der ersten Wiederholung der Handlungsreihe wird der links stehenden leeren Buchstabenkarte das Subjekt *I* vorangestellt.

Im dritten Stadium (Unterrichtsabschnitt 8) wird auf der rechten Tafelhälfte die Buchstabenkarte *-s* angeheftet. Bei den Wiederholungen der Handlungsreihe werden der rechts stehenden Buchstabenkarte *-s* als Subjekte die Namen der handelnden Kinder (z. B. *Justin, Julia*) vorangestellt.

Im vierten Stadium (Unterrichtsabschnitt 9) werden die beiden Buchstabenkarten gegenübergestellt (auf der linken Tafelhälfte die leere Buchstabenkarte, auf der rechten Tafelhälfte die Buchstabenkarte *-s*). Der links stehenden leeren Buchstabenkarte wird das Subjekt *I* vorangestellt Der rechts stehenden Buchstabenkarte *-s* werden Personennamen (z. B. *David, Emily, Mike*) als Subjekte vorangestellt. Dieses vierte Stadium ist die Grundlage der Bewusstmachung in Unterrichtsabschnitt 10.

	-s
(I) ☐	
	(Justin) (Julia) (David) -s
I ☐	David Emily Mike -s

Darstellung 20.4: Tafelbild zum Unterrichtsbeispiel

Ergebnisse des Unterrichts

Die Unterrichtsreihe wurde im April/Mai 2008 in der Klasse 1a der Grundschule im Moselviertel in Berlin-Pankow durchgeführt. Sie nahm 5 Zeiteinheiten von je 20 Minuten in Anspruch. Die Klasse von 20 Schülern war in zwei Gruppen von je 10 Kindern aufgeteilt (übliches Verfahren an dieser Schule).

Unterrichtsphasen und Stufen des Sprachenlernens

Der Unterricht hat alle Phasen bis zur Phase der Sprachanwendung durchlaufen. Bei den Stufen des Sprachenlernens ergab sich ein differenziertes Bild.

16 der 20 Kinder (80 % der Klasse) haben die Stufe Explizit 1 erreicht. Diese Kinder waren in der Lage, die endungslose Verbform (*I take a basket, I go to the supermarket* etc.) sowie die Verbform mit *-s* (*Anne takes a basket, Anne goes to the supermarket* etc.) mit den zutreffenden Subjekten korrekt zu gebrauchen.

Vier der 16 Kinder, die die Stufe Explizit 1 erreicht haben, waren in der Lage, die Regel auf einfache Weise zu formulieren. Dazu gehören Formulierungen wie: „Rechts -*s* bei Namen. Links bei sich selbst (gemeint ist: *I*) kein -*s*“ oder: „Wenn man sagt, was ein anderer tut, kommt -*s*.“ Diese Kinder (das sind 20 % der Klasse) haben die Stufe Explizit 2 erreicht (verbale Nennung der sprachlichen Regel).

Die übrigen vier Kinder (20 % der Klasse) befanden sich nach Abschluss der Unterrichtsreihe auf einem Niveau zwischen Implizit 2 und Explizit 1. Sie waren fähig zur produktiven Wiederverwendung der endungslosen Verbform mit dem Subjekt *I* und der Verbform mit -*s* bei einem Namen als Subjekt. Bei der regelgeleiteten Wahl von Sprachmitteln unterliefen aber immer wieder vereinzelte Fehler, so dass bei diesen Kindern von einem sicheren Erreichen der Stufe Explizit 1 nicht gesprochen werden kann.

Ergebnisse und weiteres Vorgehen

Das Lernziel der Klassen 1 und 2 besteht in der regelgeleiteten Wahl von Sprachmitteln (Stufe: Explizit 1). Diese Stufe ist von 80 % aller Kinder erreicht worden. 20 % aller Kinder haben darüber hinaus noch die Stufe Explizit 2 (verbale Nennung der sprachlichen Regel) erreicht.

Die übrigen 20 % sind im nachfolgenden Unterricht an die Stufe Explizit 1 (regelgeleitete Wahl von Sprachmitteln) heranzuführen. Wo immer der Unterricht die Möglichkeit bietet, Handelnde mit Namen zu bezeichnen und dabei Verben zu verwenden, sollte die Gegenüberstellung der Subjekte und Verbformen gezielt vorgenommen werden (z. B. *I like apples*, *Anne likes bananas*).

Diese Gegenüberstellung sollte begleitet werden durch Symbole für Verben und die hier verwendeten Karten für das Fehlen der Endung beim Verb und die Endung -*s*. Ein Tafelbild dazu kann die in Darstellung 20.5 wiedergegebene Form haben:

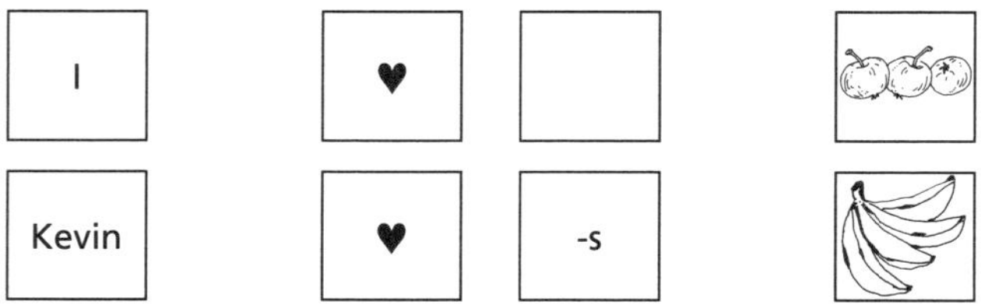

Darstellung 20.5: Tafelbild für das weitere Vorgehen

Solche Übungen sind so lange fortzusetzen, bis alle Kinder die Stufe Explizit 1 erreicht haben. Dabei sollte immer auch die Möglichkeit der Bewusstmachung (Explizit 2) erprobt werden. Je mehr Kinder diese Stufe erreichen, desto sicherer die dauerhafte Beherrschung dieser grundlegenden Struktur der englischen Sprache.

21 Ermittlung und Bewertung des Lernstandes

Zur Ermittlung und Bewertung des Lernstandes sind vier Fragen zu beantworten:

1. Gibt es Gründe für die Ermittlung des Lernstandes, wenn eine Notengebung oder andere Formen der Bewertung nicht vorgesehen sind?
2. Was soll in welchem Umfang überprüft werden (Gegenstände, die zu lernen und zu überprüfen sind)?
3. Auf welche Weise kann der jeweilige Lernstand erfasst werden (Instrumente zur Ermittlung und Bewertung des Lernstandes)?
4. Wie kann der Lernstand bewertet werden?

Gründe für die Ermittlung und Bewertung des Lernstandes

Als Adressaten für die Ermittlung und Bewertung des Lernstandes werden im Allgemeinen die Kinder gesehen. Dies gilt besonders bei der Notengebung. In der Praxis des Unterrichts sind jedoch die Lehrkräfte die wichtigsten Adressaten. Die Lehrkräfte benötigen ständige Rückmeldungen über die Ergebnisse ihres Unterrichts.

Der ergebnisorientierte Unterricht strebt Lernziele an. Die Lehrkräfte entwerfen Unterrichtsplanungen, die auf das Erreichen bestimmter Lernziele gerichtet sind. Vor diesem Hintergrund liefert die Ermittlung und Bewertung des Lernstandes in erster Linie Aussagen über Erfolge oder Defizite des Unterrichts. Eine Weiterführung des Unterrichts muss auf den Schlussfolgerungen beruhen, die sich auf die Ergebnisse des Unterrichts beziehen. Für eine kontinuierliche Verbesserung des Unterrichts ist die regelmäßige Ermittlung und Bewertung des Lernstandes unerlässlich.

Die Erfolge oder Defizite des Unterrichts können für einzelne Kinder sehr unterschiedlich ausfallen. Die ständige Ermittlung der Lernfortschritte einzelner Kinder ist die Grundlage für einen Unterricht, der auch Differenzierungen oder Individualisierungen nach unterschiedlichen Lernständen ermöglicht.

Schließlich benötigen die Lernenden Rückmeldungen über ihren Lernstand und ihre Lernfortschritte. Kinder haben ein starkes Bedürfnis nach diesen Informationen (Wunsch 2003:8). Die Kinder freuen sich über erreichte Leistungen und erkennen Möglichkeiten zur Verbesserung auf Gebieten, in denen noch Defizite bestehen. Rückmeldungen über den Lernstand entwickeln die Fähigkeit zur Selbsteinschätzung und erhöhen die Motivation der Lernenden.

Fazit

Im Unterricht der Klassen 1 und 2 wird generell auf die Notengebung verzichtet. Die Ermittlung und Bewertung des Lernstandes ist dennoch aus drei Gründen wichtig:
1. Die Lehrkräfte erhalten Informationen, die für eine kontinuierliche Verbesserung des Unterrichts unabdingbar sind.
2. Die verlässliche Einschätzung der Lernenden ist Grundlage für die notwendige Differenzierung oder Individualisierung des Unterrichts.
3. Die Kinder erhalten die von ihnen selbst gewünschten Rückmeldungen über ihren Lernstand.

Gegenstände, die zu lernen und zu überprüfen sind

Aus den Gegenständen, die zu lernen und zu überprüfen sind, können Maßstäbe zur Bewertung und zur Gestaltung des nachfolgenden Unterrichts abgeleitet werden.

Drei Ebenen von Lernzielen

Wir unterscheiden zwischen den folgenden Ebenen von Lernzielen (Mindt/Wagner 2007:11 f.):
1. Ebene des Könnens (pragmatische Lernziele): Sie betreffen das Sprachkönnen und das Ausmaß der Beherrschung von Bausteinen der Sprache durch die Lernenden.
2. Ebene des Wissens (kognitive Lernziele): Sie betreffen das Wissen über die Sprache und die Kultur des anderen Landes.
3. Ebene des Empfindens (affektive Lernziele): Sie betreffen die Einstellungen und Haltungen zur Sprache und Kultur des anderen Landes.

In den Klassen 1 und 2 steht das Sprachkönnen an erster Stelle. Die Ermittlung und Bewertung des Lernstandes bezieht sich daher vor allem auf das Sprachkönnen, die Bausteine der Sprache und die damit verbundenen Fertigkeiten.

Der Gemeinsame europäische Referenzrahmen für Sprachen

Als Maßstab für die Ermittlung und Bewertung des Lernstandes wird vielfach der *Gemeinsame europäische Referenzrahmen für Sprachen* (GER) genannt. Der GER (Europarat 2001) unterscheidet die Niveaustufen A (elementare Sprachverwendung), B (selbständige Sprachverwendung) und C (kompetente Sprachverwendung). Jede dieser drei Stufen ist zweigeteilt. Die uns interessierende Stufe A1 hat die Bezeichnung *Breakthrough.*

Auf dieser Stufe nennt der GER bezüglich des Sprachkönnens das folgende Ziel: „Kann vertraute, alltägliche Ausdrücke und ganz einfache Sätze verstehen und verwenden, die auf die Befriedigung konkreter Bedürfnisse zielen." (Europarat 2001:35).

Der GER macht keine Aussagen darüber, welche Bausteine der Sprache für das Niveau A1 zu beherrschen sind. Er macht keine Aussage zum Wortschatz, zur Grammatik, zu den Redemitteln für Sprachfunktionen und lässt offen, in welcher Art und in welchem Umfang die Aussprache und Intonation oder das Schriftbild beherrscht werden sollen. Darüber hinaus nennt er keine Lernziele in der notwendigen operationalisierten Form (Was muss der Lernende tun, um den Nachweis zu erbringen, dass das Lernziel erreicht worden ist?).

Beim GER handelt es sich um einen Rahmen, dem die notwendige Füllung für die Einzelsprachen fehlt. Diese Füllung ist von den einzelnen Ländern Europas und in der Bundesrepublik Deutschland von den einzelnen Bundesländern zu leisten (Wagner 2008:36).

Die Füllung des Gemeinsamen europäischen Referenzrahmens für Sprachen

Für die Klassen 1 und 2 ist die notwendige Füllung in den Kapiteln 7–11 („Der Wortschatz", „Die Grammatik", „Redemittel für Sprachfunktionen", „Aussprache und Intonation", „Das Schriftbild") vorgenommen worden. Diese Angaben können als Grundlage für die Ermittlung und Bewertung des Lernstandes im Englischunterricht der Klassen 1 und 2 verwendet werden. Sie dienen gleichzeitig als Standard für die erwarteten Lernergebnisse am Ende der Klasse 2 und bilden die Eingangsvoraussetzung für den Englischunterricht der Klasse 3.

Instrumente zur Ermittlung und Bewertung des Lernstandes

Als Instrumente werden oft genannt:
- Beobachtungen der Kinder im Unterricht
- gezielte Formen der Ermittlung des Lernstandes
- das Portfolio für Sprachen.

Beobachtungen der Kinder im Unterricht

Beobachtungen der Kinder im Unterricht sind die wichtigste Form der Ermittlung und Bewertung des Lernstandes in den Klassen 1 und 2. Erfahrene Lehrkräfte können daraus wichtige Einschätzungen zum Erfolg des Unterrichts und zur individuellen Bewertung einzelner Kinder ableiten.

Beobachtungen durch die Lehrkräfte
Die Vielfalt des Unterrichtsgeschehens ist sehr groß. Um Zufälligkeiten so weit wie möglich auszuschließen, sollten die Lehrkräfte ihre Beobachtungen durch Notizen in regelmäßigen Abständen festhalten. Auf diese Weise ist es möglich, die Entwicklung einzelner Kinder verlässlich zu dokumentieren. Diese Aufzeichnungen bilden eine haltbare Grundlage für Gespräche mit Kindern und Eltern.

Beobachtungsbögen
Eine noch zuverlässigere Grundlage ist der Einsatz von Beobachtungsbögen. Beobachtungsbögen richten sich meist an ausgewählte Kinder. Sie enthalten Aussagen zu der zu beobachtenden und zu bewertenden Leistung und zur Gliederung der Leistung nach Beobachtungskriterien und Könnensstufen (Mindt/Wagner 2007:132f.).

Beobachtungsbögen sollten die Beherrschung der Bausteine der Sprache in Verbindung mit den Fertigkeiten betreffen. Hier sind alle vier Fertigkeiten (Hören und Verstehen, Sprechen, Lesen und Schreiben) zu beachten ebenso wie die verschiedenen Bausteine der Sprache (Wortschatz, Grammatik, Redemittel für Sprachfunktionen, Aussprache und Intonation und Schriftbild).

Ein Beispiel mit quantitativen und qualitativen Könnensstufen
Bei der zu bewertenden Leistung kann es sich z. B. um die Aussprache von [ð] und [θ] handeln (Mindt/Wagner 2007:132f.). Die Häufigkeit der richtigen Aussprache kann durch die Könnensstufen *immer, meist, manchmal, nie* bewertet werden. Hierbei handelt es sich um quantitative Wertungen.

Dieselbe Leistung (Aussprache von [ð] und [θ]) kann aber auch durch die Könnensstufen *selbständig, nach einfachem Vorsprechen, nach mehrmaligem Vorsprechen, nach mehrmaligem Vorsprechen und Hinweisen auf die Stellung von Zunge und Zähnen* bewertet werden. Hierbei handelt es sich um qualitative Wertungen.

Fazit
Beobachtungsbögen sollten unter sorgfältiger Berücksichtigung von qualitativen und quantitativen Könnensstufen erstellt werden. Sie können auf Bausteine der Sprache und Fertigkeiten angewandt werden. Besonders geeignet sind sie zur Ermittlung des Ausdrucksvermögens und der sprachlichen Kreativität (Mindt/Wagner 2007:130). Daneben eignen sie sich zur Bewertung personeller Faktoren wie Interesse an der Sprache und Kultur, Mitarbeit im Unterricht, Beherrschung von Arbeitstechniken (Mindt/Wagner 2007:131f.).

Gezielte Formen der Ermittlung des Lernstandes

Gezielte Formen der Ermittlung des Lernstandes spielen in den Klassen 1 und 2 eine untergeordnete Rolle. Im Verlauf der Klasse 2 können sie allmählich zunehmen. Sie sind zunächst den mündlichen Fertigkeiten (Hören und Verstehen sowie Sprechen), später den schriftlichen Fertigkeiten (Lesen und Schreiben) gewidmet. Dies geschieht immer in Verbindung mit einzelnen Bausteinen der Sprache.

Hören und Verstehen
Beispiel: Unterscheidung von [z] und [s]. Die Kinder hören Wörter wie *cheese* [z], *sand* [s], *glass* [s], *seven* [s], *music* [z] und müssen durch Ankreuzen eines Symbols, das die Stimmhaftigkeit (*bees* – Summen der Bienen) und die Stimmlosigkeit darstellt (*snake* – Zischen

der Schlange) nachweisen, dass sie den Unterschied hörend erkennen (Mindt/Wagner 2007:53 ff.).

Weitere Beispiele für das Hören und Verstehen mit anderen Bausteinen der Sprache, die für die Klassen 1 und 2 in vereinfachter Form verwendet werden können, finden sich bei Mindt/Wagner 2007:56 ff.

Sprechen
Hier handelt es sich um Aufgaben zum Nachsprechen von Wörtern oder kurzen Sätzen auf akustische Vorgaben oder zu Bildern. Später können Bildfolgen oder Filmfolgen als Sprechanlässe eingesetzt werden. Der Weg führt vom reproduktiven Sprechen zum produktiven Sprechen (Anregungen bei Mindt/Wagner 2007:67-81).

Lesen und Verstehen
Hier können Verfahren eingesetzt werden, die in Kapitel 11 „Das Schriftbild" dargestellt worden sind, z. B. Graphemerkennung im Anlaut, Inlaut und Auslaut, Ausfüllen von Konsonantengerüsten, Erkennen ganzer Wörter, die nach Präsentation des gesamten Schriftbildes erkannt werden.

Schreiben
Hier können die für das Lesen benutzten Techniken für das Schreiben verwendet werden: Schreiben von Einzelbuchstaben, Schreiben von Buchstabenkombinationen, die als Grapheme auftreten, Ausfüllen von Konsonantengerüsten nach Bildkarten, Schreiben von Vokalgraphemen nach *patchwords*, Schreiben ganzer Wörter.

Das Portfolio für Sprachen

Das Portfolio für Sprachen wird oft als wichtiges Instrument der Ermittlung und Bewertung des Lernstandes bezeichnet. Diese Auffassung ist unzutreffend. Das Portfolio ist ein Instrument zur Selbsteinschätzung der Lernenden (vgl. Schmid-Schönbein 2008:107). Jede Selbsteinschätzung wird durch subjektive Wahrnehmungen beeinflusst. Sie ist kein Ersatz für eine objektive Lernstandsfeststellung, die auf professionellen Kriterien beruht.

Zielgruppe und Bestandteile
Das europäische Portfolio für Sprachen wurde zunächst für Erwachsene entwickelt. Erwachsene sollen dadurch ihren Lernstand erkennen, ihren eigenen Lernbedarf feststellen und die für sie geeigneten

Lernmittel oder Sprachkurse auswählen. Später wurden Versionen des Portfolios für Jugendliche und Kinder entwickelt.

Das Portfolio für Sprachen (CILT 2006) hat drei Bestandteile: den Sprachenpass, die Sprachenbiographie und das Dossier. Der Sprachenpass und das Dossier liefern Selbstauskünfte der Lernenden. Die Sprachenbiographie ist ein Instrument zur Selbstbewertung.

Der **Sprachenpass** enthält Vorgaben und Fragen in deutscher Sprache, die von den Lernenden in deutscher Sprache auszufüllen sind, z.B. *Ich heiße* ________. *Ich wohne in* ____________.

Das **Dossier** ist eine Sammlung von Objekten, die den Sprachstand der Kinder verdeutlichen soll. In Frage kommen Bilder, Zeichnungen, Photos, Lieder, Ton- oder Videoaufnahmen, Beispiele für Gehörtes, Gelesenes, Geschriebenes etc.

Die **Sprachenbiographie** ist die Grundlage für die Selbstbewertung der Lernenden. Die Vorgaben lauten z. B. „Ich kann einfache Arbeitsanweisungen verstehen und darauf reagieren." (Mindt/Wagner 2007: 161). Diese Vorgaben orientieren sich an den Niveaustufen des *Gemeinsamen europäischen Referenzrahmens für Sprachen* (GER).

Bewertung des Portfolios für Sprachen

Die Orientierung des Portfolios für Sprachen am GER hat zur Folge, dass die notwendigen Vorgaben zum Wortschatz, zur Grammatik, zu den Redemitteln für Sprachfunktionen sowie zur Aussprache und Intonation und zum Schriftbild nicht vorhanden sind. Für alle diese Bereiche ist nicht einmal eine subjektive Selbsteinschätzung der Lernenden möglich.

Eine große Zahl von Schüleräußerungen im Portfolio wird in deutscher Sprache verlangt. Dadurch geht wertvolle Unterrichtszeit verloren, die ohne Gebrauch des Portfolios unmittelbar der Weiterentwicklung der englischen Sprachbeherrschung zugute kommen kann.

Das Portfolio erfordert in vielen Teilen die Beherrschung der Schrift. Das Schriftbild der Muttersprache steht aber frühestens nach dem ersten Lernjahr zur Verfügung. Muttersprachliche schriftliche Äußerungen sind auch noch im zweiten Lernjahr meist nicht so spontan abrufbar, wie es für die Portfolioarbeit notwendig ist.

Die Arbeit mit dem Portfolio setzt ein Sprachbewusstsein und ein Sprachlernbewusstsein voraus. Kinder in den Klassen 1 und 2 befinden sich auf der Vorstufe der Entwicklung eines Sprachbewusstseins. Das darauf aufbauende Sprachlernbewusstsein entwickelt sich erst zu einem späteren Zeitpunkt.

Fazit
Das Portfolio beruht auf subjektiven Selbsteinschätzungen der Lernenden. Ein objektives Bild des Lernstandes ist auch durch die mangelnde Vergleichbarkeit der Inhalte der Portfolios unterschiedlicher Lernender nicht gegeben.

Wegen der Orientierung des Portfolios am GER sind zuverlässige Aussagen über die Beherrschung der Bausteine der Sprache anhand des Portfolios nicht möglich. Durch die starke Verwendung der Muttersprache bei der Portfolioarbeit geht wertvolle Zeit für das Lernen der Fremdsprache verloren.

Das Portfolio erfordert in vielen Punkten die Beherrschung des Schriftbildes, das aber in den Klassen 1 und 2 noch nicht in ausreichendem Umfang gefestigt ist. Das Sprachbewusstsein und das Sprachlernbewusstsein der Kinder sind nicht soweit entwickelt, dass sinnvolle Selbsteinschätzungen möglich sind.

In den USA, wo die Portfolioarbeit sehr früh eingeführt wurde, ist inzwischen eine spürbare Ernüchterung eingetreten. Nach fünfjähriger Erprobung wurde 20 Portfolioschulen in New York von der Schulverwaltung im Jahre 2002 die Genehmigung entzogen, Portfolios anstelle standardisierter Instrumente der Leistungsmessung einzusetzen (Häcker 2007:93). Dies stimmt mit der folgenden Bewertung in unserem Land überein: „Das Portfolio ist kein Zeugnis, kein Leistungsnachweis, kein Test [...]. Es repräsentiert auch keine messbaren Leistungen." (Legutke 2001:21).

Bewertung des Lernstandes

Die Bewertung des Lernstandes durch Noten wird für die Klassen 1 und 2 im Allgemeinen nicht ins Auge gefasst. Umso wichtiger ist die verbale Bewertung, die eine besondere Rolle für die Gespräche mit Kindern und Eltern spielt.

Gegenstände der verbalen Bewertung sind:
- die Bausteine der Sprache in Verbindung mit den Fertigkeiten
- das Ausdrucksvermögen und sprachliche Kreativität
- personale Faktoren

Bausteine der Sprache in Verbindung mit den Fertigkeiten

Beispiel: Anja kann die im ersten Halbjahr gelernten Wörter verstehen, wenn sie vorgesprochen werden. Sie kann den größten Teil dieser Wörter korrekt aussprechen. Sie kann sich selbst unter Nennung ihres Namens vorstellen. Bei der Bildung der Form des unbestimmten Artikels vor Vokalen (*an apple*) hat sie noch gelegentliche Schwierigkeiten.

Ausdrucksvermögen und sprachliche Kreativität

Beispiel: Moritz kann eine Vielzahl von Wörtern mit zutreffender Bedeutung einsetzen. Er besitzt ein großes Maß an Übertragungsfähigkeit. Er bildet regelmäßige Pluralformen zu Nomen wie *foot* (*foots*), die einen unregelmäßigen Plural (*feet*) haben. Da er über ein unbewusstes Pluralkonzept verfügt, bereitet ihm die korrekte Bildung *feet* keine Probleme.

Personale Faktoren: Interesse an der Sprache, Mitarbeit im Unterricht, Arbeitstechniken, Sprachbewusstsein

Beispiel: Karin zeigt kein besonderes Interesse an der neuen Sprache. Sie spricht ungern und leise. Ihre mündliche Mitarbeit im Unterricht könnte lebhafter sein. Aufgaben wie richtiges Erkennen von Wörtern durch Ankreuzen oder Ausmalen löst sie zufriedenstellend. Sie fertigt korrekte schriftliche Aufzeichnungen an. Die Entwicklung ihres Sprachbewusstseins steht noch am Anfang.

Verbale Bewertungen zu den genannten Bereichen liefern präzise Angaben über den Lernstand und den Förderbedarf einzelner Kinder.

Differenzierung

22

Obwohl die Kinder der Klasse 1 sich ungefähr im gleichen Lebensalter befinden, unterscheiden sie sich z.T. deutlich in ihrer Entwicklung und Reife. Darüber hinaus sind die Kinder von unterschiedlicher Herkunft und Begabung. Ihre Interessen und Erfahrungen sind häufig sehr verschieden (Mindt/Schlüter 2007:41). Sie unterscheiden sich in ihren Lernbedürfnissen und Lernschwierigkeiten (Geppert/Preuß 1978:8).

Der Ausgleich unterschiedlicher Interessen und Erfahrungen kann durch einen motivierenden und altersangemessenen Unterricht erreicht werden, der die Kinder von Anfang an in seinen Bann zieht. Dazu trägt auch die Erkenntnis der Kinder bei, sich zunehmend in einer anderen Sprache verständigen zu können, die gleichzeitig die wichtigste Weltsprache ist.

Ein sorgfältig strukturierter gemeinsamer Unterricht, der die unterschiedlichen Bedürfnisse und Lernweisen der Kinder berücksichtigt und möglichst alle ihre Wahrnehmungskanäle anspricht, ist eine wichtige Voraussetzung für das Erreichen vergleichbarer Lernergebnisse der meisten Kinder.

Dennoch erreichen nicht alle Kinder die gleichen Ergebnisse zur gleichen Zeit. Die Ermittlungen des Lernstandes liefern ein Bild von der Verschiedenheit der erreichten Ergebnisse. Diese Verschiedenheiten müssen durch Differenzierung soweit wie möglich ausgeglichen werden. So ergeben sich anfangs drei Schritte:

1. Gemeinsamer Unterricht
2. Ermittlung des Lernstandes
3. Differenzierung zum Ausgleich der Unterschiede.

Die Differenzierung betrifft die Art (**Qualität**) und den Umfang (**Quantität**) der Beherrschung des Lernstoffs. Differenzierung kann zudem erreicht werden durch Veränderung der **Methoden** und durch die Wahl unterschiedlicher **Sozialformen**. Im Folgenden werden diese Formen der Differenzierung in ihren allgemeinen Möglichkeiten dargestellt.

Differenzierung nach Qualität

Bei der Differenzierung nach Qualität handelt es sich in erster Linie um die unterschiedliche Entwicklung der Fertigkeiten. Lernschwächere Kinder brauchen längere Zeit zur Entwicklung der rezeptiven Fertigkeiten Hören und Verstehen sowie Lesen und Verstehen. Lernstärkere Kinder bewältigen die rezeptiven Leistungen schneller. Sie können früher an die produktiven Fertigkeiten Sprechen und Schreiben herangeführt werden und erreichen darin schneller bessere Leistungen.

Neben der Art der Ausbildung der Fertigkeiten sind bei der Differenzierung nach qualitativen Gesichtspunkten zwei weitere Bereiche zu beachten: der Grad der Selbständigkeit beim Gebrauch von sprachlichen Elementen und das Ausmaß der Variation. Beides gilt sowohl für die rezeptiven als auch für die produktiven Fertigkeiten.

Hören und Verstehen

Beim Hören und Verstehen kann differenziert werden zwischen Einzelelementen (Phonemen, Wörtern) und größeren Verstehenseinheiten (Wortfolgen, Sätze, Texte). Dabei sollte eine durchgehende Progression vom Einfachen zum Schwierigen eingehalten werden.

Sprechen

Das Sprechen gliedert sich in reproduktives Sprechen (Mitsprechen, Nachsprechen, Sprechen auf Impulse) und produktives Sprechen, das vom gelenkten Sprechen zum freien Sprechen führt (Mindt/Schlüter 2007:53 ff.). Diese Gliederung ist eine wichtige Grundlage für die Differenzierung des Sprechens.

Lesen und Verstehen

Das Lesen und Verstehen beginnt mit dem analytischen Lesen und führt zur synthetischen Aufnahme von Schriftbildern. Innerhalb des analytischen Lesens geht es zunächst um das Erkennen von Graphemen und ihre regelgeleitete Zuordnung zu Phonemen. Die einzelnen

Schritte (vom Graphem über das Konsonantengerüst zu *patchwords* und ganzen Wörtern und Sätzen), die aufeinanderfolgende Stufen der Differenzierung bilden, sind in Kapitel 11 „Das Schriftbild" dargestellt.

Schreiben

Das Schreiben verläuft ebenfalls von Graphemen über das Ausfüllen von Konsonantengerüsten und *patchwords* zu ganzen Wörtern und Sätzen.

Grad der Selbständigkeit

Der Grad der Selbständigkeit beginnt auf der untersten Stufe mit dem Erkennen oder Produzieren von bekannten Wörtern oder Sätzen in mündlicher oder schriftlicher Form und endet beim Verstehen oder Produzieren von Wörtern oder Sätzen in bisher nicht bekannten Kontexten und Situationen.

Ausmaß der Variation

Das Ausmaß der Variation beginnt auf der untersten Stufe bei der Fähigkeit, lediglich zuvor Erkanntes in bekannten Kontexten oder Situationen verstehen und produzieren zu können. Die Endstufe dieser Entwicklung ist das Verstehen und die freie und spontane Anwendung von Sprachelementen in Kontexten oder Situationen, die zuvor nicht Gegenstand des Unterrichts gewesen sind. Dazwischen liegen unterschiedliche Grade von Abwandlung oder Erweiterung des Sprachgebrauchs. Diese unterschiedlichen Grade der Variation müssen bei der Differenzierung beachtet werden.

Differenzierung nach Quantität

Bei der Differenzierung nach dem Umfang (Quantität) handelt es sich um die Bausteine der Sprache und um die Inhalte und Themen. In allen diesen Bereichen kann der Umfang nach dem Lernstand und der Aufnahmefähigkeit der Kinder differenziert werden.

Wortschatz

Das in Kapitel 7 „Der Wortschatz" genannte Fundamentum ist für alle Kinder verbindlich. Dies gilt für das Hören und Verstehen sowie für das Sprechen. Für lernstärkere Kinder kommen die im Additum genannten Wörter in Teilen oder in ihrer Gesamtheit in Frage. Für besonders lernstarke Kinder kann der Wortschatz in Abstimmung mit den Inhalten und Themen zusätzlich erweitert werden.

Grammatik

Die in Kapitel 8 „Die Grammatik" genannten Strukturen sind für alle Kinder verbindlich. Dies gilt für das Hören und Verstehen sowie für das Sprechen. Für lernstärkere Kinder kommen die folgenden Ergänzungen in Frage:

- Neben die regelmäßigen Pluralformen von Nomen können erste unregelmäßige Pluralformen treten (z. B. *man – men, woman – women, mouse – mice, foot – feet*). Die Singularformen *man* und *woman* gehören zum Fundamentum des Wortschatzes. Mit den Wortpaaren *mouse – mice* und *foot – feet* ist gleichzeitig eine Erweiterung des Wortschatzes verbunden.
- Neben die Personalpronomen *we* und *they*, die dem Fundamentum des Wortschatzes angehörigen, können in der Klasse 2 die Possessivpronomen *our* und *their* treten. Damit ist gleichzeitig eine Erweiterung des Wortschatzes verbunden.
- Lernstärkere Kinder können bei der Verneinung von *be* die Kurzform von *not* in der Klasse 2 nicht nur rezeptiv, sondern auch produktiv gebrauchen (*He is<u>n't</u> my friend. They are<u>n't</u> here.*).
- Lernstärkere Kinder können die Verneinung mit *do* in der Klasse 2 nicht nur rezeptiv, sondern auch produktiv gebrauchen (*I <u>do not</u> (<u>don't</u>) like tea. He <u>does not</u> (<u>doesn't</u>) go to school.*). Dasselbe gilt für Fragen mit *do* (*<u>Do</u> you like tea? <u>Does</u> he live here?*).

Redemittel für Sprachfunktionen

Die in Kapitel 9 „Redemittel für Sprachfunktionen" genannten Redemittel sind für alle Kinder verbindlich. Dies gilt für das Hören und Verstehen sowie für das Sprechen. Für lernstärkere Kinder sollte die Variationsbreite bei den abwandelbaren Redemitteln in hohem Maße ausgeschöpft werden.

Aussprache und Intonation

Alle Kinder sollten die in Kapitel 10 „Aussprache und Intonation" genannten Besonderheiten, welche die Verständlichkeit beeinträchtigen, richtig artikulieren können. Es handelt sich um:

- die im Deutschen nicht vorhandenen Konsonanten [ð] und [θ]
- die Stimmhaftigkeit der englischen Konsonanten am Wortende
- das im Deutschen nicht vorhandene [dʒ]
- den im Deutschen nicht vorhandenen Halbvokal [w]
- den englischen Vokal [æ]
- die richtige Verwendung von fallender und steigender Intonation.

Die leistungsstärkeren Kinder sollten auch die Besonderheiten einer guten Aussprache meistern können:

- das englische [r]
- helles [l] und dunkles [ɫ]
- die Aussprache des auslautenden [ə].

Bei lernschwächeren Kindern kann von diesen drei Besonderheiten abgesehen werden, da in diesen Fällen eine am Deutschen angelehnte Aussprache zu keiner Beeinträchtigung der Verständlichkeit führt.

Schriftbild

Beim Schriftbild sollten alle Wörter des Fundamentums, die sich analytisch erfassen lassen (vgl. Kapitel 11 „Das Schriftbild"), von allen Kindern gelesen werden können. Darüber hinaus sollten am Ende der Klasse 2 größere Teile des Wortschatzfundamentums auch synthetisch beim Lesen erkannt werden.

Alle Kinder sollten die analytisch erfassbaren Wörter des Fundamentums zumindest mit Hilfen schreiben können. Der Umfang der synthetischen Schreibungen ist der Leistungsfähigkeit der einzelnen Kinder anzupassen.

Inhalte und Themen

Die in Kapitel 13 „Inhalte und Themen" genanten Themenbereiche sollten mit dem gesamten zugehörigen Wortschatz mit allen Kindern behandelt werden.

Für leistungsfähigere Kinder kann eine Vertiefung der Themen durch zusätzliche Wortschatzelemente des Additums erfolgen. Für besonders leistungsfähige Kinder kann die Zahl der Themenbereiche nach Interesse der Kinder erweitert werden. Dies hat allerdings auch eine gleichzeitige Erweiterung des Wortschatzes zur Folge.

Differenzierung durch Veränderung der Methoden und Medien

Sowohl die qualitative als auch die quantitative Differenzierung werden begleitet durch die Veränderung der Methoden und Medien.[1] Methoden und Medien werden dabei dem jeweiligen Lernstand angepasst.

Länge der Unterrichtsphasen

Bei den Unterrichtsphasen unterscheiden wir zwischen Sprachaufnahme, Sprachverarbeitung und Sprachanwendung. Keine dieser Unterrichtsphasen kann entfallen. Bei lernschwächeren Kindern ist für die einzelnen Unterrichtsphasen mehr Zeit aufzuwenden als bei lernstärkeren Kindern.

Häufigkeit der Wiederholungen

Die Häufigkeit der Wiederholungen ist eng verbunden mit der Dauer der Unterrichtsphasen. Lernschwächere Kinder benötigen mehr Wiederholungen in allen Unterrichtsphasen, ganz besonders aber in der Phase der Sprachverarbeitung.

Kleinschrittiges Vorgehen

Je lernschwächer die Kinder, desto kleinschrittiger die Vorgehensweise. So wird bei der Einführung der Zahlen oft gegen die notwendige Kleinschrittigkeit verstoßen (Kapitel 5 „Die Lehrwerke").

Die Wörter für die englischen Zahlen enthalten so viele Ausspracheprobleme, dass die Einführung der Zahlen 1–5 in einem Schritt schon

[1] Für Differenzierung durch Gesprächsführung und Medieneinsatz s. Kurtz 1992.

durchschnittlich sprachbegabte Kinder deutlich überfordert. Der Vorschlag, die Zahlen *one, two, three, four* und *five* in drei Schritten einzuführen (vgl. Kapitel 5 „Die Lehrwerke“) berücksichtigt die Lernschwierigkeiten und nimmt auch auf lernschwächere Kinder Rücksicht.

Eine Vorgehensweise, die die Einführung der Zahlen 1–10 in einem Schritt verlangt, verkennt die umfangreichen Ausspracheschwierigkeiten. Sie nimmt keine Rücksicht auf lernschwächere Kinder und stellt gleichzeitig eine erhebliche Überforderung für die meisten Kinder dar.

Häufigkeit beim Wechsel der Inhalte, Fertigkeiten und Arbeitsformen

Der häufige Wechsel der Inhalte, Fertigkeiten und Arbeitsformen muss sich an der Aufmerksamkeitsspanne der Kinder orientieren. Lernschwächere Kinder haben eine deutlich geringere Aufmerksamkeitsspanne und benötigen einen besonders häufigen Wechsel.

Häufigkeit des Wechsels der Lernformen

Der häufige Wechsel der Lernformen trägt erheblich zur Aufrechterhaltung der Motivation beim Lernen bei und ist eine wichtige Hilfe für lernschwächere Kinder. Nachahmende Lernformen, musisch-ästhetische Lernformen, handlungsorientierte Lernformen, spielerisch-kreative Lernformen, einsichtsfördernde Lernformen und sprachproduktionsfördernde Lernformen sollten sich bei lernschwächeren Kindern besonders häufig im Unterricht abwechseln.

Stufen des regelgeleiteten Lernens

Das regelgeleitete Lernen ist ein bedeutsame Hilfe für lernschwächere Kinder. Diese Kinder sind im Allgemeinen nicht in der Lage, Regelhaftigkeiten des Sprachgebrauchs aus eigener Kraft und ohne Unterstützung zu erkennen.

Für die Differenzierung gilt, dass beim regelgeleiteten Lernen (vgl. Kapitel 17 „Stufen des Sprachenlernens“) die Stufe Explizit 1 von allen Kindern erreicht werden sollte. Auf dieser Stufe handelt es sich um die regelgeleitete Wahl von Sprachmitteln, ohne dass die Kinder in der Lage sein müssen, die Regel verbal auszudrücken.

Leistungsfähigere Kinder können dagegen bis zur Stufe Explizit 2 geführt werden, auf der die zuvor unbewusst erkannte Regel in sprachlicher Form ausgedrückt werden kann.

Fehlertoleranz

Je lernschwächer die Kinder, desto größer sollte die Fehlertoleranz sein. Wenn die Äußerungen verständlich sind, kann auf eine Fehlerkorrektur oft verzichtet werden. In keinem Fall dürfen die Korrekturen den Sprach- und Gedankenfluss unterbrechen.

Je lernschwächer die Kinder, desto einfühlsamer sollten die Korrekturen vorgenommen werden. Dies kann durch Wiederholen der richtigen Formulierung geschehen oder durch Einflüstern. Auf keinen Fall dürfen durch Korrekturen Hemmungen bei den Kindern ausgelöst werden. Rückmeldungen über die Richtigkeit sollten dagegen sehr häufig gegeben werden. Besonders lernschwächere Kinder haben einen großen Bedarf an Ermutigung und Anerkennung (Mindt/Schlüter 2007:38f.).

Einsatz von Medien

Für die Differenzierung gilt ein abgestufter Einsatz von Medien. Bei lernstärkeren Kindern kann früher auf den Einsatz von Medien zur Stützung des Verstehens verzichtet werden als bei lernschwächeren.

Realgegenstände, Bilder, Buchstabenkarten, Wortkarten und Satzstreifen in Verbindung mit strukturierten Tafelbildern sind eine wirksame Hilfe für lernschwächere Kinder. Der abgestufte Einsatz solcher Medien stärkt das Verstehen, unterstützt die Sprachproduktion und bietet Hilfen zum Erwerb von Einsichten in die Regeln des Sprachgebrauchs.

Differenzierung durch unterschiedliche Sozialformen

Bei den Sozialformen handelt es sich um den gemeinsamen Unterricht, die Gruppen- und Partnerarbeit sowie die Individualarbeit.

Gemeinsamer Unterricht

Neue Sprachelemente sollten den Kindern zunächst im gemeinsamen Unterricht begegnen. Die neuen Sprachelemente sollten in vielen Abstufungen und mit variablem Medieneinsatz gemeinsam die Phasen der Sprachaufnahme, der Sprachverarbeitung und der Sprachanwendung durchlaufen.

Der Lernverlauf ist in allen Phasen systematisch zu beobachten. Besonders bei den Übungen zuvor eingeführter Sprachelemente wird speziell in der Phase der Sprachverarbeitung erkennbar, ob und an welchen Stellen für Gruppen oder einzelne Kinder weiterer Lernbedarf besteht.

Gruppen- oder Partnerarbeit

Bei deutlichen Unterschieden kann dem weiteren Lernbedarf durch Gruppen- oder Partnerarbeit entsprochen werden. Dabei erhalten Gruppen oder paarweise arbeitende Kinder Aufgaben, die ihrem speziellen Lernstand entsprechen. Die Gruppen können so zusammengesetzt sein, dass in jeder Gruppe auch lernstärkere Kinder als Helfende zur Verfügung stehen (vgl. auch Böttger 2005:141). Auf diese Weise gewährleistet die Gruppen- oder Partnerarbeit zusätzlich einen Beitrag zum sozialen Lernen.

Individualarbeit

Bei der Individualarbeit in der Klasse kann die gleiche Aufgabenstellung durch alle Kinder individuell bearbeitet werden. Eine stärkere Art der Individualisierung ist dann gegeben, wenn einzelne Kinder Aufgaben erhalten, die speziell auf ihren Lernstand bezogen sind. Dazu gehören meist auch Hilfsmittel, die nur auf diese Aufgabenstellung zugeschnitten sind (z. B. Arbeitsbögen, begleitende Medien). Die Ergebnisse müssen ebenfalls individuell durch die Lehrkraft bewertet werden und dienen als Grundlage für weitere Aufgabenstellungen. Bei diesem Verfahren handelt es sich um die schwierigste und aufwendigste Art der Individualisierung.

Literatur

Arnold, Roland und Klaus Hansen (1998) *Englische Phonetik*. 11. Aufl. Leipzig u. a.: Langenscheidt Enzyklopädie.

Asher, James (1988) *Learning Another Language Through Actions: The Complete Teacher's Guide Book*. 3rd ed. Los Gatos, Calif.: Sky Oaks.

Bartnitzky, Horst und Hans-Dieter Bunk (2003) *Kunterbunt Fibel*. Leipzig u. a.: Ernst Klett Grundschulverlag.

Baugh, Albert C. and Thomas Cable (2002) *A History of the English Language*. 5th ed. London: Routledge.

Bebermeier, Hans und Ursula Stoll (2008) Soll auch gelesen werden? In: Christiani, Reinhold und Gabriele Cwick (Hrsg.) *Englisch unterrichten in Klasse 1 und 2: Didaktische Grundlagen – Methodische Konzepte – Beispiele und Hilfen*. Berlin: Cornelsen Scriptor. 78–84.

Bender, Jutta (1979) *Zum gegenwärtigen Stand der Diskussion um Sprachwissenschaft und Sprachunterricht*. Frankfurt am Main: Diesterweg.

Berent, Iris und Charles A. Perfetti (1995) A Rose Is a REEZ: The Two Cycles Model of Phonology Assembly in Reading English. *Psychological Review*, 102/1, 146–184.

Bialystok, Ellen (1978) A theoretical model of second language learning. *Language Learning*, 28/1, 69–83.

Blass, Armin und Wolf Friederich (1973) *Englischer Wortschatz in Sachgruppen*. 9. Aufl. München: Hueber.

Bleyhl, Werner (2000) *Fremdsprachen in der Grundschule: Grundlagen und Praxisbeispiele*. Hannover: Schroedel.

Bleyhl, Werner (2004) Das Menschenbild als Basis für eine Didaktik des Fremdsprachenunterrichts. *Zeitschrift für Fremdsprachenforschung*, 15/2, 207–235.

Bleyhl, Werner (Hrsg.) (2002) *Fremdsprachen in der Grundschule: Geschichten erzählen im Anfangsunterricht – Storytelling*. Hannover: Schroedel.

Böttger, Heiner (2005) *Englisch lernen in der Grundschule*. Bad Heilbrunn/Obb.: Klinkhardt.

Böttger, Heiner (Hrsg.) (2008) *Fortschritte im Frühen Fremdsprachenlernen: Ausgewählte Tagungsbeiträge – Nürnberg 2007*. München: Domino Verlag.

Bredenbröcker, Martina, Daniela Elsner, Stefanie Gleixner-Weyrauch, Simone Gutwerk, Marion Lugauer und Anke Spangenberg (o. J.) *Sally 3: Lehrermaterialien*. München: Oldenbourg.

Brown, Roger (1973) *A First Language: The Early Stages*. Cambridge, Mass.: Harvard University Press.

Burnard, Lou (2007) *Reference Guide for the British National Corpus (XML Edition)*. Oxford: o.V. Vgl. http://www.natcorp.ox.ac.uk/XMLedition/URG/

CILT, the National Centre for Languages (2006) *My Languages Portfolio – European Language Portfolio: Teacher's Guide*. 3rd ed. London: o.V.

Council of Europe (2001) s. Europarat (2001).

Diehr, Bärbel und Stefanie Frisch (2008) *Mark their words: Sprechleistungen im Englischunterricht der Grundschule fördern und beurteilen*. Braunschweig: Westermann.

Diehr, Bärbel und Jutta Rymarczyk (2008) Zur Basis von Lese- und Schreibversuchen in Klasse 1 und 2: ‚Ich weiß es, weil ich es so spreche'. *Grundschulmagazin Englisch*, 1, 6–8.

Diem, Markus (1990) *Evaluation eines Legasthenie-Prophylaxe-Kurses für Lehrerinnen*. Zürich: Zentralstelle der Studentenschaft (Diss. Universität Zürich).

Doyé, Peter (1991) Systematischer Fremdsprachenunterricht vs. Begegnung mit Fremdsprachen. *Neusprachliche Mitteilungen aus Wissenschaft und Praxis*, 44/3, 145–146.

Doyé, Peter (1992) Zu Manfred Pelz' Ausführungen in diesem Heft. *Neusprachliche Mitteilungen aus Wissenschaft und Praxis*, 45/3, 168–169.

Doyé, Peter und Dieter Lüttge (1977) *Untersuchungen zum Englischunterricht in der Grundschule: Bericht über das Braunschweiger Forschungsprojekt „Frühbeginn des Englischunterrichts", FEU*. Braunschweig: Westermann.

Dudek, Jelena (2006) Von der Imitation zur bewussten Verwendung von Sprachmitteln: Unterrichtseinheit zum Modalverb *can*. In: Schlüter, Norbert (Hrsg.) *Fortschritte im Frühen Fremdsprachenlernen: Ausgewählte Tagungsbeiträge Weingarten 2004*. Berlin: Cornelsen. 75–81.

Duscha, Michael (2008) Schrifteinsatz im Englischunterricht. In: Christiani, Reinhold und Gabriele Cwick (Hrsg.) *Englisch unterrichten in Klasse 1 und 2: Didaktische Grundlagen – Methodische Konzepte – Beispiele und Hilfen*. Berlin: Cornelsen Scriptor. 68–77.

Ellis, Gail, Penny Hancock, Susannah Reed und Marita Schocker-von Ditfurt (2003) *Magicland 1: Lehrerhandreichungen*. Berlin u. a.: Langenscheidt.

Engel, Ulrich (1996) *Deutsche Grammatik*. 3. Aufl. Heidelberg: Groos.

Europarat (2001) *Gemeinsamer europäischer Referenzrahmen für Sprachen: lernen, lehren und beurteilen*. Berlin u. a.: Langenscheidt. Englisch: Council of Europe (2001) *A Common European Framework of Reference for Languages*. Cambridge: Cambridge University Press.

Fawcett, Robin P. und Michael R. Perkins (1980) *Child Language Transcripts 6–12*. 4 Bände. Pontypridd, Mid Glamorgan: Department of Behavioural and Communication Studies, Polytechnic of Wales. In maschinenlesbarer Form: *Polytechnic of Wales Corpus (POW)*, vgl. Souter (1989).

Felix, Sascha W. (1978) *Linguistische Untersuchungen zum natürlichen Zweitsprachenerwerb*. München: Wilhelm Fink.

Frey, Christiane, Jutta Stephany, Ute Wirth und Eleonore Zantner (2007) *Colour Land: Teacher's Book 1*. Leipzig u. a.: Ernst Klett Grundschulverlag.

Fröhlich-Ward, Leonora, Ilona Lehnert-Adler und Carolyn Wessel-Schmidt (2001) *Ikuru: Handbuch für den Unterricht 1*. Berlin: Cornelsen.

Geppert, Klaus und Eckhardt Preuß (1978) *Differenzierender Unterricht konkret: Analyse, Planung und Gestaltung: Ein Modell zur Reform des Primarbereichs*. Bad Heilbrunn/Obb.: Klinkhardt.

Gerngross, Günter und Herbert Puchta (1997) *Playway to English: Teacher's Book: Das Systemhandbuch*. Rum/Innsbruck: Helbling.

Gerngross, Günter und Herbert Puchta (2001) *Playway 3. Rainbow Edition: Teacher's Book*. Innsbruck: Helbling.

Gerngross, Günter und Herbert Puchta (2005) *Playway 2 to English: Teacher's Book: Das System-Handbuch*. Rum/Innsbruck: Helbling.

Gouin, François (1884) *Exposé d'une nouvelle méthode linguistique: L'art d'enseigner et d'étudier les langues*. Deuxième édition. Paris: Fischbacher.

Grimm, Hannelore und Sabine Weinert (2002) Sprachentwicklung. In: Oerter, Rolf und Leo Montada (Hrsg.) *Entwicklungspsychologie*. 5. Aufl. Weinheim: Beltz. 517–550.

Gudjons, Herbert (2007) *Frontalunterricht – neu entdeckt: Integration in offene Unterrichtsformen*. 2. Aufl. Bad Heilbrunn/Obb.: Klinkhardt.

Haas, Walter (1983) Vokalisierung in deutschen Dialekten. In: Besch, Werner, Ulrich Koop, Wolfgang Patschke und Herbert Ernst Wiegand (Hrsg.) *Dialektologie: Ein Handbuch zur deutschen und allgemeinen Dialektforschung*. Berlin: de Gruyter. 1111–1116.

Häcker, Thomas (2007) *Portfolio: Ein Entwicklungsinstrument für selbstbestimmtes Lernen: Eine explorative Studie zur Arbeit mit Portfolios in der Sekundarstufe I*. 2. Aufl. Baltmannsweiler: Schneider Verlag Hohengehren.

Hägele, Gudrun (2008) Erste Begegnung mit englischer Schrift. *Grundschulmagazin Englisch*, 1, 9–11.

Hakkarainen, Heikki J. (1995) *Phonetik des Deutschen*. München: Wilhelm Fink.

Hallet, Wolfgang und Andreas Müller-Hartmann (2006) For better or for worse? Bildungsstandards Englisch im Überblick. *Der fremdsprachliche Unterricht*, 81, 2–22.

Hellwig, Karlheinz (1995) *Fremdsprachen an Grundschulen als Spielen und Lernen: Dargestellt am Beispiel Englisch*. Ismaning: Hueber.

Hessisches Kultusministerium (1995) *Rahmenplan Grundschule gemäß der 204. Verordnung über Rahmenpläne des hessischen Kultusministers vom 21.3.1995*. Wiesbaden: o.V.

Hofer, Manfred (1997) Lehrer-Schüler-Interaktion. In: Weinert, Franz E. (Hrsg.) *Psychologie des Unterrichts und der Schule*. Göttingen u. a.: Hogrefe. 215–252.

Hollbrügge, Birgit und Ulrike Kraaz (2003) *Ginger – Klasse 3: 1. Handreichungen für den Unterricht*. Berlin: Cornelsen.

Horn, Wilhelm und Martin Lehnert (1954) *Laut und Leben: Englische Lautgeschichte der neueren Zeit (1400–1950)*. Berlin: Deutscher Verlag der Wissenschaften.

Hüllen, Werner (1979) Sprachfunktionen in einer didaktischen Grammatik. In: Bausch, Karl-Richard (Hrsg.) *Beiträge zur didaktischen Grammatik: Probleme, Konzepte, Beispiele*. Kronberg: Scriptor. 117–137.

Ingram, David (1989) *First Language Acquisition: Method, Description, and Explanation*. Cambridge: Cambridge University Press.

Jakobson, Roman (1941) *Kindersprache, Aphasie und allgemeine Lautgesetze*. Uppsala: Lundequist. [Repr. The Hague: Mouton, 1962. Repr. Frankfurt am Main: Suhrkamp, 1969].

Kahl, Peter W. und Ulrike Knebler (1996) *Englisch in der Grundschule – und dann? Evaluation des Hamburger Schulversuchs Englisch ab Klasse 3*. Berlin: Cornelsen.

Karmiloff-Smith, Annette (1992) *Beyond Modularity: A Developmental Perspective on Cognitive Science*. Cambridge, Mass.: MIT Press.

Kelly, Louis G. (1976) *25 Centuries of Language Teaching: An Inquiry into the Science, Art, and Development of Language Teaching Methodology 500 B.C. – 1969*. Rowley, Mass.: Newbury House.

Klann-Delius, Gisela (1999) *Spracherwerb*. Stuttgart: J.B. Metzler.

Kramer, Johannes und Sabine Kowallik (1994) *Einführung in die hebräische Schrift*. Hamburg: Buske.

Kuhn, Tatjana (2006a) *Grammatik im Englischunterricht der Primarstufe: Theoretische Grundlagen und praktische Unterrichtsvorschläge*. Heidelberg: Winter.

Kuhn, Tatjana (2006b) Der Konstruktivismus als Grundlage für den frühbeginnenden Fremdsprachenunterricht? In: Schlüter, Norbert (Hrsg.) (2006) *Fortschritte im Frühen Fremdsprachenlernen: Ausgewählte Tagungsbeiträge Weingarten 2004*. Berlin: Cornelsen. 117–123.

Kurtz, Jürgen (1992) Binnendifferenzierung im englischen Anfangsunterricht: Ein Erfahrungsbericht aus einer Klasse 5 einer Gesamtschule. *Praxis*, 39, 381–389.

Lass, Roger (1999) Phonology and Morphology. In: Hogg, Richard M. (Hrsg.) *The Cambridge History of the English Language: Vol. III: 1476–1776*. Cambridge: Cambridge University Press.

Legutke, Michael K. (2001) Portfolio für Sprachen – in der Grundschule? Anmerkungen zu einem hessischen Pilotprojekt. *Grundschulunterricht*, 4, Sonderheft Fremdsprachen, 20–23, 65.

Lehnert-Adler, Ilona, Carolyn Wessel-Schmidt und Leonora Fröhlich-Ward (2002) *Ikuru: Handbuch für den Unterricht 2*. Berlin: Cornelsen.

Marx, Peter (2007) *Lese- und Rechtschreiberwerb*. Paderborn: Schöningh.

Michailow-Drews, Ursula und Gisela Schultz-Steinbach (2001a) *Bumblebee 1: Lehrerhandreichung (Teacher's Manual), 1. Schuljahr*. Hannover: Schroedel.

Michailow-Drews, Ursula und Gisela Schultz-Steinbach (2001b) *Bumblebee 2: Lehrerhandreichung (Teacher's Manual), 2. Schuljahr*. Hannover: Schroedel.

Mindt, Dieter (1995) *Unterrichtsplanung Englisch für die Sekundarstufe I*. Unter Mitarbeit von Eva Grabowski, Jürgen Heidrich, Sabine Herfurt und Felicitas Tesch. Stuttgart u. a.: Klett.

Mindt, Dieter (2000) *An Empirical Grammar of the English Verb System*. Berlin: Cornelsen.

Mindt, Dieter (2002a) Die ‚kommunikative Progression' und der Frühbeginn, 1. Teil. *Fremdsprachen Frühbeginn*, 5, 5–8.

Mindt, Dieter (2002b) Die ‚kommunikative Progression' und der Frühbeginn, 2. Teil. *Fremdsprachen Frühbeginn*, 6, 5–7.

Mindt, Dieter (2004) Bewusstmachende Verfahren im Unterricht? *Primary English*, 2, 36–38.

Mindt, Dieter (2006) Von der Imitation zur bewussten Verwendung von Sprachmitteln. In: Schlüter, Norbert (Hrsg.) *Fortschritte im Frühen Fremdsprachenlernen: Ausgewählte Tagungsbeiträge Weingarten 2004*. Berlin: Cornelsen. 68–74.

Mindt, Dieter (2008a) Fortschritte im frühen Fremdsprachenlernen von 2000 bis heute und Perspektiven für die Zukunft. In: Böttger, Heiner (Hrsg.) *Fortschritte im Frühen Fremdsprachenlernen: Ausgewählte Tagungsbeiträge – Nürnberg 2007*. München: Domino Verlag. 12–22.

Mindt, Dieter (2008b) Regelgeleitetes Lernen: Können Grundschulkinder im Englischunterricht Grammatik lernen? *Grundschulmagazin Englisch*, 2, 6–8.

Mindt, Dieter und Norbert Schlüter (2007) *Ergebnisorientierter Englischunterricht – Für die Klassen 3 und 4*. Berlin: Cornelsen Scriptor.

Mindt, Dieter und Gudrun Wagner (2007) *Lernstand im Englischunterricht – Ermittlung und Bewertung – Für die Klassen 3 und 4*. Berlin: Cornelsen Scriptor.

Ministerium für Bildung, Jugend und Sport des Landes Brandenburg (Hrsg.) (2008) *Rahmenlehrplan für moderne Fremdsprachen: Jahrgangsstufen 1–10. Erste Fremdsprache: Begegnung mit fremden Sprachen* o. O.: o.V.

Möglich, Sonja (2006) Von der Imitation zur bewussten Verwendung von Sprachmitteln: Unterrichtseinheit zum Wortschatzthema *weather*. In: Schlüter, Norbert (Hrsg.) *Fortschritte im Frühen Fremdsprachenlernen: Ausgewählte Tagungsbeiträge Weingarten 2004*. Berlin: Cornelsen. 82–87.

Norman, Susan und Hugh L'Estrange (2007) *Sunshine – Early Start Edition: Lehrwerk für den früh beginnenden Englischunterricht: Handreichungen für den Unterricht 1: Klasse 1*. Berlin: Cornelsen.

Norman, Susan und Hugh L'Estrange (2008) *Sunshine – Early Start Edition: Lehrwerk für den früh beginnenden Englischunterricht: Handreichungen für den Unterricht 2: Klasse 2*. Berlin: Cornelsen.

Oerter, Rolf und Leo Montada (Hrsg.) (2002) *Entwicklungspsychologie*. 5. Aufl. Weinheim: Beltz.

Oeveste, Hans zur (1987) *Kognitive Entwicklung im Vor- und Grundschulalter*. Göttingen: Verlag für Psychologie.

Ortmann, Wolf Dieter (1981) *Minimalpaare im Deutschen*. München: Goethe-Institut.

Pauels, Wolfgang (1983) *Kommunikative Fremdsprachendidaktik: Kritik und Perspektiven*. Frankfurt am Main: Diesterweg.

Pelz, Manfred (1991) Thesen zu einer Begegnungssprache in der Grundschule. *Neusprachliche Mitteilungen*, 44/2, 88–89.

Pelz, Manfred (1992) Zu Peter Doyé: Systematischer Fremdsprachenunterricht vs. Begegnung mit Fremdsprachen. *Neusprachliche Mitteilungen aus Wissenschaft und Praxis*, 45/3, 167–168.

Piaget, Jean (1972) *Psychologie der Intelligenz*. 5. Aufl. Olten und Freiburg im Breisgau: Walter. [Originaltitel: *La psychologie de l'intelligence*. Paris: Armand Colin, 1947].

Quirk, Randolph, Sidney Greenbaum, Geoffrey Leech und Jan Svartvik (1985) *A Comprehensive Grammar of the English Language*. London: Longman.

Rauh, Hellgard (2002) Vorgeburtliche Entwicklung und Frühe Kindheit. In: Oerter, Rolf und Leo Montada (Hrsg.) *Entwicklungspsychologie*. 5. Aufl. Weinheim: Beltz.

Rausch, Rudolf und Ilka Rausch (1991) *Deutsche Phonetik für Ausländer*. 2. Aufl. Berlin u. a.: Langenscheidt.

Reichart-Wallrabenstein, Maike (2004) *Kinder und Schrift im Englischunterricht der Grundschule: Eine theorie- und empiriegeleitete Studie zur Diskussion um die Integration von Schriftlichkeit*. Teil 1. Berlin: dissertation.de.

Reichen, Jürgen (1988) *Lesen durch Schreiben: Wie Kinder selbstgesteuert lesen lernen*. Zürich: Sabe.

Reichen, Jürgen und Mitarbeiter (1988) *Lesen durch Schreiben: Allgemeindidaktische und organisatorische Empfehlungen*. Zürich: Sabe.

Rymarczyk, Jutta (2008) Früher oder später? Zur Einführung des Schriftbildes in der Grundschule. In: Böttger, Heiner (Hrsg.) *Fortschritte im Frühen Fremdsprachenlernen: Ausgewählte Tagungsbeiträge – Nürnberg 2007*. München: Domino Verlag. 170–182.

Sarter, Heidemarie (1997) *Fremdsprachenarbeit in der Grundschule: Neue Wege, neue Ziele*. Darmstadt: Wissenschaftliche Buchgesellschaft.

Sauer, Helmut (1968) *Fremdsprachen in der Volksschule: Untersuchungen zur Begründung des Englischunterrichts für alle*. Hannover: Schroedel.

Sauer, Helmut (Hrsg.) (1974) *Englisch auf der Primarstufe: Texte und Informationen zum Frühbeginn des Englischunterrichts*. Paderborn: Schöningh.

Sauer, Helmut (2000) *Fremdsprachenlernen in Grundschulen: Der Weg ins 21. Jahrhundert: Eine annotierte Bibliographie und das Beispiel Nordrhein-Westfalen*. Leipzig u. a.: Ernst Klett Grundschulverlag.

Sauer, Helmut (2006a) Über Sprache reden: ‚Language awareness' im Englischunterricht. *Primary Englisch*, 2, 3–6.

Sauer, Helmut (2006b): Englisch ab Klasse 1. *Primary English*, 1, 18.

Saussure, Ferdinand de (1916) *Cours de linguistique générale*. Publié par Charles Bally et Albert Sechehaye. Lausanne, Paris: Payot.

Schlüter, Norbert (Hrsg.) (2006) *Fortschritte im Frühen Fremdsprachenlernen: Ausgewählte Tagungsbeiträge Weingarten 2004*. Berlin: Cornelsen.

Schmid-Schönbein, Gisela (2006) Vom Lesen zum Schreiben: Der Weg zum kommunikativen Gebrauch des Englischen. *Primary English*, 4, 3–5.

Schmid-Schönbein, Gisela (2008) *Didaktik und Methodik für den Englischunterricht: Kompakter Überblick: Ziele – Inhalte – Verfahren: Für die Klassen 1 bis 4*. Berlin: Cornelsen Scriptor.

Schründer-Lenzen, Agi (2007) *Schriftspracherwerb und Unterricht: Bausteine professionellen Handlungswissens*. 2. Aufl. Wiesbaden: VS Verlag für Sozialwissenschaften.

Schulz, Petra (2007) Erstspracherwerb Deutsch: Sprachliche Fähigkeiten von Eins bis Zehn. In: Graf, Ulrike und Elisabeth Moser Opitz (Hrsg.) *Diagnostik und Förderung im Elementarbereich und Grundschulunterricht: Lernprozesse wahrnehmen, deuten und begleiten*. Baltmannsweiler: Schneider. 67–86.

Schulz, Wolfgang (1972) Unterricht – Analyse und Planung. In: Heimann, Paul, Gunter Otto und Wolfgang Schulz. *Unterricht – Analyse und Planung*. Schroedel: Hannover. 13–47.

Souter, Clive (1989) *A Short Handbook of the Polytechnic of Wales Corpus*. Leeds: Centre for Computer Analysis of Language and Speech.

Summers, Della (2005) *Longman Dictionary of Contemporary English*. Harlow: Pearson Education.

Szagun, Gisela (1996) *Sprachentwicklung beim Kind*. 6. Aufl. Weinheim und Basel: Beltz.

Szagun, Gisela (2007) *Das Wunder des Spracherwerbs: So lernt Ihr Kind sprechen*. Weinheim und Basel: Beltz.

Teubner, Kristine (2006) Bewusstmachende Verfahren: Fortschritt oder Behinderung? In: Schlüter, Norbert (Hrsg.) *Fortschritte im Frühen Fremdsprachenlernen: Ausgewählte Tagungsbeiträge Weingarten 2004*. Berlin: Cornelsen, 62–67.

Theis-Scholz, Margit, Ingeborg Thümmel und Jürgen Hasert (2003) *Die Luna-Fibel*. Leipzig u. a.: Ernst Klett Grundschulverlag.

Tracy, Rosemarie (1991) *Sprachliche Strukturentwicklung: Linguistische und kognitionspsychologische Aspekte einer Theorie des Erstspracherwerbs*. Tübingen: Narr.

Tracy, Rosemarie (2007) *Wie Kinder Sprachen lernen: Und wie wir sie dabei unterstützen können*. Tübingen: Narr, Francke, Attempo.

Wagner, Gudrun (2008) Der Gemeinsame europäische Referenzrahmen: Auch in der Grundschule relevant? *Grundschulmagazin Englisch*, 3, 35–37.

Wells, John C. (2008) *Longman Pronunciation Dictionary*. 3rd ed. Harlow: Pearson Education.

Wendelmuth, Edmund und Isolde Stangner (2000) *Meine Fibel*. Berlin: Volk und Wissen.

Wendt, Michael (1996) *Konstruktivistische Fremdsprachendidaktik: Lerner- und handlungsorientierter Fremdsprachenunterricht aus neuer Sicht*. Tübingen: Narr.

Wendt, Michael (2002) Kontext und Konstruktion: Fremdsprachendidaktische Theoriebildung und ihre Implikationen für die Fremdsprachenforschung. *Zeitschrift für Fremdsprachenforschung*, 13, 1–62.

Wode, Henning (1981) *Learning a second language: I. An integrated view of language acquisition*. Tübingen: Narr.

Wunsch, Christian (2003) Benotung – ja oder nein? (Teil 2). *Fremdsprachen Frühbeginn*, 8, 5–8.

Zaunbauer, Anna (2007) Lesen und Schreiben in der Fremdsprache – von Anfang an. *Take off!* 1, 46.

Ziener, Gerhard (2006) *Bildungsstandards in der Praxis: Kompetenzorientiert unterrichten*. Seelze-Velber: Klett/Kallmeyer.

Sachregister/Glossar

Fettgedruckte Zahlen verweisen auf Seiten des Textes, auf denen eine ausführliche Behandlung des genannten Begriffs erfolgt. Fettgedruckte Wörter verweisen auf Stichwörter, die eine Erläuterung enthalten.

Bei den sprachwissenschaftlichen Begriffen haben wir uns für die klassischen Begriffe lateinischen Ursprungs entschieden. Von deutschsprachigen Begriffen wird auf die entsprechenden klassischen Begriffe verwiesen.

Grammatik, rezeptive: Die Summe aller grammatischen Strukturen, die von den Lernenden verstanden, aber nicht selbständig gebraucht werden können **92**, 97–98

Graphem: Einzelbuchstabe oder Kombination von Buchstaben als schriftliche Ausdrucksform für ein **Phonem** der gesprochenen Sprache, z. B. *i* für [ɪ] in *sit* oder *sh* für [ʃ] in *shop* 115, **122–123**, 124–126, **127–131**, 133–137, 139–141, 143, 150–151, 197, 257, 262–263

Graphemik s. Schriftsystem

Grundwortschatz 59, **61–62**, 63

Gruppenarbeit 53, 121, 206, **208**, 268, **269**

Grußwort s. **Interjektion**

Halbvokal: Laut mit Eigenschaften, die sowohl für **Konsonanten** als auch für **Vokale** gelten, z. B. [w] oder [j] 56, 108, 111, 181, 265

Handlungsorientierung 47, 55, 90, 93, 154–155, 166, 175, 189, 201, **210–211**, 237, 267

Handpuppe 47, 166, **214**

Hypothese: Annahme über einen vermuteten Sachverhalt. Aus der Begegnung mit Sprachdaten entstehen z. B. Vermutungen der Lernenden über das Vorhandensein bestimmter Regeln des Sprachgebrauchs. **171**, 175

Immersion s. Sprachbad

Imperativ (Befehlsform): Verbform, die für Aufforderungen und Befehle benutzt wird und sich von der Grundform des **Verbs** (**Infinitiv**) nicht unterscheidet, z. B. *<u>Go</u> to the door.* **96**, 233–234

implizites Wissen besteht aus unbewussten Mechanismen für das Verstehen und die Produktion von Sprache **191**, 192–199, 204, 225–226, 235, 247, 250

Impuls 43, **150**, 173, 176, 196, 201, 211, 262

Individualarbeit 52, 121, 206, **209**, 252–253, 268, **269**

Infinitiv: Unveränderbare Grundform des **Verbs**, die isoliert zur Kennzeichnung des Einzelverbs genannt wird, z. B. *<u>go</u>, to <u>go</u>* oder in bestimmten Konstruktionen auftritt, z. B. *he can <u>go</u>, I want to <u>go</u>* 31–32, 56, 62, 71, 73, 227–229, 231, 234

Inhaltswort, z. B. *house, play, yellow*. Die Klasse der Inhaltswörter umfasst drei Wortarten: **Nomen**, **Verben**, **Adjektive**. **18**, 31, **62–63**, **65**, 137–138

Methode/Methodik 36, 40, 46–47, 115, 117, 120–121, 126, 137, 145, 159, **166**, 176, 187, 190, 195, **196**, **201–214**, 217, 261, **266**

Mitlaut s. **Konsonant**

Mitsprechen **149**, 262

Modalverb, z. B. *can, will, must* 31, 196

Morphologie (Formenlehre): Die Morphologie beschreibt die regelhafte Veränderung von Wörtern. (s. auch **Flexion**) 18, 37, 172

motherese: Vereinfachte Sprachäußerungen Erwachsener gegenüber Kindern mit dem Ziel, Kindern das Lernen der Muttersprache zu erleichtern **11**

Motivation 13, 16, 36, 38, 46, 51, 121, 154–155, 188, 204, 214, 253, 267

mündlich **23**, 37, 120–121, **147**, 202, 205, 208–209, 220, 236, 256, 260, 263

Muttersprachenerwerb **9–16**, 26–28, 32–33, 95, **101**, 123, 126, 147, 172, 211–213

Nachahmung 107, 181, 184, 189

Nachsprechen **149**, 217, 257, 262

Namenwort s. **Nomen**

neutrum s. **Genus**

Nomen (Substantiv, Dingwort, Namenwort), z. B. *book, lamp, shoe* 12, 18, 21, 27–28, 31, 33, 43–45, 55, 59–60, 62–63, 65, **66–67**, 74–88, **94**, 96–97, 104, 133, 144, 152–153, 156, 161–163, 165–166, 179–180, **184**, 191, 195, 206, 212, 215–220, 222–225, 231, 260, 264

Notengebung 252–253, 259

Numerus (Zahl): Grammatische Unterscheidung zwischen **Singular** (Einzahl) und **Plural** (Mehrzahl) 215–216

Objekt, z. B. *a song* in *he sings a song* (s. auch **Verb, transitives**) 31, 70, 97, 138, 212

OH-Projektor 53, 121

Operationalisierung: Beschreibung der Handlung, die ein Lernender ausführen muss, um den Nachweis zu erbringen, dass ein bestimmtes Lernziel erreicht ist 220, 236–237, 254

Partnerarbeit 52–53, 206, **208**, 268, **269**

past tense, z. B. *they played* 188

patchword: Das Schriftbild eines Wortes mit unterschiedlicher Darstellung der Buchstaben. Normal gedruckte Buchstaben werden dort verwendet, wo eine eindeutige Beziehung zwischen **Phonem** und **Graphem** besteht, hell gedruckte Buchstaben stehen dort, wo die Beziehung zwischen Phonem und Graphem nicht eindeutig ist, z. B. *good* oder *friend*. **135-136**, 137, 141, 143, 151, 257, 263

PC (*personal computer*) 53, 106

Personalpronomen (persönliches Fürwort), z. B. *I, me; he, him; she, her* 62-65, **70**, 76-77, 79-82, 96, 118-119, 138, 204, 264

Phasen s. **Unterrichtsphasen**

Phonem: Ein Laut, dessen Austausch einen Bedeutungsunterschied bewirkt, z. B. [s] vs. [θ] in *sing* und *thing* 108, 110-112, 115, **122-123**, 124-126, **127-131**, 132-137, 197, 262

phonetisch 105, **124**, 125-126, 128-129, 135

Plural (Mehrzahl): Mehr als ein Element wird bezeichnet, z. B. *three books, many hamsters*. (s. auch **Singular**) 18, 20, 28, 31, 33-34, **43-44**, 55, 57, 60, 90, **94**, 96, 133, 162, 165, **179-180**, 188, 191, 195, **206**, 216, 231, 260, 264

Portfolio (für Sprachen): Instrument zur Selbsteinschätzung der Lernenden 206, 255, **257-259**

Possessivpronomen (besitzanzeigendes Fürwort), z. B. *my, your, his, her* 20, 62-64, **70**, 76-78, 82, 96, 119, 204, 212, 264

prädikativ s. **Adjektiv, prädikatives**

Präfix (Vorsilbe), z. B. *un-* in *unfriendly, unhappy* 29, 179-180

Pragmatik: Zweig der Sprachwissenschaft, der danach fragt, welches Handlungsziel mit einer sprachlichen Äußerung verfolgt wird **172**

Präposition (Verhältniswort), z. B. *in, on, for* 18, 62-63, 69, **71-72**, 73, 76-78, 81-82, 138

Präsens (Gegenwart) 31, 34, 56, 95-96, 183, 195, 227, **228-230**, 231-233, 236

Präsenspartizip, z. B. *being, giving* 227

present tense, z. B. *he plays* 188

produktiv/Produktivität 13, 18, **23**, 30-31, 45-46, 63, **92**, 100, **147**, 149-151, 173, 179, 185, **187-188**, 189, 193-194, 198-199, 204-205, **226**, 235, 240-245, 247, 250, 257, 262, 264